ビリー・ホリデイとカフェ・ソサエティの人びと

「奇妙な果実」の時代をたずねて

生野象子

青土社

I. Cafe Society
II. The Cabaret Card
III. Swimming Pool Communists
IV. Baker's Dosen

目次

使用図版

カバー——©Gjon Mili/The LIFE Picture Collection/Getty Images

第 1 章扉——*Cafe Society: The Wrong Place for the Right People* のカバー

第 2 章扉——©Charles Peterson/Archive Photos/Getty Images

第 3 章扉——Library of Congress

第 4 章扉——Wikicommons

ビリー・ホリデイと
カフェ・ソサエティの人びと

「奇妙な果実」の時代をたずねて

ハドソン川と川を渡っていった編集者へ

はじめに　トーチ・ソング

ビリー・ホリデイの伝記や評論は、現在までに米国で四十冊以上出版されている。生前出版されたのは一九五六年刊の自伝のみだが、二十冊近くが二〇一〇年以降に刊行された新しいものだ。原書で評伝を読みたいという人は、その四十冊の中からとりあえず最初に読む五冊を、どれにするか考えるところから始めなければならない。日本語で刊行されたものは十冊以上。フランス語やイタリア語で書かれたものは、あとまわしか。

私がビリー・ホリデイのことをもっと知りたいと思ったきっかけは、ほんの些細なことだった。ある時目にしたアメリカの雑誌記事の中にひとつ聞きなれない言葉があった。

「トーチ・シンガーのビリー・ホリデイ」

ビリーが「報われない愛と心の疼き」を歌うスローテンポな歌、トーチ・ソングを、よくリクエストされた時期があったのか。日本では「トーチ」という言葉はあまり馴染みがない。ブルースやバラードの歌手はいても「それでは最後に私の好きなトーチ・ソングでお別れします」とステージをしめる歌手はいない。ビリーにふさわしいのは、ブルース・シンガーでもトーチ・シンガーでもなく、ジャズ・シンガーだ。他の言葉は似合わない。

それがある日「エディット・ピアフというトーチ・シンガー」という文章を見た時、自分が抱いた違和感が、何であったかが急に解けた。同じ年（一九一五年）に生まれ、大西洋を隔てて、かたやニューヨーク、かたやパリで歌っていたふたりの歌声には、歌のジャンルはちがっても、いつもはっとさせるような真剣さがあり、そのふたりに「トーチ・シンガー」というセンチメンタルな呼び名をつけるのは、不釣り合いな気がしていたのだ。

ただし、強い個性、強い生き方を貫いた歌手にトーチ・ソングは不釣り合いというのは、私の勘違いだった。毒舌と太った容姿が売り物のソフィー・タッカーは、二〇世紀前半、トーチ・ソングとコミック・ソングの両方をヒットさせ、ショービジネスのファースト・レディと呼ばれていた。ビリーも「トーチ・シンガー」の一人と思ってまちがいではないらしい。

その違和感に似たようなものを、日本のメディアが取り上げるビリー・ホリデイの描き方にもずっと感じていた。中学生の頃読んだ晶文社のビリー・ホリデイ自伝には、食べること（特に中華料理）が大好きで、南部での黒人に対する差別的な呼び方も、白人バンド仲間に「ここであたしがひどい名前で呼ばれるかどうか賭けない」と持ちかけ、「ブラッキー」と呼ばれると、ゲラゲラ笑いながらお金を仲間からもぎとる、というタフな精神を持った女性の姿しか、記憶に残らなかった。

日本の雑誌などで見かける、ビリー・ホリデイの人生はそんなものではない。悲惨な悲惨な物語。週刊芸能誌の誕生する前の時代なら、縁日の覗きからくりで「八百屋お七」と「幽霊の継子いじめ」の間にはさむ、聞くも涙、語るも涙の物語、という口上にふさわしい「洋物」だった。これでもかというほど、痛めつけられる女のドラマを描くなら、彼女の人生はもってこいだ。おや、あなたはそんなもの見てみたい？

彼女の伝記を書いたジョン・チルトンはビリー・ホリデイの歌に対するファンの見方を、痛烈な等式で表している。ビリーの歌は①白人社会に黒人として誕生、②恐るべき幼少時代、③悲惨な思春期、④すばらしい歌の才能、⑤麻薬、⑥不幸な恋愛、の合計。

彼女が歌った黒人へのリンチを主題にした「奇妙な果実」の登場は、当時の米国社会では衝撃的だった。近年この歌の誕生についてドキュメンタリー映画が制作され、歌を書いたルイス・アランや、初めてそれが歌われたクラブについても描かれていた。

いまや情報の洪水は顎の下まで浸かるほどあふれている。これだけ情報があれば、昔のビリー・ホリデイ像と今見るものでは、緞帳だけは立派だが床は板張りの、昭和の映画館の画像と、現在のシネマコンプレックスの画像ほど、ちがって見えるのではないか。

それでも私はいまだにピントの合ったビリー・ホリデイ像が見えていない気がする。まるで最新設備の映画館で、きちんと3D眼鏡をかけたのに、眼鏡が機能していないかのように。現在米国ではマリファナがいくつかの州で合法になり、LGBTについても、以前よりオープンに話せるようになっている。そのふたつのトピックだけでも、ビリーの生き方について前よりはっきり見えてくるはずなのだが。

私の違和感は、ビリー・ホリデイが生涯の最後を過ごした一九五〇年代という時代に対してもある。黄金の五〇年代に米国国民は世界中が羨望の眼差しを向ける、民主的で経済的に豊かな生活を享受していたはずだった。家のガレージには車体の大きな車。居間のテレビの横にはリーダーズ・ダイジェスト。今ステイ・アット・ホーム・マム（SAHM）と呼ばれている、外に働きに行かない母親はハウス・ワイフと呼ばれていた時代。しかし半世紀以上たった今この時代を振り返ると、アメリカ商務省の作成した総天然色《テクニカラー》の映画を見ているように安っぽく退屈で、昭和のアメリカ大好き人間が熱く語っていたような、まぶしい印象は浮かんでこない。もしかするとそれは私の目が悪くなってそう見えるのか。

「奇妙な果実」の作者、歌われたクラブ、時代を追いかけたら、もう少しピントの合ったビリー・ホリデイ像が見えてこないだろうか。前世紀半ばに亡くなったビリーを、直接知っている人のうちの何人かは、自伝の中に彼女の貴重な情報を残して亡くなった。他の知人たちが残した、茶色く変色したスクラップ・ブックや、その人しか知らないビリーの思い出話を知っている親族を探し出して話を聞くためには、あまり時間は残されていない。

「奇妙な果実」の作詞作曲をした作者の本名は、エイベル・ミーロポルといった。彼にはふたりの養子がいたが、NPOを主催している次男は、近年自分の親についてのインタビューに積極的に答えていた。この人ならメールのやり取りだけでも、取材を受けてくれるかもしれない。事務所宛にメールを送ると、メールでの質問にも答えるが、もし直接会って話を聞きたいなら、マサチューセッツまで来い、という。

さて、どうしよう。

I.

Cafe Society

第1章
カフェ・ソサエティ誕生——「奇妙な果実」が歌われたクラブ

ニューヨークから列車で三時間のスプリングフィールドで、アムトラックを降りた時、雨はまだそれほどひどくなかった。ところが乗り継いだバスがノーサンプトンに着く頃には、雨は本物の土砂降りに変わっていた。何人かの男性が停留所の雨のさけられる場所で、身をすくめてバスの到着を待っていたが、その中で大学で教えていたように見える男性はひとりしかいなかった。ピーターパンのマークをつけたバスはすぐに去っていった。

「ロバート・ミーロポルさんですね、お目にかかれて……」

雨の音に負けないように大きな声を出しながら、インタビューの相手に会えた安堵より、このすさまじい雨が少し収まるまで、どこか濡れない屋根の下で話を聞いて時間を稼ぎ、撮影はあとにしたいという思いだった。すると相手は握手の手を離すより先に言った。

「さあ、私の車でまず父のいた介護ホームに行き、そのあと私のオフィスに行こう」

私が穏やかに、こんな大雨の中の写真撮影よりオフィスでのインタビューを先に、と言おうとすると、それを遮るように亡霊の出てくる効果音か、テルミンの演奏のような音がした。長年インタビューをしていると、そのうち何人かは会ったとたん、奇矯な言動をしてインタビュアーがそれにどう反応するか、試してくることがある。今日はテルミンか。

「今のは何か……」

「私の携帯の着信音だ。トワイライトゾーンの。ああ、これは出る必要ない」

着信番号を確認すると、白いあごひげの男性はきっぱり言った。

「行こう」

ロングメドウにあるユダヤ系高齢者の介護ホームまでの道路では、通行中の車はすべて派手な水しぶきをあげて走り、乗せてもらったスバルも水陸両用車のような走りになっていた。こんな時に言う勇者の言葉がなかなか思い出せなかったが、土砂降りの中で撮影を始めてから思い出した。カワバンガ！　ノーサンプトンは『ミュータント・タートルズ』の版元、ミラージュ・スタジオのある街なのだ。

八〇年前に作られた歌にまつわる歌手、作者、クラブ経営者、そしてその時代を知る取材は、この上ない雨量に祝福された出だしだった。

ロバートが大学時代、人類学を専攻していたと知っていたので、車内では、あたりさわりのない話から始めた。日本では雨を呼ぶ者というのがいると信じられていて……農耕に雨は重要……私も雨女と思われているが非科学的だし、天候を誰かのせいにするなんてもってのほか……そして力強くこう締めくくった。

「雨がひどい時覚えておくべきことは、少し待って空模様を見ることです」

運転席からは何の反応もなかった。

スプリングフィールドから近い（これなら最初から、スプリングフィールドで待つのが正解だった）コンバース通りのジュリアン・J・リヴェット・ファミリー介護ホームの駐車場に車を駐める時、男性はあきらかに居心地が悪そうだった。

「もう、三〇年以上前のことで、施設も増築してしまっている。私が覚えている限りではこの建物が当時の面影を残しているようだ。中には入らない。外から外観を撮るだけだ」

「もちろんです。私が見たいのは、エイベルさんが最後にこの施設で、窓の外にどんな景色を見ていたかです」

まだ午後の早い時間なのに悪天候であたりはかなり薄暗くなっていた。ビニール合羽の人間が施設の周りを、白い姿で走り回っているのを室内から見たら、大雨の中、いったい何をしているかといぶかしがられただろう。外から見る限り、部屋の窓は薄暗いままだった。

本心を言えば施設の中で見たいものがあった。ピアノだった。亡くなる四ケ月前の一九八五年六月、アルツハイマーの老人は、息子の前でほんの何小節かピアノを弾いた。それは彼がピアノの鍵盤に触った最後の時となった。息子は父の弾いたのが何の曲であるか、知っていた。それより遡ること四六年前、老人はその曲をある歌手の前で弾いていた。

一九三八年、初秋

ニューヨークのグリニッチ・ヴィレッジは、どの時代も学生と芸術家があふれている。お金とは縁がなくとも、頭の中を新しいアイデアでいっぱいにした若者たちが何時間もカフェに集まり、新しい音楽、演劇、美術、ダンス、文学、ファッションについて話しこむ。

そんなヴィレッジ西側のシェリダン・スクエア二番地で、ニュージャージーの靴小売業者バーニー・ジョセフソンが新しくクラブを開くと聞き、ビリー・ホリデイはまだ内装工事で、壁にペンキを塗っている最中の店を訪ねていった。地下にいく階段をゆっくり降りながら、ビリーはドレスの裾を折りたたんで、埃っぽい壁につかないように気をつけた。

「初めてなんだ、クラブ経営するのは。店の名前はカフェ・ソサエティ。ここじゃ白人でも黒人でも、とにかくいいプレイをしてくれるミュージシャンを呼びたいと思っていてね」

バーニーが店の中に響く金槌の音に負けまいと、大声で説明をしている後ろを、妻イザベルが通りかかり「ハーイ」とビリーに挨拶をして、忙しそうに去っていった。

「だからこの店では、白人と黒人は隣同士で座ってもらう。ステージでも客席でも」

「私の知ってるニューヨークのクラブで、黒人が白人と一緒に客席で聴いていた店なんてひとつもないわ」

それは事実だった。バーニーがジャズを聴くために、足しげく通っていたアップタウン（ハーレム）のコットン・クラブでは、客席に黒人が座ることは許されていなかった。出演者はすべて黒人であるのに。例外的に中に通されるハーレムの顔役、有名黒人歌手なども、なるべく目立たない席に座っていた。別にビリーは客席に座るつもりなどなかった。店の奥で出番を待てる、狭くともまともな楽屋があるクラブであれば充分だった。ビリーはさりげなく楽屋のスペースとなるであろう、部屋の奥に視線をすべらせた。バーニーはそれを見て、ビリーが保健所の職員のように、厳しく店の衛生状態を見定めているのかと勘違いし、大あわてでビリーの腕をとって、エスコートするように部屋の中央の壁際に連れていった。

「ほら、こっちの壁画を見てくれよ。これから他のスペースにも他の画家に壁画をどんどん描いてもらう予定なんだ。どうだい、これ。プードルの四季のファッション。きみは犬が好きだったよね」

それはエイブ・バーンバウムが描いた、四季のファッションに合わせたヘアカットで、おすまし顔をしている四匹のプードルの絵だった。この壁画は開店後、女性客に大人気で彼女たちの口伝えに評判が広まり、ついには五八丁目の高級デパート、バーグドルフ・グッドマンが、この絵のレプリカをショーウィンドーに飾るほどだった。

「今、母はブロンクスの一九九丁目のアパートに、ひとりで住んでいるの。ひとり暮らしで寂しいみたいだから、犬でも飼ってみたらどうかと思うわ」

「いいね、で、きみなら飼い犬にどんな名前をつける」

「そうねえ、ラジャ・ラボイドかしら」

バーニーは身を折り曲げて爆笑し、それまで店に響いていた金槌の音が一瞬止まった。

「いや、私もラジャの手品は大好きだよ、いつか彼にこの店でマジックショーをやってもらわなきゃ。まあ、それはさておき、黒人も白人も同じ客席に座る店がニューヨークでひとつもないとしたら、アメリカ中探してもそんな店は一軒もないさ。ということは、この店が初めての試みになるのかな」

「すごいじゃない。で、店のキャッチフレーズも決まっているの」

「立派なお方にゃ、お呼びでない店《ザ・ローリング・プレイス・フォー・ザ・ライト・ピープル》」

バーニー・ジョセフソン（出典：Library of Congress）

人を喰った文句に今度はビリーが大声で笑う番だった。バーニーはビリーの知っているハーレムのクラブの経営者に比べると、少し頼りなく見えた。というよりクラブ経営を始めようとしている人間には、まるで見えなかった。その頃、ニューヨークのクラブ経営者は、裏世界の人間か、裏世界とも太いパイプを持つ人間かの、どちらかだった。それもそのはずで、この五年前まではアメリカでは禁酒法が施行されており、固く閉ざした入口ドアの小窓を開けて相手を確認し「ジョーの使いで来た」と合言葉を言った者だけをこっそり中に入れる、もぐり酒場《スピーク・イージー》しかなかったのだ。

カフェ・ソサエティという実験クラブ

バーニー・ジョゼフソン、三六歳。ニュージャージー、トレントンのユダヤ系の家庭の四男に生まれた彼は、二歳の時、靴職人をしていた父を亡くしていた。一家には写真館で家族写真を写す余裕もなく、物心ついてから父の顔のわかる写真が見たいと母親に言うと、こう言われた。「一枚もないわ、でもレオンがいるじゃない。レオンはお父さんにそっくりよ」息子四人、娘二人の兄弟の中でも、すぐ上の兄のレオンとバーニーは生涯親しかった。

母が工場で働いて持ってくる給料だけで家族を養うことはできず、幼い頃から兄弟で働きづめだった。大恐慌の嵐も潜り抜け、商売の難しさについては充分すぎるほどに知っていた。ただ彼も兄弟の中の誰も知らなかったのは、ショービジネスとクラブ経営だった。レストラン経営でさえやったことはなかった。店の名については考え抜いた。バーニー《バーニーズ》の店？　だめだめ、平凡だ。店のマネージャーになったハロルド・ジョンソンの妻レニは『ヴァニティ・フェア』誌に記事を書いており、彼女と親しい記者（のちに反共保守派下院議員となる）、クレア・ブースが記事で使う「カフェ・ソサエティ（クラブに集う上流階級）」という言葉に思い当たった。もともとは何の皮肉もこめられていない言葉だった。しかしバーニーが考えているような、まったく新しい種類のクラブにこの名をつければ……。

「ジョン・ハモンドが今、オープニングの日のプログラムを決めている。出演者に関しては、すべて彼にまかせてるんだ。君にもぜひいいパフォーマンスを……」

「私がジョンと出会ったのは、アップタウンのログ・キャビン。あの店が禁酒時代、まだポッドとジェリーの店って呼ばれてた頃よ。ベニー・グッドマンに会わせてくれたのも彼。マネージャーのジョー・グレイザーに紹介してくれたのも」

ジョー・グレイザーの名前を聞いて思わず顔をしかめそうになるのを、バーニーはぐっとこらえた。シカゴのボクシングのプロモーターから音楽業界に転身したグレイザーは、アル・カポネを筆頭に、シカゴの裏世界の人間と太いパイプを持ち、その人脈の広さは死後公開されたＦＢＩのファイルに、ケネディを暗殺したリー・ハーヴェイ・オズワルドを殺したジャック・ルビーまで知っていると書かれていた男だった。「ルイ・アームストロングを所有している」とまでいわれたジョー・グレイザーは、辣腕マネージャーとして名を馳せていたが、ひとたび口を開けば黒人や女性に対して、尊敬のかけらもない言葉が次々に飛び出してくることでも有名だった。マネージメントしているミュージシャンのことを「俺の黒人《マイ・シュヴァルツ》」と、自分の所有する馬のように言ってはばからなかった。

バーニーは、いつかジョーと会って話をすることになるだろう。長年セールスをやった経験で、取引相手がどんな言葉を口に出しても、笑みを浮かべている訓練は積んでいるが、貼りつけた笑顔はジョーの言葉にどこまで耐えられるか。そんな様子を見て、ビリーは笑った。

「あなたもジョーのファンじゃないみたいね。でも彼は大丈夫《オーケー》よ」

ビリーはバーニーに言わなかったが、カフェ・ソサエティより高い出演料を払う店がハーレムにはあるのに、わざわざヴィレッジまで進出していくことに、ジョーは大反対だった。ビリーはそれを押し切って、カフェ・ソサエティの出演を決めていた。

一九三八年のニューヨークの秋は気持ちのいい、のんびりとした午後を過ごせる日が多かった。しかし同じ頃、ヨーロッパではすでに暗雲立ちこめる状勢が続いていた。一一月の水晶の夜。一二月、リーゼ・マイトナー（一〇九番原子マイトネリウムは彼女の名を取っている）と長年、共同研究を行なっていたオットー・ハーンは核分裂を発見したが、ユダヤ系のリーゼはすでに七月にスウェーデンに亡命していた。それでもアメリカでは大西洋を隔てたヨーロッパのことより、日々の暮らしを送ることで頭がいっぱいの国民が大半だった。

ヴィレッジに来たついでにふらっと立ち寄り、気持ちのいい秋の午後、のんびりおしゃべりでもしているようにふるまっていたが、この時のビリーには固い決意があった。かならずヴィレッジで成功してみせる。それは今までより、もっと広い世界で活躍することを意味していた。ビリーは自伝の中でこう語っている。

「わたしがステージで歌い始めたマンハッタン一三三丁目と七番街のポッドとジェリーの店から（カフェ・ソサエティのある）西四丁目のシェリダン・スクエアまではたった五マイル、地下鉄七番街線（IRT）なら三五分で着くのに、それは地球を一回りするより遠く、七年もの年月がかかった」

この時ビリーは二三歳。マンハッタンのアップタウン、つまりハーレムのクラブの出演料はそれなりのものになっていた。しかしハーレムで名をあげても、それはそこまでだった。

ビリーの夢みる成功とは全米人気ラジオ番組への出演、レコーディングでの成功、地方公演で最高の劇場との契約《ブッキン》、映画に出演していい役をもらうこと。それは単なる夢物語ではない。彼女はそれをすべてやりとげた人物を知っていた。子どもの頃からビリーが「最高のミュージシャン」と崇めていたブルースの皇后、ベッシー・スミスだ。

ベッシー・スミスの特別列車

ベッシーはレコードの売り上げで巨万の富を築き、大豪邸で女王のような暮らしをしていた（後年彼女の富を築いたのはレコードの売り上げではなく、ステージ収入だったと判明する）。目もくらむようなゴージャスなステージ衣装。ぽんとキャッシュで買ったキャデラック。養子にした少年にまで、贅沢三昧な暮らしをさせているという噂だった。

彼女が多くのスタッフやミュージシャンを引き連れて、地方巡業をする時は、なんと「ベッシー・スミス様御一行の特別列車」が仕立てられ、貸切列車で移動した。人々はその豪華な列車の噂を聞きつけ、ひとめ見ようと駅につめかけた。これがベッシーの贅沢好きの性格から始まったことではなく、黒人を宿泊させることを拒否するホテルしかない町でも、公演を可能にする、苦肉の策の移動ホテルだったなどということを、当時誰が信じただろう。

歌手が映画の中で美声を披露するのは、トーキイが始まった一九二〇年代後半以降のことだが、黒人女性シンガーが映画に出演し、歌うシーンがあるのは本当にまれだった。ベッシーより一世代上のマ・レイニーは、ベッシーをもしのぐ、その豊かな歌声をスクリーンに残すことはできなかったが、ベッシーの歌う姿は幸運にも今日まで残っている。

ベッシーは贅沢だけでなく、荒々しさでも有名だった。「荒くれ女《ワイルド》にゃブルースはいらない」というヒット曲を持つ、気性の激しいブルースの皇后は、ノースカロライナで何人かのKKKメンバーが彼女の公演を邪魔しに来た時、ひとりで手斧をふりかざし、KKKに向かっていったと噂されていた。同時代、三回以上カンサスの酒場を襲撃しては、一八三センチの長身で手斧を振り回し、酒樽をぶち割ってまわったという女性禁酒運動家、キャリー・ネイションも青ざめる、皇后の戦闘開始だった。

皇后に続いて相手を追いかけるはずのスタッフは、あまりの事の成り行きに、恐怖ですくんで棒立ちになっていた。南部での興業で妨害や小競り合いが起きるかもしれないことは、全員が覚悟していた。しかしこれは小競り合いなどではない。本当の殺戮になる気配だった。まさか自分たちの方が命からがら、走って逃げると思っていなかったKKKのメンバーは、足元まである白のローブのひらひらする裾を踏んづけては、みごとにすべって転んだ。ボールのように転がっても死に物狂いで走り続ける白装束の一団は、何とか腕も頭も失わず、道の向こうでヒヨコ豆より小さくなるまで逃げのびていった。スタッフがまだひとりとして動けずにいる中、ベッシーはひとり道の真ん中で斧を手に仁王立ちし、息を整えながら、ヒヨコ豆どもをにらんでいたという。無敵の皇后、ベッシー・スミス。

しかしそんな彼女もカフェ・ソサエティが開店する前年の秋に亡くなっていた。ニューヨーク・タイムズ紙の一面にも載った、クラークスデールでのベッシーの交通事故死というニュースに、ビリーは深く悲しんだ。もう彼女と同じステージに立つという夢は潰えてしまった。実はその半年前、もう一人ビリーが同じステージに、もう一度立ちたいと願っていたミュージシャンが亡くなっていた。クラレンス・ホリデイ……ビリーの父だった。亡くなる一年前に一三八丁目のルネサンス・カジノで共演できたのが最後だった。

ビリーはベッシーのような大きな成功を夢見るなら今動かなくては、と思っていた。それより二年前に念願の初レコーディングにこぎつけていたが、三五ドル支払われただけで、大した反響もなかった。カフェ・ソサエティの出演料は週七五ドルでアップタウンより下がるが、より広い客層が聴きにくるこのクラブなら、もっと大きなチャンスが掴める。ここがスターダムへの入り口なのだ。

それから二年間、ビリーはカフェ・ソサエティに律儀に毎晩現れてステージをつとめては、週七五ドルのギャラをもらい、ウエスト・ヴィレッジの空気にも馴染んでいった。

シェリダン・スクエア

ここで西四丁目のシェリダン・スクエアとはグリニッチ・ヴィレッジのどのへんにあるか、実際に足を運びたい読者のために押さえておく。ワシントン・スクエアから四丁目通りを西に、六番街を越えても、ずっとずっとまっすぐハドソン川を目指して歩くと、三〇年ほど前にできた小さな三角形の植え込みスペースが見えてくる。その界隈がシェリダン・スクエアだ。

マンハッタンが二つの川にはさまれ、南側の大西洋に向かって泳いでいこうとする鱒の形の島だとすると、魚の目玉のあるあたりのヴィレッジから尻尾の先（二二〇丁目）までは、通りが碁盤の目（というよりレンガを敷きつめたよう）に整備されていて迷うことはない。一四丁目を一ブロック北に行けば一五丁目、一番街を西に行けば二番街。

それならマンハッタンを自分の庭のように歩き回れる、と地下鉄のクリストファー・ストリート／シェリダン・スクエアの駅から地上に出たら、五差路、六差路の入り組んでいる道の複雑さに戸惑ってしまうだろう。残念ながらこの辺りから南は碁盤の目になっていない。グーグルマップを見ても、どちらに行けばいいかわからない時は、赤い旗が目印の老舗タバコ店、ヴィレッジ・シガーズ前から「今ヴィレッジ・シガーズの前にいますが、どっちに行けば、そちらの店に行けますか」と携帯電話で訊けば、相手も出発点がわかりやすい。

基本的にマンハッタンは島の中央、ヴィレッジなら（マルセル・デュシャンやボビー・フィッシャーがベンチでチェスをしていた）ワシントン・スクエアに近いあたりほど家賃は高く、川の近くに行くほど家賃は下がる。現在ならヴィレッジの東側、セント・マークス・プレイス、近くのバワリー街、アルファベット・シティなどイースト川に近い地帯が、芸術家だけでなく、アルコール依存症、麻薬の売人、犯罪者などの吹きだまりになっていたことなど知らずに、のんきに歩くことができるかもしれない。それでも西側のシェリダン・スクエア、クリストファー・ストリートも、カフェ・ソサエティのあった頃から詩人やジャズマンが行きかうボヘミアンの街、という認識だけで無防備に歩いていたら、痛い目にあう可能性は高かった。得体の知れない人間がうろつき、ハドソン川はすぐそこだった。

店に現れた高校教師

こうしてヴィレッジに通っていたビリーだったが、ある日、ついに彼女はジョー・グレイザーに、こう言うはめになった。

「もうカフェ・ソサエティはやめる。新しいクラブを探してちょうだい。もうこれから私は、劇場なら週二五〇ドル、クラブなら一七五ドル以下では、けして歌わないから」

ジョー・グレイザーはめずらしく何も言わなかったが、その顔には「それ見ろ、二年前に俺が忠告した通りになったじゃないか」と書いてあった。

「わたしには名声と宣伝が必要だったが、名声では家賃を払えない」とビリーは自伝に書いている。しかし彼女が「カフェ・ソサエティ時代」と呼ぶ二年間に、ビリーはスターダムを昇り始め、彼女を伝説のシンガーにする、生涯の中で最も重要な歌にも出会うことになる。それは「奇妙な果実」だった。

この頃のビリーは、数はそれほど多くはないが「ぼくの作ったこの歌、あなたに歌ってもらえませんか」という申し出を受けていた。ビリーはいつも「私に？」と嬉しそうに譜面を受け取っていたが、実際には歌のオファーを受けるのは結構むずかしいものだった。

まず第一に、ビリーは自分が心をこめて歌えるものしか歌わなかった。ステージの打ち合わせで「今流行ってるアレ、ほらあの曲一度やってみないか」と言われれば、むげには断らないが、観客の反応が良かったことはほとんどない。アップタウンで歌っている時「もっとアップテンポに。もっとレパートリー増やせ」とはっぱをかけられたこともあったが、自分のスタイルで歌うと、人気のある曲でもなぜかつまらない曲になってしまう。ビリーは「愛の調べ《チューン》そっと歌う《クルーン》、六月《ジューン》のハネムーン」といった、陳腐な韻を踏むだけのジューン・ムーン・クルーン・ソングでも心をこめて歌ったが、客の反応が良くなければそこでおしまいだ。バイバイ。

ジョン・ハモンドはビリーの歌のスタイルを絶賛し「歌に自分を合わせるのではなく、自分に合った歌を歌えばいいんだ」と励まし、「けして他の歌手の歌い方を真似しようなどとしてはいけない」と言っていた。ビリーも自分が「どんな歌でも歌いこなせる」器用な歌手でないことは自覚していた。声量が飛びぬけて、豊かなわけでもない。

自分自身が気に入り、ステージでもまあまあ受けたのに、結局レコーディングまではもっていけなかった歌のことは、話題にのぼるたびに、ため息が出る。

そんな事情に加え、譜面をもらった時のもっと現実的な問題もあった。あまり大きい声では言えないが、ビリーはその頃の多くの歌手やジャズ・ミュージシャンと同じように、楽譜が読めなかった。演奏の打ち合わせをすれば、誰は楽譜が読め、誰は読めないかうすうすわかったが、互いにそれについて触れるような野暮はしない。ビリーの見たところ、同じステージに立つミュージシャンの半分は、楽譜が読めないまま演奏していた。

そんなわけでカフェ・ソサエティのステージにも慣れてきた頃、バーニーが「君に歌ってほしい曲があるという男がいるんだが」と話を切り出しても、ビリーはそれほど乗り気にならなかった。バーニーは、さりげなく話を続けた。

「ブロンクスの高校の英語教師で、教職員の集会なんかで自作の歌を披露している男だ。教師といっても、そんなかたくるしい男じゃない。ジャズ・ファンで、きみの歌をとても評価し、会いたがっている。もしきみがよければ彼にそこのピアノを弾いて、歌を披露してもらおうかと思うんだが。聴いたあとで歌うかどうか決めるのはきみだ。まあ無理にとは言わない。イザベルも会ったことがあるが、感じのいい男だよ」

「高校の先生が作ったラブソングねえ」

「いや、ラブソングじゃない。南部のリンチの歌だ」

「リンチ！」

考えたこともないテーマにビリーは言葉を失った。なぜそんなテーマの曲を自分に歌ってほしいと思っているのだろう。

「一度その人と会ってみるわ。何という名前なの？」

「エイベル・ミーロポル。私と同じユダヤ人だ。作曲する時のペンネームはルイス・アラン」（ビリーの自伝でも間違えているが、アレンではなくアランが正しい）

ポグロムを逃れて

一九三〇年代のニューヨークにはすでに一五〇万人のユダヤ系人口があり、そのなかには遠い曽祖父の時代に移民した一家もあれば、一九二四年の移民法で東欧からの移民が制限されるぎりぎり前に、ヨーロッパから移住した一家もあった。「第三ユダヤ系移民ブーム」といわれた、一九世紀末から一九二〇年代に、ユダヤ人殺戮（ポグロム）から逃れるため東欧やロシアからアメリカに渡ったユダヤ系の新参者《グリーンホーン》の中に、バーニーやエイベルの両親（ロシアにミーロポルというユダヤ系の住む村があり、エイベルの元の名字はミーロポルスキイだった）がいた。ちなみにお上品なジョー・グレイザーもロシア系ユダヤ人だ。バーニーは家族の中で唯一アメリカ生まれだったが、兄や姉たちはラトヴィアから両親と一九〇〇年にアメリカに渡っていた。エイベルの家庭も一九〇二年、西ウクライナから父、兄、姉、そして大きなお腹を抱えた母の四人でアメリカに渡り、翌年二月に生まれたのがエイベルだった。

バーニーとエイベルは家族の中で唯一のアメリカ生まれという他にも共通項があった。バーニーが実際にそれを知ったのは後年だが、エイベルはアメリカ共産党の党員で、雑誌『ニュー・マッシズ』にも記事を書いていた。バーニーのすぐ上の兄レオンも党員だった。

ヴィレッジで出会うユダヤ系同士は、ニューヨーク育ちであれば、少し話をするうちに互いの家族や親戚が、同じ公園、同じ高校のグランドを走りまわったり（俺の兄弟は子どもの頃全員、プロスペクト公園の池で釣りをしたもんさ）、同じ繊維工場で汗みずくで働いていたことが判明する確率が高かった。ユダヤ教教会《シナゴーグ》やユダヤ友愛組織の活動だけではなく、左翼系の集会に参加している同士でも、地域、出身校、職場に張り巡らされた情報網で、互いの情報はあっという間にあばかれてしまう。

ニューヨークはバーニーの故郷、ニュージャージー州トレントンとは比べるべくもない大都会だが、ユダヤ系のバーニーにとってはニューヨークのユダヤ系の情報網の緻密さは息苦しいほどで、ヴィレッジは小さな村のようなうっとうしさのあるコミュニティだった。

バーニーは店にふらりと現れては自己紹介し、まだそれほど有名とはいえないビリーに自分の歌を歌ってほしい、と言ったエイベルの慧眼には脱帽していた。ビリー同様、楽譜が読めないバーニーはその場ではそこに書いてある詞を読むことしかできなかったが、一読してその詞はすごいとわかった。しかし、あの物憂げに歌うビリーが、どうやってこんな歌を歌いこなせるのだろう。バーニーはいくらいい歌でも、ビリーに気のすすまない歌を押しつけるつもりはなかった。非常に重いテーマだからこそ、ビリーが歌うことをためらったら「もうそれ以上の押しつけはなし」と、前もってエイベルに釘をさしていた。

「奇妙な果実」の誕生

なぜエイベルはリンチという重いテーマの歌を、フォークソングや政治集会で歌われるプロテストソングではなく、ナイトクラブのスポットライトの下で歌う歌としたのか。ナイトクラブの客は娯楽を求めて店に来るので、悲惨な現実社会について考えるために来るわけではない。それどころか世間の憂さを忘れるために、アルコールとショーに癒しを求めるのだ。「こんな悲惨な歌を聴きたくて、ナイトクラブに来たんじゃない。こんなのは政治集会か、もっとどこか別の場所でやってくれ」と言われるのが落ちではないか？　そう、まさにそうなんだ。この歌はもともと集会で歌っていた。だけど実際に披露してみたら、これは特別な歌い手しか歌えない曲だと気づいたんだ。

同じ暗い曲でも一九三六年フランスでダミアがヒット曲にした「暗い日曜日」の英語版（もともとはハンガリーの曲でハンガリー自殺曲とも呼ばれた）を、ビリーは何年か遅れで歌い、それもかなり好評だった。ビリーが一九四〇年代、西海岸でハリウッド・スターがこぞって訪れるクラブ、ビリー・バーグズ（この店で四八年の大晦日にビリーは大流血事件を起こす）に出演していた時は、セクシー女優、ラナ・ターナーは来店するたび「暗い日曜日」と「奇妙な果実」をセットでリクエストしたという。「暗い日曜日」は、かけると自殺者が増えるのでイギリスでは放送禁止になったといういわくまである曲だが、それは死んだ恋人のことを想い、自分も死んでしまいたい、と嘆く悲恋の歌で、この歌とは内容がちがった。また一九三三年、新聞の見出しを飾ったニュースやゴシップを、二一の短いスケッチ仕立てにしたブロードウェイ・ミュージカル「アズ・サウザンズ・チアーズ」で、エセル・ウォーターズが「サパータイム」、リンチで死んだ夫はもう食卓につくことはない、と嘆く歌を歌ったが、歌詞にはリンチによる死とわかる、明確な言葉はなかった。

エイベルは南部での黒人リンチ殺人の記事を、若い頃から何度か新聞で目にしていた。現地の新聞でさえ小さくしか掲載されないリンチ殺人は、一九一八年までの三〇年に全米で三千人以上、それも南部では火あぶり（西部の暴徒は縛り首を好み、南部の暴徒は火あぶりを好んだ）も多かったという事実は、アメリカでもほとんど知られていなかった。ところがブロンクスの高校教師になっていた一九三〇年、エイベルは衝撃的な写真を目にする。それはその年の八月、インディアナ州マリオンで起きた黒人リンチ殺人の犠牲者、トーマス・シップとエイブラハム・スミスが木の枝に首を吊られている写真だった。

南部の夕涼み

絵葉書になって、たくさん売れたというローレンス・H・ベイトラー撮影の有名な写真は、リンチの現場の空気をみごとに捉えている。実際に写真を見たことのない人間が想像する、木の下で泣き叫ぶ人や恐怖にゆがんだ顔など、ひとつもない。無残な死体の下に写っているのは、まったく無関心に通り過ぎようとする顔、散歩ついでに珍しいものを見られたと満足気な顔、笑っている顔。一人だけローレンスのカメラをまっすぐ見ながら、死体を指さしている男は、バカな真似をした奴にゃ、インディアナ州ではこういう結末が待っているってとこを、しっかり撮っといてくれ、と言っているようにさえ見える。エイベルにとって「南部の夕涼み」とキャプションをつけても違和感のない、リンチの死体の下をのんびり行きかう群衆の様子は、衝撃的だった。町の広場のクリスマスツリーのデコレーションを見上げた時のように、のんびり笑っている人々——。

この写真はいくつかの左翼系の雑誌に掲載されたので、時期は少し後でもフリードマン・エンドレというブタペスト生まれの貧乏写真家も目にした可能性はある。ユダヤ系の彼は一九三三年、パリに移住したが写真が売れず、一時はパリに遊学中だった川添浩史（のちの麻布のキャンティのオーナー）のアパートに転がりこんだりもした。それから一一年後、エンドレはドイツ兵と愛人だった罪で頭を丸刈りにされた女性を追うシャルトルの人々のもっと悪意のある笑いの写真を撮る。その頃、彼はロバート・キャパと名乗っていた。

写真を見て何年もたってから、ふいにエイベルの頭に浮かんできた歌詞とメロディは、思いがけない形のものだった。激しい憤りや叫びの歌ではなく、悲惨な光景を静かに歌っている。ビリーが自伝の中で「詩を持ってきたのはアレン（原文ママ）だが、メロディを作り上げたのは自分とピアニストのソニー・ホワイトを含む何人かの共同作業だった」と書いたため、長年この歌はビリーの自作と信じる人間が多かった。そればかりか「この詩は黒人にしか書けない。差別される当事者、魂《ソウル》を持った者だけが書ける詩だ」と主張する人間は米国内にも海外にも現れた。しかしこの詩を書いたのは黒人ではなく、ロシアからポグロムを避けてアメリカに移住したユダヤ系移民の子、エイベルだった。一九三六年、高校教師の雑誌『ニューヨーク・ティーチャー』の片隅にこの作品は「苦い果実《ビター・フルーツ》」という題名で掲載された。カフェ・ソサエティに持ちこまれる前、歌は教職員の集会で、ギターの伴奏つきで披露され、反応は悪くなかった。しかし作者であるエイベルは、このままではだめだ、と感じた。この歌には不可欠なものがある。特別な歌い手。それもこの歌を自分の実体験をもって歌える歌手。歌のアレンジももっとドラマチックにした方がいいかもしれない。

ピアノ演奏

店で初めてビリーの前に現れたエイベルは、一七五センチの中肉中背の（この頃ビリーはかなり太っていた）穏やかな印象の男性で、手に負えないティーンエイジャーを相手に毎日奮闘している高校の教師というより、どこかのオフィスで自分専用の個室を持つビジネスマンのように見えた。おもむろにブリーフケースから紙の束を取り出したと思ったら、それが楽譜だった。バーニーに促され、エイベルはビリーと共に店の隅のピアノのところに移動した。

「ホリデイさんの前で歌うのは、ちょっと緊張します」

と言いながら、エイベルが弾きだしたピアノのメロディはビリーの予想に反し、ドラマチックというよりは、教会での葬儀の賛美歌のようだった。バーニーも一瞬、戸惑ったような顔をした。子守唄を歌うように、静かにエイベルは歌いだした。

南部の木になる奇妙な果実
血のついた木の葉　血が伝う木の根
風にゆられる黒い骸《むくろ》
ポプラの木になる奇妙な果実

豊かに広がる南部の田園
飛び出した目　ゆがんだ口
甘いマグノリアの香りの中に
焼けた肉のにおいが走る

カラスはついばみ　雨はしたたり
風は吸い上げ　陽は腐らせ
木は地に落とす
苦い実り

「こんな歌です」

エイベルは歌い終わってビリーを見たが、ただ黙っているだけだった。

夕方というのには少し早い時間だったが、「私はコーヒーを」とエイベルがアルコールを断ったので、バーニーはコーヒーを三人分持ってくるように奥に声をかけた。三人はコーヒーが運ばれてくるまで、沈黙の中で座っていた。事情を知らないウェイターが見たら、ビリーが何かトラブルに巻きこまれたのかと思っただろう。コーヒーが運ばれ、最初に話し始めたのはビリーだった。

父の最期の姿

「私の父のクラレンスは、もともとトランペッター志望だったのですが、第一次大戦で徴兵され、フランスに送られた時、毒ガスを吸って肺を痛めてしまいました。それでもうトランペットは吹けなくなりましたが、どうしても音楽への夢を捨てきれず、フランスにいる間、ギターのレッスンを始めました。帰国して、コットン・ピッカーズというバンドにギタリストとして入り、音楽活動を始めたんです。二年前、父は巡業先のダラスで肺炎になって亡くなりました。四〇歳にもなっていませんでした」

ビリーの父親が自分とあまり年齢が違わないと知って、バーニーもエイベルも、ビリーが今いくつで、父親が何歳の時にできた子どもなのだろう、と頭の中ですばやく計算した。

「本当にまだお若かったんですね、もっと長く演奏を続けていたかったでしょう」

「バンドで一緒だったシドニー・カトレットの話では、病院に駆けこんでも父は黒人だからと門前払いをされたのです。何軒かの病院に断られたあと、父は在郷軍人病院で、陸軍にいた証明書を見せ、やっと黒人病室に入れてもらえました。でも手遅れでした。ニューヨークに遺体が到着した時、父はまだバンドのタキシード姿で、シャツは血まみれでした」

初めて会った作曲家にビリーが始めた身の上話は、バーニーも初めて聞くものだった。

「奇妙な果実という曲名なんですね。私はこの歌で父の最期の姿を思い出します」

それは思いがけない言葉だった。バーニーにはリンチの光景と、タキシードで棺の中に横たわるビリーの父の姿は、頭の中で結びつかなかった。しかしエイベルの反応はちがった。彼は深くうなずくと言った。

「つまり、この歌はあなた自身が体験したことを歌っているんですね」

「ええ」

ビリーはきっぱりと答えた。

「それはよかった。この歌のテーマは深刻なものだし、誰にでも歌える歌ではないんです」

ビリーは何も答えなかった。

「私はこの歌を自分のこととして、歌ってくれる歌手を探しているんです」

ビリーの沈黙は続いた。バーニーはこれ以上の会話は、ビリーに自分自身で結論を出させずに、エイベルに押し切らせてしまうと思った。

「この曲は他の歌みたいに、時間が余ったついでにやるってわけにはいかないな。やるならこの歌にふさわしい演出が必要だ。まあ、じっくり考えよう。ミーロポルさん、今日は来てくださってありがとう。また連絡します」

エイベルが立ち上がってビリーと握手をすると、バーニーは彼をせかせかと店の入り口まで、引っ立てるように送っていった。

ビリーはひとり座ったまま、バーニーが戻ってくるまで煙草を吸っていた。

「バーニー」

「何だい」

「ここはナイトクラブよね」

「そうだ」

「ナイトクラブで、リンチの歌なんか聴きたい人なんているかしら」

「私は今まで誰もやったことのない出し物でも、いいと思ったら、やってもらう。これがポリシーだ。きみがいい歌だと思えばやってもらう。だが、やるかどうかを決めるのはきみだ。関心がないだけでなく、反感をもつ客もいるかもしれない。歌うのが簡単な歌ではないよ」

ビリーは少し考えていたが、煙草を灰皿に押しつけると言った。

「やるわ」

ビリー・ホリデイがカフェ・ソサエティで初めてこの曲を歌った時、聴いていた客は衝撃のあまり黙りこみ、すぐに拍手をする者は誰もいなかった。バーニーはその場にいたが、エイベルが歌ったのと同じ歌を、ビリーが歌ったとは信じられなかった。彼女はフレーズごとに客を打ちのめしていったが、何よりも強烈だったのはフレーズとフレーズの間の休止符だった。休止符の間、ビリーが思い浮かべているのが、父クラレンス・ホリデイの最期ということをその場で知っていたのはバーニーだけだった。その休止符のすさまじさは悲しみや怒りを超え、息ができなくなるほど胸に圧迫を覚える、乾いた熱いかたまりのようだった。半世紀以上ライブ・ミュージックを聴き続けたバーニーの生涯で、こんな休止符を作り出せたのはこの歌を歌うビリーだけだった。

はっと我にかえった客のひとりがゆっくりと拍手を始めると、他の客も夢から醒めたように椅子に座り直し、拍手を始めた。万雷の拍手が起こった。バーニーも拍手していた。

この時ビリーは、この歌を歌う自信を持ったものの、これが自分をジャズの歴史の中で特別の存在にする歌になるとは気づかなかった。

カフェ・ソサエティ伝説のスターたち

カフェ・ソサエティで歌いはじめた頃ビリーが、ブルックリンのコニーアイランドの遊園地周辺にたくさんいた、テント小屋の占い師に自分の将来を見てもらいに行き「ええ、見えますとも。この水晶玉にはあなたがとても有名な歌手となり、あなたの顔が切手に印刷されるところがうつっています」と水晶玉の上で、両手をひらひらさせる占い師に言われたら、どう反応しただろう。「切手⁉　私はマーサ・ワシントン（ジョージ・ワシントン大統領夫人）みたいに切手になって、顔に消印スタンプなんか押されたくないわ」とでも言っただろうか。ヘレン・ケラーでさえ切手になったのは一九八〇年で、偉人伝に収まるような人物以外が合衆国の切手になったのは、八〇年代以降のことだ。

「でも、この水晶玉にはマ・レイニー、ベッシー・スミス、あなた、それにジャニス・ジョップリンの切手が見えています」「最後の人は聞いたことないわ。でも私たちが切手になるんだったら、きっと学校の教科書で、愛国者たちと一緒に、私たちのことを扱うんじゃないかしら」

切手ということで言うと、一九四九年に閉店したカフェ・ソサエティに出演したミュージシャンの中で切手になった人物は六人で、これは驚異的に多い。カーネギー・ホールに出演したミュージシャンや作曲家で切手になった人物がたくさんいても、それは当たり前だ。双六の上がりのように成功した音楽家は、カーネギー・ホールで演奏するのだから。破格の出演料が出せなくとも、カフェ・ソサエティのような小さなクラブに錚々たるメンバーが出演したのは、無名時代にバーニーが声をかけたからだった。店が営業していた一一年間の間に切手になった、ビリー以外の出演者はアルファベット順で、ミルドレッド・ベイリー、カウント・ベイシー、シスター・ロゼッタ・サープ、サラ・ヴォーン、ジョシュ・ホワイト……。

自分の切手を見るまで生きられた者が一人もいないのは残念だが、まあそれは仕方ない。アメリカ郵政局には、死後何年かたつまで人物の切手は出さない、また特定の宗教人物の切手は出さない（でもマザー・テレサと少年の町のフラナガン神父だけは別腹でいける。彼らは一種のアイドルみたいなものだから）など、いろいろルールがあるのだ。生前のビリーを知っており、死後も彼女が脚光を浴びるのを見ることができたのは、七〇過ぎまで生きられた関係者だけだ。実はもうひとり、カフェ・ソサエティの出演者で、もうすぐ切手になるだろうと長年言われている歌手がいる。七枚目の切手が出たら、天国で他の六人も喜ぶだろう。

カニエ・ウエストのブラッド・オン・ザ・リーブズ

自分の親がアルツハイマーで介護ホームに何年も暮らし、亡くなって三〇年後、施設を再訪するのはどんな気持ちだろう。施設の外観にカメラを向けながら、ラジオもつけずにじっとひとり車の中で座っている男性の脳裏にどんな記憶が去来しているか、気になってきた。ロバート・ミーロポルが、養父エイベルのいた施設の三〇年ぶりの訪問という、気の重い用件をまず片づけたいという気持ちは理解できた。それでもヌルデが黄色い花を咲かせる施設の周辺で、雨粒が付かないようにレンズをかばいながら走り回れば、ビニール雨合羽は全身でシャカシャカと音を立て、インタビューのために着てきた法廷証言台用のようなスーツが、合羽の下でどんな状態になっているか、考えたくなかった。

やっと撮影を終え、白い亡霊のようにげっそりした姿で車の助手席のドアを開けると、意外に明るい声でこう言われた。

「ほら、あそこにアカオノスリがいる。あの屋根のところだ。待っている間、ずっとあの鳥を見ていたんだ。最初動かないから彫刻かと思ったけれど、今こちら側を向いてる」

「おとといの日曜日の父の日に、あなたの血のつながったご両親のお墓を訪問した時、すぐそばで茶色いウサギを見ましたよ。野鳥だけでなく、野ウサギもこのへんにいますか」

「ウサギどころか熊もいるよ。今いる家に越した時、最初にしたことが小鳥の集まるエサ台を家の前に設置することだったが、すぐはたき壊された。熊の嗅覚は鋭くて、小鳥のエサの匂いでおびき寄せてしまったんだ。さあ、オフィスに行こう」

ホームの敷地から道路に出る時、段差に揺れる車内で、ロバートはお世辞をたらたら並べるように言った。

「いやあ、君はすごい雨女だねえ。外に撮影に行ったとたん、雨の量が二倍になったよ」

一〇〇台のテルミンを一斉に鳴らしたような強烈な嫌味。怒りで頭に血が昇ってきたが、禅僧の正定でやり過ごす。

車中でICレコーダーを回していない間は、地元の話題でつなぎ、ビリー・ホリデイの話はオフィスに着いてからしようというのが、こちらの心づもりだった。この辺り、家の外に星条旗を揚げている家が随分ありますけど、マサチューセッツ州の何か祝日ですか。いや、アメリカ中で五月末のメモリアルデイから九月のレイバーデイまで国旗を揚げているんだ。大きな国旗がいたるところに揚げられている光景は、どこか別の時代の別の国に迷いこんだようで、背中を炙られているような不安が湧いてくる。そんなこちらの気持ちにはまったく気づかないように、ロバートは突然思いがけない歌手の名を口にした。

「カニエ・ウエストって知ってるかい」

もちろん、と言いたいところだったが、その時私の頭に浮かんだのは彼が「アメリカを再び偉大な国に（Make America Great Again）」と書いた帽子をかぶってトランプ大統領に面会したこと、タレントのキム・カダーシアンの夫である、という彼の音楽そのものとは関係ない事柄だけだった。そんなことだけで知っているなどとは言えない。

「いえ、私はラップ・ミュージックもオールドスクールものしか聞いていないんです。2パックとかダ・ブラットあたりで」

「カニエ・ウエストが自分の歌の中でニーナ・シモンの歌った「奇妙な果実」の〝血のついた木の葉《ブラッド・オン・ザ・リーブズ》〟というフレーズを使っているんだ」

ロバートはブラッド・オン・ザ・リーブズ、と呪文のように三回繰り返した。

「それで歌の使用料は入ってきているんですか」

「もちろん」

マサチューセッツ州の弁護士資格のある相手と、サンプリングという音楽著作権法の話を始めたら、それだけでインタビューの時間は終わってしまう。しかし今日有名な歌手の歌をサンプリングして自分の曲に使うのは、契約手続きだけでもとてつもなく経費がかかってしまい、カニエ・ウエストのような売れっ子だけができる贅沢であるのは想像できた。本来であれば、「奇妙な果実」がサンプリングという形で生き続けていたこと、その使用料が作者の著作権継承者に支払われていたというニュースは快哉を叫ぶべきなのに、笑みが浮かんでこなかったのは、ウエストにサンプリングされたのがニーナ・シモンと知ったことだった。ビリー・ホリデイではないのだ。

「君はこっちに来る前に、メールでエイベルの子どもの頃の話や、高校教師だった頃のことを聞いてきただろう。私には本人からそういう話をあまり聞いた覚えがなかったんで、兄に何か覚えていないか訊いてみたんだ。兄もエイベルから子ども時代の話や高校のことを、あまり聞いた覚えはないと言っていた。私たち兄弟がエイベルの養子になった時、彼は五〇歳を超えていて、昔のことには関心がなかったのかもしれない」

もう話の内容は半ばインタビューに入ったようになったので、介護ホームを見た瞬間から気になっていたことを尋ねた。

「エイベルさんは長年教師というひとに教える立場で、作詞も作曲もして、美術のセンスもあり、そんな何でもでき才能あふれる相手に、父さん、あなたは人の助けが必要だとか、ナーシングホームに入った方がいいと勧めるのは、並の能力の人間を説得するのより難しくなかったでしょうか」

「サウス・マイアミの家で、面倒をみてくれる人をしばらく雇っていた。しかし、ふらりと外に出ていってしまうことがあり、このままだといつか行方不明になる、と思ったんだ」

行方不明……ラジオ番組なら「放送事故」と呼ばれるくらい黙りこんだ。インタビュアーならどんな重い言葉を聞いても、三秒たったら何か言葉を返さなくてはならないはずだ。

エイベルのいた介護ホームから、ロバートの主催するNPO法人のオフィスがあるイースト・ハンプトンまで移動する三〇分のうちに、空は絶望的に晴れて明るくなってきた。一九〇八年に建てられた大きな繊維工場の各フロアを小さなスペースに分け、NPOの事務所、地元の若い世代のものづくり工房などに賃貸しているイーストワークス・ビルの三四八号室では、エイベル・ミーロポルの孫にあたるジェニファーがデスク・ワークに追われていた。

オフィスでまず最初にしたことは、マンハッタンで撮影したミーロポル一家が一九五〇年代に住んでいた二つのアパート（リバーサイド・ドライブ七二〇番地と西一六一丁目六〇〇番地）の画像を、ロバートに確認してもらうことだった。

「ああ、ここだ、まちがいない。これ、この2Bの窓の黒い錬鉄のバルコニーで、飼っていた猫が座って外を見ていたんだ。ロミオって呼んでた猫だ（バルコニーにいるのはジュリエットじゃないんですか）。ま、そうなんだがロミオは雄猫だったんでね」

「こっちは……そうだな、このビル外壁のタイルに見覚えがある……そのくらいかな」

ロバートの言葉にうなずきながら、エイベルが子ども時代、両親と住んでいたアパートの住所をつきとめられても、今も残る建物のどこが当時のままかは、古い写真でもないかぎりわからないという事実を思い知らされた。ニューヨークの再開発が行われていない地域では、百年前に建てられ

ミーロポル一家が住んでいたアパートのバルコニーは当時のままだった

ロバート・ミーロポル氏

たビルが残っていることは珍しくない。ただし百年前の姿を残しているかどうかは、実際に住んでいた住人の記憶か、写真で確認する必要がある。

ロバートも今日のために、オフィスにいくつかの資料を用意しており、デスクの上に広げ始めた。

「この本がリリアン・スミスの小説『奇妙な果実』。シグネット社のペーパーバック版だ。この表紙の女の子を見てごらん、白人男性と黒人女性の恋愛を扱った小説だが、この絵はあまり黒人女性には見えないね」

そこにはクローデット・コルベール主演映画『模倣の人生』に出てくる、黒人の血を隠し白人として生きようとする、ピオーラを演じた黒人女優よりは、多少浅黒い肌の女性の絵が描かれていた。

「それからこれ……「奇妙な果実」の楽譜だ」

ついにきた。三日前訪れた墓地で、墓石のヘブライ文字を少しでも解読できないかと、寄り目になるまで凝視した以上に、私はデスクの上の楽譜をにらんだ。これを歌ったビリー・ホリデイが楽譜を読めないからといって、取材をする私が楽譜を読めなくてもかまわないということにはならない。本当は渙然氷釈《かんぜんひょうしゃく》して「ここ。豊かに広がるのメロディとマグノリアの香りのところが、ビリー・ホリデイが歌っているのとはちがいますね」と五秒以内に指摘することをロバートは期待していたのかもしれない。黙ってフリーズしていると時間切れという感じで、彼は話し始めた。

「ジョシュ・ホワイトの方が楽譜通りに歌っている（楽譜のハミング部分は、ビリーもニーナ・シモンも歌っていない）。ドラマチックなエンディングにするためか、ビリー・ホリデイは最後の音をあげているのに気がついているかな」

「こんな風にですね……アンド・ピーター・クロオオオーップ」

右の人差し指で一音ずつ、線グラフのように描き、最後に手釣りの初心者が力まかせに道糸を引くように、高く指を上げて歌う私を見て、ロバートはテルミン一〇〇台分深く沈黙した。

「さてと、そろそろインタビューを始めてもらおうか。ICレコーダーの準備はいいかい」

路面電車の運転手の息子

ニューヨーク発展の歴史は、世界の都市同様「どこまで行けば、緑の多い郊外が始まるか」と「どこかまでは通勤圏に入るか」の範囲を、輪ゴムを引っぱるようにどんどん外に伸ばしていくプロセスだ。都市のビッグ・バン？　それほどすごくはないだろうが。ゴルフ場は？　乗馬クラブは？　ボーイスカウトがテントを張る場所は？　そして競馬場は？

ニューヨーク市の中でも、結構郊外の雰囲気を味わうことができる地域は残っている。たとえば土地面積の四分の一が公園の土地であるというブロンクス区だ。

マンハッタン四二丁目のグランドセントラル駅から、メトロ・ノースの通勤電車に乗って郊外に帰る日本の商社マンに、ブロンクスについて聞いたら、ブロンクスの駅に降りたことは一度もないが、毎朝電車の窓からブロンクスやハーレムの景色を見ると、到着までそろそろと思っていた、という答えが帰ってくるだろう。日本人が多く住むクイーンズ区などとちがい、ニューヨークの五区の中で、ブロンクスはあまり日本人に馴染みがない車窓の風景だ。

ブロンクス動物園は一九〇六年（ロシアでは血の日曜日が起こり、日本が日露戦争の勝利に酔いしれた翌年。ジェリー・ロール・モートンがストンプ音楽を書いた年）オッタ・ベンガというコンゴから連れてこられた二二歳の男性をサル園で「展示」していた。彼はその後一〇年アメリカで生活し、うつ病でピストル自殺をとげる。もしかしたらこの頃ブロンクスに住んでいたユダヤ系の少年も、動物園でオッタの姿を見ていたかもしれない。

エイベル・ミーロポル。一九〇三年生まれの「奇妙な果実」の作者の家族は、アメリカに移住すると、このブロンクス区に住み着いた。ユダヤ人として居住地区や、許可される職業に制限のある西ウクライナでの生活とはちがい、自由はあるが厳しい生存競争にさらされるニューヨークで、父、レオが選んだ職業は路面電車《トロリー・カー》の運転手だった。エイベルの母、ソフィアは当時の女性としてはかなり珍しいことに、大学の学士号を持っていたが、アメリカに渡ってからその学歴を活かした仕事や活動をすることはなかった。七歳年上の姉、アデル、五歳年上の兄、レオポルドとの五人家族。教育に重きを置く家庭ではあったが、三人の子のうち大学（当時ニューヨーク市民なら、授業料は無料だったシティ・カレッジ）に行けたのは、結局エイベルひとりだけだった。

子ども、特に少年にとって、飛行機、船、列車、大型車両を自在にあやつる運転手はヒーローだ。父にとって運転手は生活を稼ぐ手段でしかなくとも、路面電車の来る通りで聞きなれたエンジン音と警笛を鳴らしながら路面電車がやってきて、運転手の制服と帽子姿の父が前に立っているのが見えたら、息子は何度もジャンプしながら、ヒーローに向かって叫ぶだろう。

「父ちゃーん《ダーディー》！」

少年時代のエイベル
（提供：Robert Meeropol）

エイベルの父と名犬スポーティ
（提供：Robert Meeropol）

ブロンクス育ち

ニューヨークの夏はうだるように暑く、少しでも暮らしにゆとりのある家庭は避暑地に行ってしまう。エイベルの家庭にはその余裕はなかった。それでも父は何回か、一家五人がただで路面電車に乗れる手はずを整え、ブロンクスの路面電車の終点、緑広がる土地にランチを携え、ピクニックに行った。そこには様々な野鳥やウサギ、その他の動物がいた。

末っ子のエイベルは動物好きだった。しかし、狭いアパートでペットを飼うのは難しく、エイベルはアパートの屋上で鳩の飼育をしている友人のところに、たびたび遊びに行っては、鳥の世話を手伝わせてもらっていた。ある時夕飯に珍しく遅れて戻ってきた彼に、母が早く席に着くように言うと、家族の前でぼそっと言った。

「あのさ……通りに誰のものでもない馬がいたんだ……ちょっと年取ってる……」

その先を彼が切り出す前に、家族全員が彼の言わんとすることがわかった。

「だめ！　家では馬は飼えません」

捨て駒を拾ってはだめと言われても、エイベルは動物を飼うことをあきらめなかった。とうとう根負けした両親は彼が犬を飼うことを許した。「スポーティ」と名づけた犬は、エイベルの大事な相棒となり、思わぬ形で彼を助けてくれた。エイベルがスポーティを散歩させて通りを歩いていると、近所の不良が声をかけてくることがあった。

「おい、おめえ俺たちの前シカトして通って、タダで済むと思ってんのかよ、えっ？　かかってこいよ。ああん？　こっちに来て相手になれって言ってんだよ！」

「相手になるさ、だけどこの犬を家に戻してからだ」

エイベルはスポーティを連れてその場を去り、そのまま戻らない。

狭いサウス・ブロンクスのアパートにプライバシーはなく、夏は暑く冬の寒さは厳しい。ただ周囲を見れば当時はそれが当たり前だった。デウィット・クリントン高校に通っていた一九一八年、世界中で多くの死者を出したスペイン風邪の大流行がニューヨークを襲った。しかしミーロポル一家は何事もなく、エイベルは安定した家庭環境で少年時代を過ごした。

ユダヤ教の教会活動には熱心でなく、組合活動に熱心だったエイベルの父は、のちに路面電車の運転手をやめ、マンハッタンのミッドタウンのガーメント・ディストリクト（アパレル産業街）でボタンを扱う会社の営業マンに転職した。それでもミーロポル家の男たちが、カフスやボタンなど、ディテールに凝ったファッションを楽しむ洒落者になることはなかった。

ニューヨーク市に馬に曳かせた路面電車が初めて登場したのは、一八三二年一一月一四日（馬が廃止されたのは一九一七年）、最後に残ったクイーンズボロ・ブリッジ線のラスト・ランが一九五七年四月七日（ビリーの誕生日だ）と、ニューヨーク市の路面電車は一二五年もの間、市民の足となった。その路線はブルックリン区も網羅し、住民は路面電車から身をかわす《ドッジ》ことなく通りを歩けない、ということから「ブルックリン・ドジャーズ」という野球チーム名が生まれるほどの勢いだったが、一九三〇年代から全米の地方都市で「線路からタイヤへ」路面電車をバスへ移行する動きが始まっていた。

地域の主要公共交通機関には、建設費、維持費、人件費と市の膨大な金が動く。全米の多くの都市に走っていた路面電車が姿を消すだけでなく、同じルートをなぞって走るバスに代わっていった裏には、フォード、GMなどの大手自動車会社だけでなく、タイヤ産業、石油資本からの強い圧力があった。ニューヨークの路面電車が急激に消えていったのは、ラガーディアが市政に就いていた一九三五年あたりからだ。ラガーディアはニューヨーク市長の中でバス化に一番熱心に動いた。エイベルの父が運転手をやめたのが何年かはわからないが、路面電車の職員は遅かれ早かれ、別の仕事を探すことになっただろう。

将来は文学関係の仕事を希望していたエイベルはシティ・カレッジ卒業後、奨学金とアルバイトでハーバード大学院に進学し、二年間学んだ。このまま大学に残って研究の道に進んでは、と指導教官にすすめられたが、それ以上大学に残る経済力はなかった。一九二七年、エイベルはブロンクスの両親の元に戻り、卒業したデウィット・クリントン高校に通い出す。今度は生徒ではなく、生徒を教える教師として。この決断は多分正しかったのだろう。二年後にはウォール街の大暴落が起こり、ニューヨーク中に失業者があふれ出したのだから。

デウィット・クリントン高校

一八九七年にボーイズ高校という名で開校したこの高校は、最初はグリニッチ・ヴィレッジより少し北の一三丁目に校舎があった。一九〇六年にマンハッタン西側（現在ジョン・ジェイ大学のキャンパスがある場所）のクリントン地区、別名ヘルズ・キッチンと呼ばれる地域に移転、二九年に二度目の引越しでブロンクス北端のモショルーパークウェイに移動した。エイベルは教師としてヘルズ・キッチンからモショルーパークウェイへの高校の引越しを経験しているが、高校教師の職を考えていた時、自分の母校がもうすぐブロンクスに移転してくると聞いて、決めた可能性が高い。

ブロンクスをもうちょっと北に行けば、五区郊外のウェストチェスターとなり、ニューヨークの地下鉄もこのあたりが終点だ。ジェローム・アベニューのウッドローン駅で四番線が終わり、二四一丁目駅で二番線が終わる。緑が多く静かな土地にデウィット・クリントン高校はある。男子校の公立高校が次々に共学に変わっていく中、デウィット高は一九八三年にやっと共学になった。これはニューヨークの公立高校の中では、遅い部類だ。すぐ近くにニューヨーク市屈指の進学校、ブロンクス・サイエンス高校があり「デウィット高校の近くに行ったらカツアゲされるから、もう絶対近づかなかった」などという元秀才もいる……まあ近所の高校生同士が相手の学校をほめることなど、めったにないものだ。

同じ高校の卒業生に有名人がいることを他人に話すのはちょっと気分のいいものだが、エイベルが在校していたヘルズ・キッチン組の有名な卒業生というと、二年上にミュージカルの作曲王、リチャード・ロジャーズ（「オクラホマ」「南太平洋」「王様と私」「サウンド・オブ・ミュージック」）。一年上にハーレム・ルネサンスの担い手でラングストン・ヒューズのライバル詩人のカウンティ・カレン。一年下にジャズ・ピアニストのファッツ・ウォーラー（すぐ中退）。

「アベンジャーズ」「アイアンマン」「スパイダーマン」のマーベルのスタン・リーやファッション・デザイナーのラルフ・ローレンなどはずっと後のモショルーパークウェイ組だ。何だ、この高校、六〇年代以降のこの半世紀、有名になった卒業生は運動選手とラッパーだけじゃないか……そういうまとめ方はよくない。コメディ俳優のトレイシー・モーガンもいるぞ。

それに下がりおろう、このスプレー缶を何と見る。これぞ世界最大の屋外アトリエ、デウィット高校近くの地下鉄操車場で、一九七〇年代後半、生徒が放課後少し暗くなってから、地下鉄車体に落書きをし、のちのグラフィティ絵画の発端となったものであるぞ。モショルー操車場《ヤード》は、世界のグラフティー絵画誕生の聖地だ。

高校の名は懐手をしたナポレオン・ポーズの肖像画が校内にうやうやしく飾ってある、ニューヨーク市長、州知事を務めたデウィット・クリントンからきており、彼はジェファーソン大統領から「絶対無理、無駄、無謀」と罵倒されたエリー運河（別名、クリントンのドブ）建設を、強力に推し進めた功績が有名だ。東部の地名、学校名にクリントンという名があれば、それは第四二代大統領ビル・クリントンではなく、このデウィット・クリントンか、ジェファーソンの副大統領を務めた彼の伯父、ジョージ・クリントンからきている。ニューヨーク州を初めて走った蒸気機関車の名も、デウィット・クリントン号だ。一九三二年、汚職で辞職したジミー・ウォーカーの代わりに、四ヶ月だけニューヨーク市長を務めたジョゼフ・V・マッキーもデウィット高の教師だった。

校訓は「労働なくして達成なし《シーネ・ラボレ・ニヒル》」というラテン語。エリー運河の壁面を刻苦奮闘で隙間なく完成した、ドイツ系石工たちのモットーをもらったのか。セーヌ川を行き来し、どんな危機的な状況でも、けして舵を取る反対の手のワインボトルを握って離さない船員たちの「漂えど沈まず」というモットーを、市庁舎の正面に堂々と掲げているパリ市民などとは、勤労意欲の質も桁もちがう。

ちなみにマーベルのスタン・リーは読者への「エクセルシオール！」というあいさつがトレードマークだが、これもラテン語で「常に高みへ」という刻苦奮闘の言葉。ニューヨーク州の標語だ。卒業アルバムのスタンはその後、彼が高名な哲学者になったと言われても信じてしまいそうな、ひときわ真面目な顔で写っている。デウィット高の校内の壁には「君もスーパーヒーローになれる」という標語とともに、マーベルのヒーローたちのイラストが貼られている。全米の高校で生徒を鼓舞する標語とともに、貼られているキャラクターの中ではマーベルはかなり上位に入っているのではないか。

デウィット・クリントン高校

有名作家になった教え子たち

エイベルが教えていた頃のデウィット高校には、四人著名な執筆者がいる。一九三九年の卒業生は豪華だ。スタン・リーに加え、ニュース番組の視聴率競争のあげく、ニュースキャスターを過激派に生放送中に蜂の巣にさせるというショッキングな結末の映画『ネットワーク』の脚本家、パディ・チャイエフスキーがいる。彼はデウィット高校の年刊文芸誌『マグパイ（カササギ、またはおしゃべりの意）』の編集長だった。共同執筆者なしに単独でアカデミー賞脚本賞を三回受賞した彼の記録は、いまだに塗り替えられていない。

四二年卒のジェームズ・ボールドウィンも、高校時代『マグパイ』に作品を載せていた。現在のデウィット高の校内に彼の書籍を展示するガラスケースが置かれているのは、本人にとってホワイトハウスに展示されるのよりうれしいだろう。ボールドウィンは二四歳の時パリに移住し、ジョセフィン・ベイカー同様、一時的にアメリカに戻ることがあっても、生涯のほとんどをヨーロッパで過ごし、フランスで亡くなっている。

「プロのスポーツ選手にも医者にもなれそうもない」さえない自分を自覚していたのは四五年卒の戯曲家ニール・サイモンだ。彼は『マグパイ』に感傷的なソネットを載せる代わりに、兄が働いていたブルックリンのデパートの従業員慰労会のコントを書いた。慰労会当日、彼は自分のコントが会場全体をぐわんぐわん揺らす大爆笑をとるのを見る。サイモンの戯曲はブルックリンのダウンタウン、ブロンクスの向こうのヨンカーズ、健康と虚栄のカリフォルニアのユダヤ系を描いているが、生まれ育ったブロンクスを舞台にしたものはない。東京なら「ちゃきちゃき」大阪なら「コテコテ」という言葉が似合う、典型的ユダヤ系を描くのに、ブロンクスは少し地味だったのか。

かなり文法などで苦労している落ちこぼれの生徒たちにとっては、エイベルはいい教師だったのだろうか。たとえば一九三九年にデウィット高校に入学し、すぐに中退したジャズ・ピアニスト、バド・パウエル。彼はそのあと、家賃稼ぎ《レント》パーティでピアノを弾いていたという。デウィットをすぐ中退という手本を示した先輩、ファッツ・ウォーラーのスタイルで。

モショルーパークウェイにそびえ立つ校舎は、引っ越した当初「モショルーパークウェイの城《キャッスル》」と褒めたたえられた姿を、九〇年経った今も残している。天井からの吊りランプや椅子など、往年の校内を彷彿とさせるものも健在だ。今は少し寂れて見える中庭もエイベルが「奇妙な果実」を書いていた頃はもっと整えられていたのだろうか。

金属探知機ゲートの導入

しかしすべてが昔のままではなく、男女共学化以外にも、デウィット高校は変化している。この高校が近年一番注目を集めたのは、二〇〇五年の金属探知機設置に抗議し、生徒が大規模な建物退去《ウォークアウト》をした抗議活動だった。

一九九二年のブルックリンのトーマス・ジェファーソン高校校内の銃撃事件をきっかけに、当時のニューヨーク市長、デヴィット・ディンキンズは市内の高校での金属探知機導入を本格的に開始した。ただし全校にではなく、問題が起こりそうな学校にだけ。銃、ナイフ、ナックルブラスなどを校内に持ちこませないための措置だ。自殺した加害者を含めて一五人の死者を出した、九九年のコロンバイン高校銃乱射事件もこれに拍車をかけた。現在ではニューヨーク五区で二三六校、一〇万人の中高生が毎朝登校時に、この金属探知機ゲートをくぐっている。ブロンクスでは六〇パーセント以上の高校で実施されているが、スタッテン島ではゼロ。市全体としてはそんなゲートをくぐったことのない高校生の方が半数以上だ。

トレイに荷物と靴を入れ、空港にあるような通り抜けタイプのこの探知機のゲートをくぐるために、生徒たちはそれまでより早く登校することになった。ゲートの前で、毎日長い行列ができるからだ。ベルトや髪のピンをはずし、靴を脱ぐ。寒さや風のひどい日に外の列に並ぶのはつらいが、最悪なのは雨や雪で校内の床がびしょびしょに濡れている時、何歩かでも、靴下だけで歩かなければならないことだ。今まで数校取り外したところがあるが、ほとんどの学校で一度導入されたら取り外されることはない。

とはいえ、この施策を日本の感覚で批判したところで話は始まらない。ゲートの横にはハンドガン、ナイフなどのイラストがついた、学校への持ちこみ禁止品についての警告書が掲示されているが、校内を案内してくれた職員のインディアは「警察犬によるロッカーの麻薬捜査？　ないわ。でもこんなもの（と銃やナイフのイラストを指し）学校に持ってきたら大変よ、自宅謹慎のあと特別授業を受けなければならなくなるわ」と真顔で言う。「レポート　なぜ私はハンドガンを学校に持ちこんだか」という反省文を書いたり、黒板に「私は銃を学校に持ちこみません」と二〇〇回書く罰を受ける授業か。銃所持の権利は憲法で保障されており、日本人の想像の範囲を超え、アメリカ社会には銃があふれている。つまりかなり多くの国民がこんな風に思っているのだろう。銃規制？　意味ない。規制より金属探知機や警備員の導入、また警備コンサルタントや保険などで、防犯市場の拡大や雇用も図れるんだ。ほっとけ。

「問題ある家庭の子どもにとっては、学校にいる時だけが安全で、ほっとできる息抜きの時間」という言葉は、金属探知機ゲートのついた今のデウィット高校でも通用するのだろうか。

抹殺されなかった詩人

ジェイムズ・ボールドウィンがデウィット高校で、エイベル以外にも優秀な教師に出会った可能性はあるが、中学での出会いほどの素晴らしい出会いはなかっただろう。エイベルより一年先にデウィット高校を卒業し、やはりハーバード大学院で学んだ黒人詩人、カウンティ・カレン。ボールドウィンが入学したフレデリック・ダグラス中学で、詩人は英語とフランス語を教えていた。ボールドウィンは高校に入ってから、『マグパイ』にハーレム・ルネサンスの担い手として、高名な詩人のインタビューを鼻高々と寄稿する。ダグラス中学で教えている、と記事の中にあるので、誰もなぜボールドウィンがそんな作家と取材を取りつけるコネクションを持っていたか、不思議には思わなかっただろう。

インタビューは放課後使われていない中学校の教室で、机を寄せて行われている。ボールドウィンにとっては、初めての文学者相手の取材で、いくら知り合いとはいえ緊張したはずだが、インタビューには、時間はたっぷりあるし、どんな質問でも答えよう、という詩人のリラックスし、自分の生徒をあたたかく見守る態度がにじみ出ている。この取材の中で、詩人はパリでの一年について語っている。本当に素晴らしかったよ。ボールドウィンにとって、実際にパリに長期滞在した人間の話を聞いたのは初めてだったはずで、このインタビューが彼をパリに移住することを考えるきっかけとなったのではないか。

記事は今も一二八丁目と七番街にあるメソジスト教会の牧師をしている詩人の父親は、詩では食っていけないとわかっていても、詩人になることを反対しなかった、というところから始まる。なぜ食っていけないんですか？

「詩を楽しむ人は限られているし、理解する人はもっと少ないからさ」

ティーンエイジャーの辛辣さで、ボールドウィンは質問する。すると学校で教えるというのは結構お手軽《ハンディ》な選択だったと。

「そうだね、それに教えることは好きだし」

グッゲンハイム奨学金で「パリで一年間、執筆以外何もする必要のない」シャングリア（桃源郷）のような生活を送ったあと、ニューヨークに戻り、フランス語の授業を教えるようになった。いい作品を書く秘訣は？

「文学で成功するのに近道などない。ただひたすら書き続け「ブレイク」が来るのを待つだけだ。書くこと、読書することに加え、待つことも作家には必要不可欠なんだよ」

高校生はさらに質問する。文学界で黒人であることの差別はありますか。

「ない。不利どころか有利といえる」

この時詩人はボールドウィンが、作家になることを考えているのに気づいただろう。インタビューの三分の一は「飢え死にせず、ホームレスにならず、作品を書いて生きていく」についてで、文学そのものについてではない。詩人の新作にふれた後インタビューは終わる。

ボールドウィンが一九歳の時（よりによって一九四三年八月のハーレム暴動の真最中に）死んだ母の再婚相手は、詩人の父と同じ聖職者だった。義父は息子にいつも厳しくあたり、それが彼を「まともな大人」にする唯一の道と思っていた。鞭を惜しめば子は愚かになる。そんな父に息子の生き方は到底容認できなかった。作家になるということ、そしてゲイであるということ。この時代、教育・宗教・医学分野の権威者の大半が、ゲイは「治療可能」であると信じ、電気ショック治療を含むゲイ矯正セラピーが開発されていた。

ゲイであるのは大罪で、かならず地獄に落ちる、あるいはゲイは「病気《ディジーズ》」、それも黒人の間では「ゲイは白人が持ちこんだ病気で、もともと黒人にはホモセクシュアルなどいなかった」「黒人には真性のゲイは存在しない、白人だけだ」と信じる者がたくさんいた時代だった。「ファゴット（おかま）」ほど、黒人男性の嫌悪する蔑視語はない。ゲイに対する偏見に関して黒人社会は、けして白人社会より寛容ではなかった。だからこそボールドウィンはゲイであることを打ち明けるとしたら、黒人コミュニティにいる男性に相談する必要があった。現在でも黒人男子生徒がゲイであることを相談できる相手がいるとしたら、それは自分がゲイであると認め、それでも社会から抹殺されずに生きのびている黒人男性だけだ。ボールドウィンは詩人に何か打ち明けたのだろうか。

詩人の結婚

カウンティ・カレンは生涯二回結婚している。彼がホモセクシュアルであるという噂はたったのだろうが、それを公に肯定したこともなく、黒人コミュニティから追放されたり、教職を失うこともなかった。二度目の結婚相手のアイーダ・メイ・ロバーソンは詩人の父の秘書で、一〇年以上彼のことを知った上で結婚した。詩人とともにハーレム・ルネサンスを支えたラングストン・ヒューズは生涯独身を通し、彼の遺灰は、ハーレムのショーンバーグ図書館の地下に安置されている。ヒューズの自伝には若い頃の女性への失恋について書いてあるが、彼の作品からヒューズもまたゲイだと確信する研究者もいる。

　アイーダは詩人の最初の結婚相手、W・E・B・デュボイスの世間知らずな一人娘、ヨランダのように、カウンティがゲイと知ることなく結婚した可能性は低い。全米有色人種地位向上協会（N《エヌ》AACP《ダブルエーシーピー》）創立メンバーの一人で、その機関誌『クライシス』を立ち上げた運動家、デュボイスは幼い息子を亡くして以来、何としても自分の血を娘と優秀な黒人男性との結婚で残したいと思い、詩人を適役と選んだのだった。ふたりの結婚式は「黒人版ロイヤル・ウェディング」とまで評された、二〇世紀のハーレムで一番華やかで大がかりな結婚式だった。にもかかわらずヨランダは詩人と二年で破局を迎え、その後別の黒人男性と再婚するが、子どもは作らなかった。長命だったデュボイスは八二歳で金婚式を過ぎた最初の妻の死、九三歳で六〇を過ぎた愛娘の死に遭遇し、再婚した妻とガーナで百科事典を編集する目的でアメリカを去った。彼はガーナの首都、アクラでその二年後亡くなっている。

　子どもを作るということに関しては、アイーダ自身は一九歳の時、最初の結婚でノーマという娘を産んでいたから、子どもを望めそうにないことはあまり気にならなかったかもしれない。しかしゲイということをカモフラージュする手段として、詩人が自分と結婚したがっている、と思ったら、アイーダは一緒にはならなかっただろう。結婚相手の世間的な体裁を繕うためだけに、利用される結婚など誰でもまっぴらだ。

　またゲイが女性と結婚する時、一番使う言葉「一時期男性に惹かれたこともあったけど、もう治った」という言い訳を素直に信じるほど、アイーダは世間を知らない女性ではなかった。つまりあなたはバイセクシュアルだというのね。マスコミや外部の人間の目をごまかすことはできても、詩人の父の教会関係者、彼女の周囲にいる者たちは、詩人がゲイであるために、最初の結婚が破局を迎えたことを知っている人たちで、アイーダの背中に「ゲイと仮面結婚をした妻」とレッテルを張ることは避けられなかった。

ゲイと女性の結婚がすべて仮面結婚というわけではない。ゲイではなく本当にバイセクシュアルだったら、同性だけでなく異性を愛することは当然ありえる。それでも以前同性の恋人がいた夫に、結婚後、男性の愛人がいると感づいた時、自分が夫の世間体のために利用されていたのではないか、と思わない妻はいない。女性の愛人が発覚した時よりも破局は決定的だ。それにそばにいて、助け合って生きることだけを望むなら、別に結婚しなくてもいいじゃないか。単なる同居という選択もある。教職で何とか生計を立てている詩人に金があるわけはなく、死後、遺産がたんまりともらえる可能性はゼロに近いことは、ハーレム中の人が知っていた。ゲイで大した財産もないなら、結婚することに何のメリットがある?

ふたりの間で、どんな話し合いがなされたかわからないが、アイーダは一九四〇年、詩人と正式に結婚し、彼の死までの六年間、妻としてともに過ごした。五一年にはロバート・L・クーパーという社会事業に従事する男性と三度目の結婚をし、これも彼の死までの一五年をともに過ごした。彼女は一九八六年に八三歳で亡くなるまで、詩人の作品を世に広め、また守るために積極的に活動しており、結婚の目的は結局そこにあったのかもしれない。アイーダの生涯は結婚していた時期より、未亡人として暮らした時期の方が長い。しかし、それはそれほど珍しいことではなく、特に彼女が不運な女性だったとは言えない。

そしてこの話の結末は？　現在カウンティ・カレンはデウィット高校から近いウッドローン墓地でロバート・L・クーパーと仲良くふたりで墓石を分け合っている。アイーダの二番目と三番目の夫の墓と知らない人が見たら「ああ、晩年の彼は同性のパートナーを見つけて一緒の墓に入れたのか。めでたし、めでたし」と思うかもしれないが、そうではないのだ。

カウンティの墓にはレインボー・フラッグが供えられていた

これが死別を二度繰り返した未亡人の、よくある墓の建て方なのだろうか。ひとりひとつの墓石でも、「お手ごろ価格」の石を選べば、貯金をすべてはたかずとも二個買えないか。ふたりでひとつに墓石をまとめ、三人目と死別したら「墓石の右半分はスペースを空けておいてね。次の夫をまた見送ることになるかもしれないから」と言って、二つ目の墓石をバーゲン品から選ぶのがサイフのひもの固い賢夫人か。「アダムス・ファミリー」の作者、チャールズ・アダムスがこの墓を見たら、青髭の亡くなった妻の墓石の列を見ながら、新妻が何か辛辣なことを、夫に言っている一コマ漫画を思いつきそうだ。

フェーン・クリフ墓地の風

一方ボールドウィンはウェストチェスターのフェーン・クリフ墓地で、息子の死を見送った後も九九歳まで長生きした母（エマ）バーディスとふたりで眠っている。ここの墓地に墓石はなく、金属製墓碑を地面に埋めこむ形式なので、目の前に広がるのはただの芝生の丘陵だ。ところどころに供えられた花のバスケット、バルーン、小さな星条旗が置かれている。

一度フェーン・クリフ墓地の風が吹くだけの丘陵を見ると、実際に生きた人間を住みこみで働かせているのかと思うほどの大きさの白亜の霊廟や、周りと高さを競い合うように建てられたオベリスク型の墓石が立ち並び、住宅展示場と植木市をごっちゃにしたような光景が広がるウッドローン墓地などは、同じ墓地とは思えなくなってくる。ジョン・レノンはこのフェーン・クリフで火葬された。遺灰は現在も未亡人のオノ・ヨーコが持っている、ともセントラル・パークのストロベリー・フィールドと名づけられた円形のモザイクがある場所に撒かれた、ともいわれている。セロニアス・モンク、キャブ・キャロウェイの墓地もここだ。

ボールドウィンがこのフェーン・クリフから車で一時間弱のウッドローン墓地に来て「カレン先生、お久しぶりです。今日こちらでハロウィーン幽霊ジャズ・コンサートがあると聞いて、母とやってきました」と恩師にあいさつに寄ったら、カレンの隣に立っている男性を見てぎょっとするだろう。

「こちらは妻の三番目の夫のクーパー氏だ」

「ボールドウィンさん、お会いできて光栄です。ミセス・ボールドウィン。息子さんのご活躍については、かねがねカウンティから聞いております」

フェーン・クリフ墓地に眠る有名人の中には、マルコムXと妻ベティもいる。マルコムXはビリー・ホリデイを個人的に知っていた人物のひとりだ。マルコムは生前ボールドウィンのことを「頭のいい男だ。書いたもので白人連中を混乱させる。白人を狼狽させることにかけてはイライジャ・ムハマド尊師以外では彼の右に出るものはいない」とめずらしく褒めていた。メッカに巡礼に訪れた時、書店に翻訳されたボールドウィンの書籍がたくさんあったことに感銘を受けたのか。ボールドウィンは本人の自伝を基とした、マルコムXの伝記映画の脚本を執筆している（映画化は難航し、最終的にスパイク・リーが映画化した脚本のクレジットには、彼の名はない）。同じ墓地にいても、マルコムの方からわざわざボールドウィンに会いに行くことはないだろうが、何かの機会にボールドウィンに会ったら、きっと喜んで「ベティもあなたに会いたがってますよ」と言うだろう。

幼い頃父を殺害されたマルコムだが、彼以外の七人の兄弟姉妹は、七〇代後半まで生き、母は九五歳まで長生きした。暗殺されなければ、彼はきっと七〇代まで精力的に活動して、もっと長い自伝も出していただろう。マルコムと一緒にマサチューセッツ州、チャールズタウン州立刑務所に送られた相棒、ショーティことマルコム・ジャービスも七五歳まで生きた。自分のバンドを持ち、

『もうひとりのマルコム』という自伝も出版した彼を、マルコムXの映画の中では、監督のスパイク・リーが自ら演じ、シリアスなドラマの中で笑えるシーンを作っていた。

ジャズマンの墓場

デウィット高校から近いウッドローン墓地は、ハーレムからのアクセスもよく、ジャズマンの墓地として知られている。ここに眠っているジャズ・ミュージシャンの顔ぶれはまさに豪華のひとことだ。コンサートの夜があったら、すごいことになる。墓石は本人ではなく、遺族が選ぶことが多いのだろうが、生きている時の自宅同様、終《つい》の棲家にも住人の個性が反映される。この墓地ではどんなものでも、ほぼ遺族が望んだデザインの墓石を建てることができるようだ。ただしよほど派手なものにしないと、この墓地では目立たない。

安モーテルが道路脇に出す看板よりもっと大きい黒い墓石（セブン・ステップス・トゥー・ヘブンの楽譜つき）が、遠くからでも絶対に見逃されないマイルス・デイヴィス、その通り向いの飾り気はないが、存在感のあるデューク・エリントン一家（楽団にいたトランペッター、チャールズ・クーティ・ウィリアムズもこのウッドローン墓地にいる）、ライオネル・ハンプトン、W・C・ハンディ、MJQのミルト・ジャクソン、イリノイ・ジャケー、マックス・ローチ。ひょっとしたら競馬好きだったキャブ・キャロウェイは、この派手派手しく、ヨンカーズ競馬場にも近いウッドローン墓地をうらやましく思っているかもしれない。

ビリーの墓もウッドローン墓地にある、と思っているニューヨーカーは多い。ニューヨークのジャズマンの墓地といえばあそこだから。しかし、ビリーがいるのはラガーディア空港を離着陸する飛行機の音がたえず安眠を妨害する、ブロンクスで「唯一のカトリック墓地」セント・レイモンド墓地だ。奇行で有名だったキューバの歌手ラ・ルーペ（墓石の一番下に「神は私にすべてを与えた」）もここに眠る。

ビリーの墓は訪れるファンの置いていく花が絶えないことと、カトリックの墓地なのに、ビリーの墓だけが（本来ユダヤ教の習慣である）花の代わりの小さな丸石がたくさん載せられていることを除けば、周りの墓とどこも違わない。飾り気のない墓だ。正門から近いセント・パウロ地区の五六列二九番地にある。ビリーは母セイディと仲良く墓石を分け合い、墓石の右側に「愛しい母　セイディ　一八九六―一九四五」左側に「愛されし妻　ビリー・ホリデイ通称レディ・デイ　一九一五年四月七日誕生　一九五九年七月一七日死去」とあり、開かれた聖書の絵の上には「天使祝詞」の始まりの「めでたし聖寵みちみてるマリア」の言葉、一番下には「安らかに眠れ《レスト・イン・ピース》」と刻まれている。スチュアート・ニコルソンのビリー・ホリデイ伝によれば、セイディは一八九五年（九六年ではない）八月一六日誕生、一九四五年一〇月六日、五〇歳で死去。その記述の方を鵜呑みにすれば、ビリーは母が一九歳の時の子どもになる。この墓石はビリーが埋葬されてから、かなりたって作られたもので、どの記録をもとに、ビリーの母の生誕年を一八九六年としたかは不明だ。

ウッドローン墓地でハロウィーンの夜、生者には聞こえないジャズ・コンサートが開催されれば、今はニューヨークのどこかの墓地に眠っているデウィット高校の卒業生も集まり、帰りには近所の母校に寄って金属探知機のゲートをくぐってみるだろう。恩師たちも来る。ビリーもステージに現われて何曲か歌い、最後をしめるのは「奇妙な果実」だ。その時エイベルの姿は観客席にあるだろうか。エイベルの墓はどこにあるのか。

新人歌手のオーディション

ある午後、ジョシュ・ホワイトがひょろりと背の高い黒人男性を連れて、カフェ・ソサエティの階段を降りてきた。

「彼、新人なんですけど、一度歌を聞いてくれませんか？」

「バーニー・ジョゼフソンです」

「ベイヤード・ラスティンです。お目にかかれて光栄です」

バーニーはその青年に、ジョシュのように世間の荒波でもまれた経験がなく（ジョシュは子どもの頃黒人へのリンチを目撃している）、恵まれた環境で育った人間特有の無防備さを見た。もまれたことがない？　彼ほど自分の生き方を貫くために闘った人物は、そういない。個人の意志を国家や社会、思想や宗教が押しつぶす時、ほとんどの者は自分を放棄し、言われたことに従う。しかし広い世間には、それを公言すれば投獄されたり、むごく命を奪われるとわかっても、堂々と自分の主張を通す者がまれにいる。ベイヤードはそのまれな人間だった。

この時から何年もたたないうちに、ベイヤードは徴兵拒否で平和運動の仲間と刑務所に送られてしまう。その後の彼は黒人公民権運動で非常に重要な働きをするが、長年黒人の間でもベイヤードのことは語りたがらない空気があった。彼があることを認めていたために。

しかし、その日の彼は礼儀正しい雰囲気を漂わせながら、バーニーの前に立っていた。彼こそがカフェ・ソサエティ出演者の七番目の切手となるべき人物だった。

II.

The Cabaret Card

第2章 キャバレー・カード——麻薬とジャズ

私の手元にあるビリー・ホリデイの自伝『レディ・シングズ・ザ・ブルース』はランダム・ハウスのペーパーバック版で、表紙に「刊行五〇周年版」とうたっている。聞き書きをしたウィリアム・ダフティーは、ニューヨーク・ポスト紙や音楽関係のコラムニストとして知られ、グロリア・スワンソンの最後の夫（つまり六人目）でもある、と本の裏に紹介されている。彼は砂糖貿易の歴史と、白砂糖の有害性を説く『シュガー・ブルース』が累計一六〇万部のベストセラーとなり、東洋思想と食養（マクロビオティック）の提唱者、櫻澤如一の『三白眼』を英訳しており、こちらの仕事の方が有名かもしれない。『シュガー・ブルース』の献辞は、ビリー・ホリデイとグロリア・スワンソンに捧げられている。

ビリーはダフティーの最初の妻、メイリーとダフティーの間にできたひとり息子、ベヴァンのゴッドマザー（洗礼式の後見人）になっている。黒人の彼女が白人夫婦の子のゴッドマザーになるというのは珍しいが、それだけ親密だったということだ。ビリーは、ロード・マネージャーだったメイリー（チャーリー・パーカーのマネージャーもやったことがある）から当時彼女のボーイフレンドだったダフティーを紹介され、家族ぐるみのつきあいが、のちに自伝の誕生につながった。

ダフティーの自宅でビリーが幼いベヴァンに「イディッシュ・マミー（ユダヤ系のママ）」を歌っ

てやっている音声が残っている。一九二五年にソフィー・タッカーがヒット曲にした、このお涙ちょうだいソングをユダヤ系のメイリーが息子に歌ってやることなど、あっただろうか。英語版とイディッシュ語版とがあり、英語版は着飾ることもせず、我が子の笑顔だけが人生の宝石として生きた、今はなき母の思い出をなつかしむ歌だが、イディッシュ語版はすごい。「我が子のためならたとえ火の中、水の中」（本当にそういう歌詞だ）という母が、あの世《オラム・ハバ》に召された悲しみを、哀しげなヴァイオリンが悪魔のふいごのようにあおる、英語版より三倍悲壮な歌になっている。

ビリーは三〇歳の時、地方公演中に母セイディを亡くしている。知人によってはビリーの、それ以降のアルコールや麻薬などへの依存の根本的原因は、母親の死だというほど、母子の関係は親密で、助け合って生きていた。しかしゆったりとしたテンポでビリーが歌う「イディッシュ・マミー」は、嵐の黒雲の隙間からいきなりのぞく青い空のように、ドライで透明感があり、センチメンタルになっていない。彼女の歌には、暗雲がたちこめる嵐の中にも、その上には青い空が広がっていることを知る者だけが持てる「あきらめ」、現実から目をそらさずに、向き合う強さがある。その強さを感じるほど、彼女が依存症から体を壊し、若くして死を迎えた人生の厳しさを思わずにいられない。

メイリーはナチのホロコーストからひとり逃げのびて、アメリカに移住した女性だった。ダフティーと離婚した後、彼女はシングルマザーとしてひとり息子を育て上げた。ベヴァンはカリフォルニア大バークレイ校を卒業後、サンフランシスコ市政に関わり、自分はゲイと公言してサンフランシスコ市長選に出馬した。彼は一九八四年に亡くなった母に、市長になった、という報告をいまだにできずにいる。それでもメイリーは、可愛い息子を持てた、充分に幸せなイディッシュ・マミーだったのだろう。

自伝刊行後のインタビュー

一九五六年の自伝刊行直後に、ビリーがインタビューを受けた時の音声が今も残っている。ビリーはメリーランド（ボルティモア）のアクセントで、歌う時と同じようにゆったりと話している。インタビューはこんな丸投げ質問から始まっている——あなたにとってジャズとは何ですか？

「いい音楽、いいフィーリングかしら」

自伝のことを訊かれてこう答えた。

「まだ読んでいないの。手に入れた本を、友だちにすぐ持っていかれちゃったから」

読んでいない……自分の自伝をまだ読んでいない、というと、まるで自分ではまったく書いていないのかと誤解されやすい。発売直後の自伝について訊かれたら「まだ読んでいない」とは言わない、という出版界の「基本ルールその1」を、ダフティーはビリーに教えなかったようだ。芸能人、政治家の自伝が出ると、かならず何人かに一人はこの失言をする。実際一行も自分で書いていない自伝もたくさんあるが。

休日の過ごし方についての質問には、たまにはのんびり夫婦で釣りに行くと言っている。「釣りっていっても、私はボートにホットドッグとビールを持ちこんで座ってて、夫にほら、かかったわよって叫ぶだけ。自分ではやらないのよ。魚の口からひっかけた針をはずすの苦手だから」

インタビューの中で一番幸せそうな口調だったのは、私生活の話だった。コンサートのために海外までとびまわっていても、（クイーンズにある）家に帰れば、ごく普通の落ち着いた生活をしている。どこにでもいるような普通の夫婦、と強調して話すのは特権階級の特徴だ。（ゴルフ好きの夫と一緒に）ゴルフもやってみたいわ。ビリーは他人が考えているよりアウトドアが好きで、ルイ・マッケイの献身でそんなことも考えられる余裕が出たのか。ヨーロッパ公演に行った時は彼にすすめられ、ビリーは初めてのスキーにもチャレンジしている。

刊行の三年後に亡くなったビリーだが、自伝を読む限り、晩年は最後の夫（四番目）であるルイ・マッケイと穏やかに過ごしたように見える。書籍は彼女の代表曲の一つ、「マイ・マン」の歌詞で締めくくられる。「疲れて見えるわよね。でもあの人《マイ・マン》といれば忘れるわ」。ルイはビリーの人生を落ち着いたものにしたのだろうか。

とんでもない！　彼女の遺産を手に入れたルイは、そんな夫として理想的な男ではなかった。仕切るのが好きな男で、ビリーの曲のすべての権利を管理した。一九七二年に自伝をもとにした彼女の伝記映画が作成された時にはアドバイザーも務め、映画の中で描かれる彼は理想の伴侶だ。ダフティーはダイアナ・ロスが主演したこの映画を酷評している。

「ビリーはこんな弱い女ではなかった。彼女は強い女だ。ルイもこんな男ではない」

ひどい間違い

この自伝の刊行のあと、何冊ものビリー・ホリデイ伝が出て「自伝にはなかった新事実」をうたった。これらは本人の話に基づくものではなく、公的記録などに当たった結果、自伝にはいくつも間違いが見つかっている。

頻繁に指摘されるのが、生まれたのがフィラデルフィアの病院で、ボルティモアではないことと、ビリーが生まれた時の両親の年齢だ。自伝に書いてある通りなら、父は一八九九年、母は一九〇一年生まれだが、スチュアート・ニコルソンの伝記では、父は一八九八年七月二三日、母は一八九五年八月一六日生まれ。だがジョン・チルトンの伝記を含め、母セイディの生まれた年はブロンクスの墓石に刻まれている一八九六年とする書籍が多い。

そして一番問題なのが「奇妙な果実」の作曲者が作詞者ルイス・アランではなく、ビリーとピアニストのソニー・ホワイトの共同作業である、という記述。

この話は突然出てきたものではなく、ビリーはこの歌のことを尋ねられると、ずっとそう話していたようだ。ダフティーがビリーから直接その話を聞いてそう書いたか、あるいは過去の雑誌記事を参考にしたのかはわからないが、すでにレコーディングから六年後の一九四五年九月に、エイベル・ミーロポルはある雑誌に載ったビリーのインタビュー記事の「ひどい間違い」に対する抗議文を投稿している。「あの歌はビリー・ホリデイが歌う一年以上前に私の妻、アン・アランが歌っている……私はビリー・ホリデイやソニー・ホワイトの演奏を素晴らしいと評価しているが、記事の内容はあくまで事実に則ることを求める」そして文章はこう締めくくられる。

「私があの歌を書いたのは、私がリンチを憎み、不正義を憎み、それを恒久化しようとする人々を憎んでいるからだ」

ドナルド・クラークの書いた伝記には、あろうことか、オールダソン女子刑務所を出た後、ずっとマスコミからビリーをかくまい、面倒を見てくれたピアニスト、ボビー・タッカーの作曲した曲を、ビリーが自分名義に変えたエピソードが出てくる。ミュージシャンの間では、誰かの曲を自分の作品としてしまうことは、他人の楽器を勝手に借りてステージで使ったり、自分の使用する麻薬を他のミュージシャンの持ち物の中に隠したりするのと同じくらい、されていることなのだろう。他人の作った詞やメロディーにどのくらい手を加えれば、それを「自分の作品」として登録してかまわないかは、音楽業界の永遠の争点だ。

エイベルの息子、ロバートに、父親から聞いたビリーとの交流や他の人の知らない彼女のエピソードなどがないかを尋ねたが、返事はそっけなかった。

「親しく会っていたかということであれば、答えはノーだ。ほんの何回しか会っていないはずだね。ビリー・ホリデイの自伝が出てからは、エイベルは何度も「奇妙な果実はあなたが作詞してビリー・ホリデイが作曲したんですよね」と言われ、それは事実とちがうと穏やかに訂正するのに苦労していた。才能があるのにもかかわらず、彼女が麻薬問題で歌う機会が減り、トラブルに巻きこまれていたことには同情していたようだが、作曲者が誰かということに関しては、ビリーの書いたことに、わだかまりがあったことは事実だ」

「奇妙な果実」の詞はソウルを持つ者でなければ書けない、とさまざまな人から言われたことに関しても聞くと、「エイベルはとても光栄に思っていたようだ」と答えた。

「奇妙な果実」を最初に歌った歌手

ここで「奇妙な果実」を最初に歌った歌手、アン・アランについてふれておきたい。エイベルはハーバード大学院を卒業後、デウィット・クリントン高校に英語教師として勤務しながらも、詩や短篇小説などを執筆し、夏休みともなれば、休みの間だけ収入を得られるアルバイトを探していた。エイベルの仕事では「奇妙な果実」だけが、あまりにも有名になってしまったため、音楽畑の人物と捉えられることもあるが、詩、短篇小説、一口コラム、映画脚本、オペラ台本、と多岐にわたる執筆を続け、あくまでエイベルの本業は文筆だった。

それでも作曲同様、舞台美術にもセンスがあり、ニューヨーク郊外で夏休みにアメリカ共産党関係者が主催しているリゾート・コミュニティ、キャンプ・ユニティで「美術担当者募集中」という話に一も二もなく飛びついた。これでブロンクスの暑い夏ともおさらばだ。

キャンプ・ユニティの長所は涼しい夏を過ごせるだけではなく、いろいろな人間と知り合いになれることだった。後年エイベルが作詞した「わたしの住む家」に曲をつけ、何回かコンビを組んだアール・ロビンソンはキャンプ・ユニティの音楽担当者だった。しかしエイベルにとって、キャンプ・ユニティでの最大の出会いといえば、生涯のパートナーとなる、アン・シェイファーとの出会いだった。

ブロンクスを南北に貫くグランド・コンコース通りをはさんで、ヤンキー・スタジアムの反対側、トリニティ通りのアパートに親兄弟と住んでいた彼女は、小学校の教師になるのが将来の夢で、大学の授業料を稼ぐための夏の間だけの仕事を探していた。あまりユダヤ系らしくない容貌で、人目をひく金髪を輝かせたティーンエイジャーの彼女にとって、キャンプ・ユニティは暑い夏だけでなく、ユダヤ教の教会活動に熱心な口うるさい親の監視下から逃れられるいい機会だった。

エイベル＆アン・ミーロポル、1935 年（出典：Library of Congress）

そんな娘が得体の知れないリゾート・キャンプ

にアルバイトをしに行ったあげく、そこで結婚したい相手に出会った、などと言えば父親は怒り心頭で、グランド・コンコースまで届くような大声で、相手の素性をアンに問いつめた可能性はある。あら、お父さん、彼はユダヤ系でデウィット・クリントン高校で英語を教えている人よ。そうよ、3Dのペリソンさんの家、息子が今あの高校に通っているんだから、話を聞いてみればいいわ。ハーバードを卒業してるの、ハーバードよ、お父さん。お母さんも大学を出てるっていうし。とにかく一度彼に会ってみてよ。ほんとにいい人ってわかるから……。

知り合ってからどのくらいの交際期間を経て、結婚という運びになったかわからないが、ふたりには「すべてが整ってから」という考えはなかった。アンはもともと映画によくある、郊外の一軒家（後日小学校で読みきかせをした絵本、『ちいさいおうち』のような家）に、釣り上げられた大きな魚のように夫に横抱きにされて新居入りする、というようなロマンチックなことに興味はなかった。何としても小学校の教師になる夢を早く叶えたい彼女は、結婚後は「エイベルの両親のアパートに同居して、そこから働いて学費を稼ぎながら教員免許を取る」と父親に告げた。信心深いユダヤ娘にはありえない計画を知った父親の怒り声は、グランド・コンコースを越え、向こう側のヤンキー・スタジアムまで届くほどだったかもしれない。

それでもアンの意志は堅く、一九三〇年、アンはエイベルと結婚する。エイベル二七歳、アン一九歳。一九七四年にアンが心臓発作で急死するまでの四四年間、ふたりが強固なペアを組んで人生を歩んだことが、エイベルの私生活にとってだけでなく業績にとっても、どれほど貢献したことか。輝くような笑顔、自信に満ちたパフォーマンスで、アンは舞台に登場した瞬間から聴衆を惹きつけるすべを知っていた。歌もギターも得意で、その彼女がエイベルの作った歌を歌った。「エイベルが歌うのも聞いたけど……まああってとこかな。アンの歌声は良かった」とロバートは言う。「ティーンエイジャーのアンは、高校教師のエイベルとずっと先生・生徒みたいな関係じゃなかったかって？　まあ最初のうちはそうだったかもしれない。自分はこれから教師になるために学校へ行くのに、エイベルはもう教えているんだから。敬意は持っていたと思う。でもずっとそんな関係のままってわけじゃない。アンは意志の強い女性だった。最初の何年かは名字もシェイファーのまま通してたっていうよ」

現在目にすることのできるアンの写真の中に、初めて教職員の集会で「奇妙な果実」を歌った時の画像はない。それでもブロードウェイの舞台のオーディションで「奇妙な果実」を歌うという課題があったら、アンの持つ外見、個性、歌声は、けして課題で高得点を得るものではないことは想像できる。「なぜあんな歌手（女優）が私を差し置き、この歌（役）をやるの？　歌唱力（三オクターブ以上出る）、振付、存在感、ルックス——総合的実力は私の方がずっとずっとあるというのに」という怒りのアリアはエンターテイメント界でいつも誰かに歌われている。ほとんどの場合、それは正当な怒りだが、オーディションを受けている人間なら知っている。ブロードウェイで役を獲得するのは、一番実力がある者ではなく一番その役に適した者だということを。「奇妙な果実」は歌う者を選ぶ歌で、アンの個性には合っていなかった。この歌のレコーディング歌手を決めるオーディションを、あらゆる人種・性別の歌手百人が受けたら、最終選考に残る五人はこの歌を歌える個性を持って生まれた歌手で、歌唱力やルックスが他に勝っているということではない。またアンが自分の持つ力のすべてを注いでいたのはいい教師となることで、それだけの情熱を歌や他の対象につぎこむことはなかった。機会があればステージで歌ったが、自分が「奇妙な果実」を最初に歌った歌手」という事実にこだわりを見せたことは一度もなかった。

ルイス・アランという名前

アンはフルタイムで学生となるのではなく、何単位かずつ教職に必要な大学の単位を、あちらこちらの市立大学で取得し、ついにはニューヨーク市の小学校の教員免許を取った。彼女が職を得たのはハーレムの公立小学校で、生徒は主に黒人の児童だった。

「見て、私の初任給よ。やっとこれで自分たちだけの、アパートを借りることができるわ」

自分たちの意志だけで人生の駒を前に進めてきたようなアンとエイベルに、最初の試練が訪れたのはこの頃だった。アンは妊娠し、ふたりは大喜びだったが、死産だった。子どもはふたりとも男の子で、ルイスとアランという名がつけられた。死産、つまり妊娠五ヶ月を過ぎてから出産時までの胎児、新生児の死は、現在のアメリカでも約二〇〇件に一件は起きている。それほどまれなことではないが、家族間でも、めったに口にされないトピックで、実は自分が生まれる前に、自分の兄か姉が生まれていたという事実を、子どもには知らせない家庭も少なくない。エイベルとアンはふたりの息子の記憶を封印することもできたが、そうする代わりにエイベルは「ルイス・アラン」を執筆する時のペンネームとし、アンは本名のアンにアランの名を名字とし、アン・アランという名を集会などで歌う時の名とした。ふたりは養子に対しても、ルイスとアランについての詳しい話は生涯しなかった。当然どこに埋葬したのかもわからない。ふたりは自分たちについても、無神論者としてユダヤ教の埋葬はせず、火葬後、遺灰を撒くという選択をしている。アンの遺灰はサウス・マイアミのどこかに、そしてエイベルの遺灰は介護ホームで亡くなったあと、息子、マイケルが当時住んでいたウィルブラハムの家の近くで、弟ロバートと花の咲いている野原に撒いた。この出来事と前後して夫妻でソヴィエトへ旅行にも出かけ、西ウクライナのエイベルの親戚に会っている。試練はあっても精力的に活動する夫婦だった。

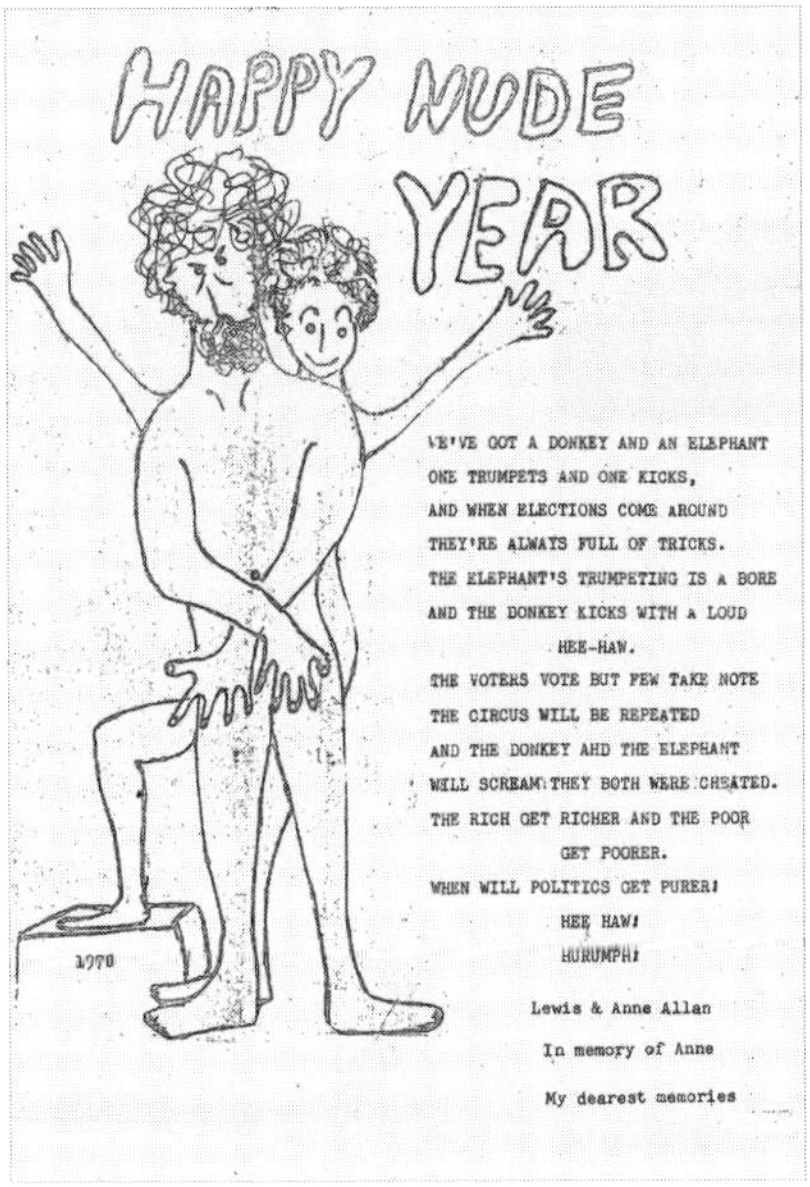

アンが亡くなって４年後もエイベルは新年に夫婦のイラストのカードを出し続けた（提供：Robert Meeropol）

ミュージシャン二世たち

エイベルとアンのような（けして高給取りではないが）比較的安定した教師という職業のカップルであれば、子どもを育てるのに障害は少ない。しかし地方巡業に飛び回り、いつも金がない、というミュージシャンにとって、子どもとは今の仕事をやめ、もっと安定した職業を選ぶことを強いる存在だ。また子を自分の親や親戚の家に預けっぱなしにして、我が子から親とは「めったに会うことのないおじさん、おばさん」としか認識されなかったりする。それでも子どもはお荷物、自分には無縁の存在と思う者だけでなく、子どもがほしい、自分の子が望めなければ養子でもいいから、と思う者はミュージシャンの中にもいた。また子の方も子どもの頃、親との軋轢があっても、成人してからは親と同じ音楽の道を志す者もいる。親も子も、ともに有名になるのは、ごくまれだが。

ビリーは子ども好きで、何人かの友人の子のゴッドマザーになっていた。「悪い女はいいゴッドマザーになるんだよ」というのが口癖だった。子どもと時を過ごすのが好きで、四番目の夫、ルイ・マッケイが前妻との間の子どもに会いに行く時、ビリーもたくさんのおもちゃを土産に、夫に同行したという。

身よりのない黒人の子どものための孤児院の経営というアイデアは、自分自身でナイトクラブを経営する、というのと同じくらい、魅力的な夢として、自伝の中に書かれている。ルイとの結婚がもっと安定したものだったら、ビリーはあのベッシー・スミスのように、養子をもらうことを考えられたかもしれない。子どものいなかったビリーの遺産は、まずルイ・マッケイのものとなり、ルイの死後はビリーとは血の繋がりのないルイと前妻との間にできた子どもに渡されていった。

ベッシー・スミスは知人の子を養子にし、夫の名前に二世《ジュニア》を足し、ジャック・ジー・ジュニアと名づけた。その子に音楽ではなく、自分が受けられなかった学校教育を受け、弁護士になってほしいと願っていた。あまり勉強好きでなかったジャックは、フィラデルフィアでガードマンやバーテンダーなどをしながら、七六歳まで生きた。彼はベッシーが亡くなって四〇年近くたった一九七〇年代「母に正当なレコードの印税を支払わなかった」として、コロムビア・レコードを訴えたが、連邦法廷で敗訴している。コロムビア・レコードの企業弁護士は相当な辣腕だったろうから、仮にジャックが弁護士になっていたとしても、いくらの示談金で合意をとりつけることができたか、あまり期待できない気がする。

同じジュニアでも、コロムビアのプロデューサーのジョン・H・ハモンド二世《ジュニア》の長男、ジョン・P・ハモンドは現在ブルース・シンガーになっている。父親が二世をはぶいたジョン・ハモンドという名で呼ばれていたため、ハモンド三世ではなく「あのハモンド」の二世という意味でジョン・ハモンド・ジュニアと呼ばれることがある。風貌は父親に生き写しだが、まだ音楽界で父ほど有名ではない。

チャーリー・パーカーは妻のチャンとの間に、実の息子ベアード（そう、パーカーの曲、「レアード・ベアード」のベアードだ）を残している。現在目にすることのできる成人後のベアードの画像はないが、ジョン・ハモンド親子ほどそっくりでなくとも、実際に会えばすぐチャーリーの息子とわかる面立ちだったという。父の遺した印税継承者にはなれたが、音楽の方は父の才能を受け継いでおらず、晩年はプレイヤーとして活動するのではなく「バードランド・ミュージック＆レコーディング」という店舗兼録音スタジオを、ニューヨークから車で南に一時間半のランズデールで経営していた。本当に関わっていたか名義貸しだったのかはわからない。「彼は父親の名の重みに押しつぶされたみたいね」と母親のチャンは語っている。チャンの連れ子のキムは、そこそこ歌手活動ができているのに。

「みなさん、長らくお待たせしました。あの伝説の巨人、チャーリー・パーカーの娘、キム・パーカーさんの登場です。どうぞ！」

そんな司会者の紹介に、観客が珍しい生き物でも見るように自分を眺めることに、キムは耐えることができた。もし自分の歌が本当に素晴らしければ「チャーリー・パーカーの娘、キム」ではなく「あのキム・パーカーの父、チャーリー」と言われるようになるだろう。まだそうなってはいないが、それでも自分にくる講演やステージのオファーの何割かは、父の七光りのおかげだ。ありがとう、ダディ。

チャンは一九七一年からずっとパリ郊外に居をかまえ、九九年にフランスで亡くなっている。子どもたちも母とフランスに移住したが、成人してからアメリカに戻り、ふたりともニューヨークではなく、ペンシルヴェニア州に落ち着いた。母がまだ生きていた頃、ベアードは地元ペンシルヴェニアのパン売り場で働いていたという。それのどこが悪い？　自分の音楽で食っていけなければ、どんな仕事でもやるのがジャズマンだ。ガソリンスタンドで働いたり、郵便局で働いたり。父チャーリーは三四歳までしか生きられなかったが、ベアードは「あともう何年かで年金暮らしのできる六五歳だ」という年まで生きられた。彼は二〇一四年三月にランズデールで亡くなっている。六一歳だった。

ビリーのお友達《パル》

ビリー・ホリデイ自伝は、あくまで彼女にとっての真実が語られている伝記だが、それでもなお魅力的な本であるのは、それが彼女の力強い語り口によって綴られているところだ。ビリーが自分の生き方を躊躇なく語る時、そこには「つつみかくさず告白すれば、それが罪の贖いになる」という天国行きの切符を狙う、キリスト教的いじましさも「どうだい、俺様はこんなに悪いことをしたけど、楽しかったし、何のダメージも受けていないぜ」というやんちゃな露悪趣味も「私はただ力をふりしぼり、人生を生き抜きました」という自己憐憫もない。ビリーの強い自己肯定力は、いったいどこからきているのだろう。

赤裸々な自伝ということで他にすぐ頭に浮かぶのは、アレックス・ヘイリーの聞き書きによる

『マルコムX自伝』だ。ネブラスカ州オマハに生まれた彼は、イスラム教徒になる前は、デトロイト・レッドと呼ばれるハーレムのハスラー（やくざもの）だった。

ビリーより一〇歳年下で、ハーレムでマリファナをミュージシャンに売りまくっていた彼は、多くのジャズマンと顔見知りで、楽屋にも友人のようなふるまいで訪れていた。ビリーのステージも何度も見ている。マルコムにとってビリーはお得意先、と明確に書いてはいないが、マルコムの何というか、まあお友達《パル》のひとりだった。その頃のマルコムはしゃれたスーツで決め、活發發地《かっぱつぱっち》にハーレムに生きるおニイさんだった。ふたりが五二丁目のオニックス・クラブで、一緒に写した記念写真はどこにいってしまったのだろう。

実はビリーは口八丁のデトロイト・レッドより、兄を追ってハーレムに来ていたマルコムの二歳年下の弟、レジナルドの方がお気に入りになったようだ。年上の女性に面倒をみてやりたいと思わせる魅力が、弟にはあった。ハーレム時代のマルコムは「女たらし《ラウンジ・リザード》」としてもぱっとせず、ギャングとしての力量も中堅クラスのちんぴらだった。それでも彼のハスラー時代は充分に壮絶だ。

自伝によれば、その頃マルコムが会話で使う単語は二〇〇語以下で、イキがって罰当たりな言葉ばかり。食事《メシ》の代わりに麻薬、ネクタイの代わりに銃を身につけ、人間くさく生きた後、暴力的な最期を遂げればいい、と信じていた。

その後マサチューセッツ州、チャールズタウン州立刑務所に送られ、そこでイスラムの教えに出会ったデトロイト・レッドは、マルコムXと改名し、ネイション・オブ・イスラムの第七寺院（ハーレム支部）の責任者として、五四年に古巣のハーレムに舞い戻る。九年ぶりの帰還だった。

昔のハスラー仲間二五人の消息を追うと、そこに待っていたのは、よくある順番で「弾丸、ナイフ、刑務所《ムショ》、麻薬、病気、精神病棟、アルコール依存」という現実だった。

そんな彼の自伝に、彼が生涯忘れられなかった言葉が出てくる。それは子どもも時代に里子に出された、ゴアンナ家のアドコック婆さんの言葉だった。「おまえはいい子じゃないけど、それを隠そうとはしない。偽善者じゃないってことさ」

ビリーの周りにもアドコック婆さんのような人がいて、彼女を褒めてくれたのだろうか。

ビリーが一〇歳の時入れられた、ボルティモアのカトリック修道院が監督する感化院は「良き羊飼いの家」といい、入所時に制服と聖人の名をもらう慣わしがあった。ビリーのもらった名はテレサだった。カトリックの教育機関は、日常的に生徒を物差し《ルーラー》で叩くことで有名なので、テレサとなったビリーも、さぞ叩かれたことだろう。

テレサはフランスでは「リジューのテレーズ」、日本では「小さき花のテレジア」という呼び名で知られ「天国へ行ったらそこから地上の人を助けます」「天からバラの花びらの雨を降らせます」と言って二四歳で亡くなったカルメル会の修道女だ（彼女の名前をもらったのがマザー・テレサ）。生前はこれといって目立つところもなかったテレサが聖人とされた理由は、死後発表された自伝が多くの信者に感銘を与えたからだった。そこで彼女が提唱したひとつが「天国行きエレベーター」だった。

非力な自分が一歩一歩天国への階段を自力で上るのでは、到底聖人たちの高さまで上れない。それなら自力ではなく、天国行きのエレベーターに乗ろう。幼子のような魂専用エレベーター。エレベーターとはキリストの腕《かいな》で、そこに我が身をゆだねるのだ。エレベーターって……あんたアプレだね、姉妹《シス》。

自伝原稿をタイプするビリーを見つけた大乗《マハヤーナ》キリスト教エレベーター・ガールは、ビリーのそばまで急降下し「やめなさいよ、こんな恥さらしを書くの！」と止めようとしただろうか。あるいは「この調子よ、ビリー！　聖人なんて地上のケチくさい名誉より、ありのまま書く方がずっと大事。私だってあれ、ほんとに自分が思った通りに書いたんだから」と焚きつけただろうか。

ビリーにとって売春は自分で選んだ職業で、歌のように好きでたまらなくてやっている仕事とはちがうが、メイドや掃除の仕事と何も変わるところはない。ベッドで延々とゴタクを並べていく黒人客より、あっさりと帰っていく白人の客の方が望ましいという。ビリーは母セイディのような信心深いタイプではなかったが、カトリックの神父、特にジャズを紹介するラジオ番組まで持っているような神父とは交流があった。それと同程度にビリーはニューヨーク、ロスアンゼルスなどの、街一番の高級娼婦を抱える館のマダムとも交流があり、もし誰かが働きたいといえば連絡先を教えることができた。映画などでは娼婦が善意ある人の助けで改心し「新しく人生をやり直します」と誓うシーンがある。ビリーは改心などしない。仕事が必要なら売春もする。隠す気はさらさらなかった。

オールダソン女子刑務所

ビリーは自伝に刑務所の生活もつぶさに書いている。一九二九年、マンハッタン島の横を流れるイースト川上にあるルーズベルト島（当時は福祉島《ウェルフェア》と呼ばれていた）の女子刑務所に四ヶ月、一九四七年、ウェスト・ヴァージニア州のオールダソン女子刑務所に一〇ヶ月。ルーズベルト島はいまやコンドミニアムが立ち並ぶ高級住宅地域に変貌しているが、オールダソン刑務所は今も健在だ。当時の劣悪な衛生環境も、現在は少しばかりは改善されているだろうか。

オールダソンに送られることになったペンシルヴェニア州フィラデルフィアの麻薬所持事件は、急発進したビリーの車を、停止させようとした捜査官が後ろから発砲するのをふりきって、ビリー自身が車を運転して逃げるという、ギャング映画さながらの逃亡劇の末に起訴された。フィラデルフィアの麻薬取締まりが厳しいことはマイルス・デイヴィスも証言している。チャーリー・パーカーもそれを知っているので、フィリー（フィラデルフィア）のステージがある時は、終わり次第すぐ汽車に飛び乗って立ち去ったという。ビリーのオールダソン行きから一〇年以上たった五八年、フィラデルフィアの麻薬取締官のあまりにしつこく横暴な態度に怒ったマイルスは、捜査官の前でパンツをおろしてこう怒鳴った。

「ケツの穴まで調べてみやがれ！」

ビリーが聞いたら、どんなに笑いころげて喜んだことだろう。

マイルスは自分とビリーは「仲が良かった」ように言っているが、これはかなり眉つばものだ。ビリーの好みはがっちりした体格で、気性の激しい自分を穏やかに支えてくれる男性だ。辛らつな言葉とすぐに殴ったりする性格のマイルスと、ウマが合ったとは考えにくい。しかしビリーはマイルスの息子グレゴリーがお気に入りなので、ビリーの具合が良くない時、マイルスは息子を連れてクイーンズの家に会いに行ったという。グレゴリーの方がビリーの「かわいい人《アップル・オブ・マイ・アイ》」だった。そのグレゴリーも両親の離婚、父親の麻薬依存など、かなり問題の多い家庭環境で子ども時代を送り、ベトナム戦争に従軍して帰国した時には、父親でさえ息子には問題があると認めざるをえなかった。のちに彼も音楽関係の仕事についたが、いまだに「マイルス・ジュニア」以上の評価は得られていない。

それに加えビリーの身長は一六五センチで、一七五センチあったベッシー・スミスのような大女ではないが、写真で見る限りヒールの高い靴を履くと、隣に並んでいるカウント・ベイシーやルイ・アームストロング（サッチモ）などより背が高くなっている。晩年健康を害して痩せてしまうまでは、体格も良かった。マイルスは一六九センチで、フランスの家によく遊びにいったジェームズ・ボールドウィン同様、小柄な上に細い。極端な「ちび《ショーティ》」ではないが（レスター・ヤングは一度マイルスを「こびと」と呼んだ）、ふたりにはグラスを片手にしみじみと思い出を語り合う場面より、ビリーがマイルスの衿首を両手で掴んで宙吊りにしながら、こう言っている方が想像しやすい。

「あんた、もう一度あたしのこと、さっきみたいな名前で呼んでみな。二度とその口でトランペット吹けないようにしてやるから」

ヘビー・スモーカーではあっても、オールダソンに収監された頃、それほど酒に執着するビリーではなかったが、刑務所の調理場で捨てられるジャガイモの皮から密造ウイスキーを作ろうとし、完成前に醗酵した匂いで発覚してしまう。母親譲りのビリーの料理上手（伝記映画ではゆで卵しか作れないことになっている）は知人の間で広く知られていたが、並の料理研究家やホームコーディネイターより、料理の応用範囲は広かったわけだ。

この麻薬使用犯と経済犯を収容する女子刑務所に、ビリーより半世紀以上あとの二〇〇四年に入所したのが、カリスマ・ホームコーディネイター、マーサ・スチュアートだった。同じ有名人《セレブ》服役者でも、特別扱いはなかったビリーに対し（所内の演芸大会で「歌ってよ」とさんざん言われたが、断った）、マーサは所内の木になるクラブアップル（ヒメリンゴ）を集め、ジャムを作るという特権的自由を与えられていた。五ヶ月の刑期後、自家用機で自宅に戻っていったマーサ。出所後は自家用機で帰宅するのが、今の金持ち受刑者の定番らしい。

スピリッツという罠

ビリーはスコッチが好きで、シャンパンはおつきあいで口にする程度だった。好きなカクテルではブランデーベースのスティンガーとアレキサンダー。とても甘いカクテルだ。

アルコール・ドリンクの趣味は飲む人間がひた隠す「もともと属する階級」を暴露する。育ちが出るというやつだ。黒人ならジンが好きというイメージがあり、実際にビリーはジンをよく飲んでいたが、誰に何と思われようと、自分の好きなものをオーダーするのは変人《エキセントリック》だけで、自分がこう見られたいと思うグループの好む物を、さりげなくバーテンダーに頼むのが、都会の流儀というものだ。ジョン・ハモンドの母親がヴァンダービルト家の人間だったので、母のいとこ、鉄道王の曾孫にして乗馬クラブ経営者のレジー（レジナルド）・ヴァンダービルトの好んでいたスティンガーを、ジョンが流行《はやり》のひとつとビリーに教えたのだろうか。アルコールに体を蝕まれたビリーは四四歳で亡くなったが、アルコール依存症の大富豪レジーは四五歳までは生きた。

年齢はビリーより七歳下だが、誕生日が一日ちがいのカーメン・マックレイ（ビリーは四月七日、マックレイは八日）は、一度「一緒に誕生日を祝いましょう」とビリーを誘ったことがあった。ラム・エンド・コークか、ジン・エンド・コークをぐいぐい空けるビリーの酒量はすさまじく、零時をまわって自分の誕生日になった時、マックレイは家に這うように辿りつくのがやっとだった。彼女も酒に強かったが、ビリーと競うのは無謀だった。

カーメン・マックレイはビリーの死後の一九八〇年、テレビインタビューで「ビリーが晩年あんなに麻薬に溺れて命を縮めたのは、最後の夫、ルイ・マッケイのせいだ」と発言し、ルイは侮辱されたとして、名誉毀損で二五〇万ドルの民事訴訟を起こした。裁判の決着が着く前に、翌年の三月にルイが亡くなったためうやむやになったが、この件もあり、少なくとも生前のマッケイを表立って批判する人間は出てこなかったのかもしれない。

ビリーからいろいろなものを巻き上げ、利用しようと近づいてくる人間は、常に周囲にいた。しかし稀有な才能と、困難な人生を真正面から受け止めようとした彼女に敬意を払い、彼女の力になろうとした人間も常にいた。そんな人間でも感情の起伏がはげしく、怒りをコントロールできないビリーから夜中、酒が入っている時呼び出され、言ってもいないビリーへの否定的な発言をした、と怒りをぶちまけられたら、しばらくは遠ざかっているしかなかった。酒はビリーの悪感情を増幅させた。アルコールは彼女の健康だけでなく、何とか力になりたいと思っている友人との関係にも影を落としていた。

キャッツのお気に入り

自伝の中で一〇代の頃、ビリーが母親と映画館に行く途中「いいパナテラ（長いマリファナ煙草）あるよ」と路上で売人に声をかけられた話が出てくる。その場はごまかしたが、あとで母に自分がマリファナをやっていたことを言わなければならなかった。ジャズのイメージはいつも煙草とスピリッツと結びつく。だがキャッツ（ジャズマン）の間ではずっと昔からマリファナ好きは一般的だった。あまり話題にのぼらないがルイ・アームストロングがそうだったように、ビリーはかなりのマリファナ好きな女性《キティ》だった。サッチモが「ティー」と呼んでいたリラックスできるマリファナを、ジョー・グレイザーはひどく嫌っていた。同じユダヤ系のノーマン・グランツも厳しかった。ジョン・ハモンドはレコーディング中のスタジオにレコード会社の重役が突然視察に現れ、「おい、何だこの変な匂い」と騒ぎ出した時以外、マリファナについて、とやかく言っていたという話は残っていない。

アップタウンの店、たとえばログ・キャビンなどでは、店の前に豚足やササゲ豆《ブラックアイド・ピー》の南部料理の匂いとマリファナの匂いが混然一体になって漂い、ああ店に来たと客に思わせるのだった。

どのくらい草《ウィード》はジャズマンの間で一般的だったか？　ハーレムでミュージシャン相手にマリファナを売りまくっていたデトロイト・レッド（マルコムX）によれば、得意先であるビッグバンドに関していうと、あるバンドではメンバーの半数、他のバンドでは全員がマリファナをやっていた。自分も一時住んでいたボストンで現在マリファナが合法化されたというニュースを、フェーン・クリフ墓地で彼はどんな思いで聞いたのだろう。

現在のアメリカで実際にマリファナ解禁された州の動向を、一番寒い思いで見ているのは大手ビール・酒造メーカーだろう。リラックス・タイムに若年層が金を払うのは六缶パックのビールかマリファナか？　これは業界の息の根を止める問題だ。またマリファナがアルコールのように悪感情を増幅させたり、暴力を振るわせたりするかしないかは、解禁された州で週末、喧嘩沙汰で警官が出動する頻度や、家庭内暴力の増減に大きく関わる。

六缶パックのビールの名誉のため言っておくが、アルコールはけして人を暴力的にしたり、破滅的にさせるものではない。人が内面に押しとどめているもののロック解除するだけだ。

グリニッチ・ヴィレッジに行けば、お堅いバーニー・ジョゼフソンもマリファナが大嫌いだった。勤労意欲を尊ぶエスニック・グループほどマリファナは嫌うものか。

「いいか、カフェ・ソサエティでは誰であろうと、マリファナ・タバコは絶対にダメだ。もし吸っているところを見たら出入り禁止だ」

仕方なくビリーはカフェ・ソサエティ出演中、休憩時間にタクシーを拾い、辺りをぐるっと回っ

ボストン、ロクスベリイのマルコムXの住んだ家は、記念館になる計画が宙に浮いたまま、かなり傷んでいる

この家には1996年に亡くなったマルコムの腹ちがいの姉、エラ・リトル・コリンズの表札が出たままだった

てもらい、マンハッタンの夜景を見ながら車中でマリファナを吸っていた。カフェ・ソサエティに出演中、彼女は何が気にさわったのか、一度観客からくるりと後ろを向くとスカートをまくりあげ、その下のむき出しの尻を「あたしのおケツにキスしやがれ」とばかりに見せ、バーニーを激怒させたことがあった。ビリーにとってはマリファナで神経を休めていたからこそ、長時間に及ぶステージをこなせたのかもしれない。

ついでのことながら、バーニーがもうひとつ店で禁止を申し渡していたのが、これまたビリーお得意のサイコロ賭博（歌のふりつけで真似をするのもダメ）で、それを聞くとカフェ・ソサエティはまるで出演者のシスター・ロゼッタ・サープのゴスペル「ディス・トレイン」のように清いところかと思えてくる。天国行き列車には白人も黒人も乗る。乗車できるのは正しき者清き者。酒飲みもギャンブラーも高級娼婦も乗れない（他の歌手の歌う乗車拒否リストには、牛泥棒、ペテン師などもある）。立派なお方にゃお呼びでない店と言いながら、カフェ・ソサエティは酒と煙草以外、天国行き列車並の規律の厳しさがあった。ミュージシャンは皆、肩をすくめてやりすごしていたが。

しかし一九四一年に結婚した最初の夫、ジミー・モンローが、ビリーにアヘンをすすめると、のんびりとお気に入りを楽しむビリーの、すべての事態は変わった。

高くつく《コスト・ミー・ア・ロット》代償

アルコールとドラッグで身体を壊し、若死にしたジャズマンは数えきれない。彼らの意志の弱さを嘆き「何とか治療できなかったのか」という声は、耳にタコができるほど聞く。しかし過酷な環境の中で、どこまでもどこまでも闘うことができなければ、そこから一時退避するしかない。闘争《ファイト・》か逃走《オア・フライト》かという危機対応だ。

逃走のやり方はいろいろある。マイルドなものでは、心療内科でもらった薬を飲んで早めに寝るのもひとつ。それほどマイルドでない逃走？ リストカット、暴力・破壊行為、記憶喪失、精神錯乱、引きこもり、失踪、依存症、自殺。破滅的な逃走方法はよりどりみどりだ。本人は現実逃避という認識はなく、ただ楽になりたいだけ。さて逃走方法は、ちゆうらゆうタコかいな……じゃなくて、ど・れ・に・し・よ・う・か・な・か・み・さ・ま・の・い・う・と・お・り。

「マサチューセッツ州ではマリファナは合法」という地下鉄のポスター

そう、忘れてならないもうひとつの逃走の道は神様。宗教にはまることだ。あーああ、やんなっちゃった《コンテムツスムンジ》と、ウクレレを弾きながら、寺や修道院に消えていくとは限らない。マルクスの宗教とは「大衆の阿片《オピウム・デ・ヴォルクス》」という言葉は、反宗教発言として宗教家が好んで引用するが、彼が「ヘーゲル法哲学批判序説」を書いた頃のヨーロッパでは、アヘンは子どもの咳止めや、成人の頭痛・歯痛止めの薬にごく普通に含まれていた。アメリカで言われるパロディ「宗教はアスピリン」「宗教はプロザック（抗うつ剤）」と大差はない。アヘンは近所の薬局で簡単に買える痛み止めだった。

「ゲットーの通りを見てみな、道の片側に酒販店、反対側には教会」というラップの言葉があるが、酒販店もキリスト教教会もゲットーでのメイン・ミッションは、この世の重荷にあえぎ苦しんでいる黒人に、なぐさめや安らぎを与えることなのだ。心の安寧を説いた釈迦も火宅からは「逃げろ」と教えている。闘争ではない。**逃走。**

もっともムハンマドの教えを知ったマルコムXは、逃走どころかハスラーだった時よりビンビン百倍精力的に闘争を始めてしまった。キング牧師は最初から祈りに力を得た闘士だ。アヘンのようなダウナーにもアッパー（覚せい剤）にもなるなら、宗教こそがこの世のヤクの帝王の中の帝王、だ。

世界的に見て、一番消費され、人の健康を害し、命を縮め、労働効率低下、事故などで、国の経済的損失を招いているドラッグはまちがいなくアルコールだろう。アルコールはまがうことのないドラッグだ。ビリーもアルコールと麻薬の両方で、心臓への負担と肝疾患を招いた。しかし麻薬に比べると彼女のアルコール依存を非難する文章はとても少ない。

ビリーの「マイ・マン」を聞いて、これは酒や麻薬に溺れる者の姿のようだ、と思う人はいないだろうか。相手に虐待されても、一度抱きしめられれば、すべての苦悩を忘れられる、だからたとえ一度逃げ出しても、また戻ってひさまずいてしまう、と歌う「マイ・マン」は、もともとフランスでミスタンゲットやエディット・ピアフの歌った「モン・ノム」の英語版だった。「（彼との関係の代償は）「高くつく《コスト・ミー・ア・ロット》」というこの歌の出だしをビリーが歌っているのを、半世紀たってJ・コールがサンプリングしてラップ・ソングにしている。フランス語版に同じ言葉はないが、金の使い方に関しては、アメリカ人の数倍厳格なフランス人らしく、相手から肉体的に暴力を受けるだけではなく「金をムシられる」とはっきり言っている。

アルコールの売り上げで、国家に入る税金は莫大だ。イスラム諸国が国連で、地上からのアルコール撲滅を叫んだら、反対の先頭に立つのは各国の国税局だろう。何千年もかけ、アルコールと歩んできた民族が、いきなりそれを禁止されるとどうなるかという壮大な実験が、アメリカで実施された「禁酒法令」だった。そして、わざと大失敗をしてみせたのではと疑いたくなるほど、惨憺たる結果となった。キリスト教諸国はアルコール撲滅に悲観的になり、その後あらたに禁酒法を実施した国はない。

煙草も同じで、煙草からの国税収入は大きく、煙草を禁止できた国はない。釈迦やキリスト、ムハンマドが生きていた社会に煙草は存在しなかったため、聖典に煙草はダメと書いていない。そのため仏教、キリスト教の僧が煙草を吸うのはめずらしくない。マルコムXも「麻薬と同じくらい断つのが難しいのは、ニコチン依存症だ」と煙草の依存度の高さに太鼓判を押している。ニコチン依存症も、喉が商売道具である歌手には良くなかったはずだ。ビリーが煙草をやめられなかったのか、やめる気がなかったのかはわからないが、死ぬ寸前まで病院のベッドの上で煙草をほしがっていた。喫煙でリスクの高まる肺ガン・肺気腫は四〇代五〇代から発症することが多く、ハスラーやミュージシャンは「どうせそんな年になるまで、まともに生きていられるかどうかわからない」と無視する者が多勢だったのかもしれない。

患者か犯罪者か

依存症の治療で一番の難関は「自分は依存症だ」と認める第一歩だという。言い訳なしに「自分は病気で、治療せずに治ることはない」と認めない限り、治療は開始できない。ただし、そのあと多くの国で、治療を始めようとする依存症の患者の行く先には、ふたてに分かれた道がある。アルコールやニコチン依存症はあくまで患者として、医療機関が身柄と受けるべき治療法を司る。しかし麻薬依存症の患者は、法執行機関が犯罪者としてその身柄を押さえてしまう。その場合、治療の決定権を握るのは法的機関で、医師ではない。でも医師には守秘義務があるから、病院に駆けこんでしまえば、大丈夫なのでは？　そう、ビリーもその通りにした。彼女は自分の意志で、マスコミにもかぎつけられないよう、高額な入院費のかかる私立病院で麻薬を断ち切る治療を始めていた。それが病院を一歩外に出た途端、なぜか警察が彼女のあとを追ってきた。彼女は病院の誰かが不本意ながらも、患者情報をもらしたのだろう、と推測している。麻薬取締官や警官の中には、金持ち専門の依存症患者の病院と提携し「この病院に入院すれば不起訴にしてやる」と麻薬使用で逮捕した金持ちを脅し、うまく病院に送りこんだ場合、患者ひとりにつき、いくらとリベートをもらっていた者もいるという噂もあった。

この「麻薬をやめたいが、病院に行ったら警察に通報されるのでは」という恐れは、アメリカ、日本を含め、多くの国で麻薬依存の人間が治療のため病院に行ったり、家族が病院の相談室に行くのを妨げている。麻薬を使用した人間は治療が優先か、法の裁きを受けさせる方が優先か、それはそれぞれの国の方針による。「麻薬は一度の使用で、やめられなくなる」という医学的根拠のないポスターが、公共の場に貼ってあるかどうかは、ひとつの目安だ。それがあればその国では法的措置が優先で、そういう国では病院経由で刑務所に行く覚悟ができてから行けばよく、いやなら海外の病院を探す方がいい。

マイルス・デイヴィスのヘロイン中毒が深刻になった時、歯医者でもあり保安官でもあったマイルスの父は、病院ではなく、治療をしてくれる刑務所に入り、そこでヘロインを断つように息子にすすめている。医療と法機関の両方の実状を知っている人間が、それが一番と判断したのだ。海外の病院で治療する金も出す気になれば出せたはずだが、どうせアメリカに戻ればまたやり出すだろうという判断からか、海外行きもすすめなかった。

ひどい健康状態になったマイルスは、父の助言通り一九五二年、ケンタッキー州レキシントンの連邦刑務所に向かったが、刑務所に「志願入所」という形式を取ると知って「刑務所に志願して入る馬鹿がどこにいる!」と怒り、ニューヨークに戻ってしまった。さらに依存症がひどくなった翌年、ついにマイルスは自分のやり方で依存症を治すことにした。

イリノイ州ミルスタットに、父が三〇〇エーカー（東京ドーム二六個分の広さ）の農場を所有していた。その敷地内の、絹のパジャマしか置いていない客用の別宅に閉じこもり、自分ひとりで依存症を治す。父、姉、メイド、コック、庭師、その他の使用人が母屋から「坊ちゃま《ジュニア》」を心配し様子をうかがう中、マイルスはヘロインを断った。

犯罪者としてではなく、きちんと患者として扱ってくれる海外の病院に「ちょっとヨーロッパに長期休暇を取りに」と言って高飛びするという選択肢は、もちろんビリーにもあった。休暇期間と入院費用さえ工面できれば。すべては金、金、金の問題だった。息子の麻薬使用に頭を悩ませる、スイス銀行に口座を持つ裕福な親なら「英語が話せる医療スタッフのいる、チューリッヒあたりの療養施設？　すぐにベッドの空きがあるか、確認しましょう」と五、六時間の時差もものともせず、その場でスイスの病院に電話をしてくれる医師を見つけることもできるだろう（リヒテンシュタインやケイマン諸島にも、裕福な親は隠し口座を持っているかもしれないが、それらの土地に、あまり麻薬治療で評判のいい病院はない）。経済的に許せばビリーは「しばらくスイスに休暇を」取りに行き、健康そうな顔で帰国することもできただろうが、国内で治療する費用は作れても、海外での治療をまかなう金までは作れなかった。彼女にとってヨーロッパは、海の向こうの綿花畑だった。そこは働きに行く場所で、休暇を取りに行くところではなかった。

低所得者が麻薬使用で有罪になると、それまで受けていた福祉のいくつかを「犯罪歴あり」という理由で受給できなくなり（アルコール依存症患者は、犯罪を起こさない限り犯罪者ではなく、福祉のカットはない）犯罪歴を背負った低所得者は、生活のすべてが悪い方向に転がっていく。幸いビリーはその頃かなりの収入（現在の年収七、八〇万ドルクラス）があった。しかしそれは同時に無料の医療も国選弁護士も、使えないことも意味した。

アメリカでは医療も弁護士も一流になればなるほど、料金は跳ねあがり、並の収入しかない者には払えない。それでも自分の生命や、法廷での勝利を勝ち取れるかどうかがかかっている時、料金が半額だからといって、腕がたしかかどうかわからない相手のところに行く人間はいない。アメリカの医療が高くつくことを心配しないで済むのは、本当の金持ちか、無料で受けられる医療以上のことは、運命と思ってあきらめる低所得者のどちらかだ。低所得者用医療保険制度メディケイドと、六五歳以上の高齢者医療保険制度メディケアという、画期的な医療保険ができたのはビリーの死後の一九六〇年代で、それにしても、日々の生活費を汗水たらして稼いでいる多くの市民には、利用できない制度だった。

ビリー自身はリハビリに再度入院するお金も、オールダソンに行かなくて済むように法廷で弁護してくれる弁護士を雇うお金も工面できず、結果として法廷で弁護士をつけることを自ら拒否した。あんな年収があるのに？　自伝の中には彼女が地方公演に行き、帰りのバス代もなく借金をしてニューヨークに戻ってくる話が何度も出てくる。帰りの旅費の心配をする経済状態からは抜け出していても、さまざまな経緯でできた借金、経費、生活費、それに法廷でも指摘された高額な麻薬代を売人に巻き上げられると、弁護士を雇えなかったというビリーの主張を「ありえない」と否定することはできない。現代のミュージシャンならどんなことをしても収入から、まず弁護士費用だけは確保するだろうが。

ビリーは有罪となってオールダソン刑務所へ行き、その犯罪歴は出所後、大きな痛手となる。犯罪歴によって失うもののひとつがキャバレー・カードだった。このカードのそもそもの始まりは、それ以前にニューヨークで制定されたキャバレー法から生まれたものだ。

ジミー・ウォーカーのキャバレー法

話は一九二六年、禁酒法時代まで遡る。ジョニー・ウォーカーのラベルの伊達男も負けそうな洒落た服装と、汚職事件で後世に名を残すニューヨーク市長、ジミー・ウォーカーがキャバレー法を実施した。これはニューヨークの飲食店が消防法を守り、健全なモラルを持つ店主によって営業されることを、推進するために作られた法律だった。店の経営者に対する法律であり、店で働く従業員、クラブの出演者は関係がない。万一クラブがアルコールを客に出したり、非合法なことをしているとわかれば、オーナーは店の営業許可証を取り上げられる。実際には別人名義と新しい店名でご近所（あるいはそのまま同じ場所）に返り咲くので大した実害はないが。

この法律は警察が手入れをする時に使い勝手がよく、反対に警察の手入れの日程情報、あるいは手入れを受けても、大した違反は見られないと大目に見てもらうため、店のオーナーたちが警察官に以前より多くの袖の下を渡す旨みも生まれた。そう、事の発端はジミー・ウォーカーにある。文句があるなら、この洒落者市長に言ってくれ。

　店の営業権に関わるキャバレー法の実施だけでは足りない、と考えたのは第二次世界大戦戦時下のニューヨーク市長、フィオレロ（イタリア語で小さき花の意）・H・ラガーディアだった。三期一二年続いた彼の任期中、市政に巣食う民主党票田機関、タマニーホールの弱体化や、ギャング（特に彼と同じイタリア系マフィア）の大量逮捕、バス路線の推進、道路・空港の建設など、ニューヨーク市に彼が貢献した業績は多岐に渡る。五番街のニューヨーク公立図書館の正面階段の大理石のライオン像（元の名は図書館創立者の名を取ってレオ・アスターとレオ・レノックス）に「忍耐」と「剛毅」という名をつけたのも彼だ。いまだに歴代市長の中でラガーディアの人気は高い。

三期ニューヨーク市長を務めたフィオレロ・H・ラガーディア（出典：Library of Congress）

　ミュージカル黄金期に活躍したリチャード・ロジャーズと作詞家ロレンツ・ハーツのコンビのヒット曲で「レディ・イズ・ア・トランプ（はねっかえりのレディ）」という歌がある。社交界の淑女の習慣をすべて蹴飛ばし、夜遅い晩餐やパールとエナメルの装いだけでなく、太陽の輝くカリフォルニアでさえ「寒いし、湿気がいや」と切り捨てる女性の歌だが、この歌の中には「ウィンチェル（のゴシップ記事）は一行残らず読むわ」「ラガーディアは好き、彼はチャンプ（チャンピオン）よ」という歌詞がある。その他に一九五九年にはジョージ・アボットが彼を主役としたミュージカル「フィオレロ」をブロードウェイで上演し、その後も何回かリバイバル上演されている。ここまで主役となったニューヨーク市長はフィオレロくらいのものだ。

三四年にはイタリアン・マフィアのフランク・コステロの所有するスロット・マシン、三九年にはゲームセンターのコインを入れて遊ぶピンボール・マシン（出口にフリッパーがついていない古い型）を「ギャングの資金源となっているから」と禁止。そうそう、バーレスク・ショーも禁止。あんな下品なのはダメ。次は何にしようか？　四三年には線路《トラック》も敷けそうな長いダンススペースがあることで「トラック」と呼ばれていたハーレム一四〇丁目のサヴォイ・ボールルームも半年営業停止。どうだ、くやしいか、ハスラーども（マルコムはトラックでリンディ・ホップを踊りまくっていた）。

ニューヨーク市の発展のための大きなヴィジョンとともに、ラガーディアは犯罪組織と関係の深いビジネスを、かなり独断的なやり方でひとつひとつ浄化、あるいはひねりつぶしていった（その後ピンボールがニューヨークで合法的になったのは一九七六年だ）。ラガーディアは犯罪に対しては、自らが現場に行って取締まり、その断固たる雄姿で新聞を飾るのが楽しみだった。取締まりとはニューヨーク市を舞台にした、小さき花のラガーディアが主役のショーなのだから。紳士淑女の皆さん、さあショーの始まりです。

彼の任期中二回目の大規模暴動となる四三年のハーレム暴動の時、ラガーディアがＮＡＡＣＰの

（どう見ても白人に見える）ウォルター・ホワイトと、消防車に乗ってハーレムに駆けつけ、群衆に向かって、ただちに通りから立ち去るように、と拡声器で叫んでまわっているのを、マルコムXは見ている。現場で先頭に立つイメージを好む男が、さらに考え出したのが、キャバレー・カードだった。

フィオレロのキャバレー・カード

キャバレー・カードはアルコールを出す飲食店で働く者に、健全な労働者であることを証明するカード所持を義務づけたものだった。これなしにニューヨーク市内の酒を出す店で労働はできない。ではマルコムXとハーレムで出会い「世界で一番おかしい皿洗い」と誉めちぎられたシカゴ・レッド、のちのレッド・フォックスもカードを申請したのか？　多分……皿洗いとしてか、スタンダップ・コメディアンとしてかはわからないが。

レッド・フォックスがニューヨークのバーレスク・ショーの幕間コント・タイムで、ジョークを飛ばしていた四〇年代

サヴォイ・ボールルームの跡地は現在99セント・ショップになっている

五〇年代は、黒人男性が白人聴衆の前で性的ジョークなど飛ばせばかならず怒りを買い、下手を打てば劇場通用門を出たところで、暴力を受けたかもしれなかった。しかしレッドは涼しい顔だった。彼のジョークは黒人男性の性的ジョークが大嫌いな人間でさえ、椅子から転げ落ちるほど笑わせるものだったから。

　レッドの代表作のホーム・コメディ、ワッツのくず鉄屋「サンフォード親子」のお約束シーンは、心臓麻痺のふりをして「ああ大きい発作だ、エリザベス、今天国のお前のそばに行くよ」というものだった。一九九一年、番組収録待ちの最中、このコメディアンの鑑が心臓を押さえて椅子から転げ落ちた時、誰も本気にしなかった。救急車は来たものの、結婚してまだ三ヶ月の新妻（四番目）を残し、レッドは亡くなった。

　何がカードだ。誰がそんな面倒くさいカードの申請なんかするか。そのくらいなら、川向こうのニュージャージー州で演奏するまでさ。どうぞどうぞ、おまえが出演したい店がニュージャージーにあるならな。カーネギー・ホールでコンサートをするのも自由だ（ビリーはオールダソン刑務所を出所して一〇日目に、カーネギー・ホールでコンサートをし、大成功した）。クラブを健全なビジネスにすることは、ひいてはギャングの資金源を断ち、組織を弱体化させることになる。そのために、カードを申請するミュージシャンが側杖を食っても致し方ない。悪く思うなよ《ノー・ハード・フィーリング》。

　カードがほしければ、二年ごとに警察署の申請窓口まで出頭し、顔写真と指紋を採らせ、警官からの質問に答えることになる（ちょっと危ないかな、という人物には六ヶ月間有効のテンポラリー・カードもある)。申請書には「逮捕歴はありますか」という質問欄もあり、イエスと答えた人間は理由を記入する。ニューヨークのクラブで演奏するすべてのミュージシャンが、六七年までの二四年間、二年ごとにきちんきちんと警察署の窓口に申請書類を出せていたとしたら、それは天からバラの花びらを降らせるのよりすごい、小さき花のラガーディアの起こしたニューヨークの奇跡だ。

カードの更新を一度拒否されたら、最低何年は更新を待たなければならないかは、ケースバイケースだった。ビリーの場合四七年にカードを失って以降、再発行のないまま死を迎えた(四八年頃三番目の夫、ジョン・レヴィの所有するクラブ「エボニー」に出演できていたというのは、カードなしでも出演できるように、レヴィが警察に手をまわしていたのだろう)。麻薬所持の裁判が始まる前「刑務所でヘロインと別れてこい」とビリーに言ったマネージャー、ジョー・グレイザーは、ちょっと自分が手をまわせば、ビリーのキャバレー・カードなどすぐに取り戻せると、甘く考えていたのかもしれない。警察にかけあってもらえる市の有力者にグレイザーが電話をしても、彼女の麻薬問題はマスコミに書かれてあまりに有名だから、と断られた可能性はある。有力者でもらちがあかなければ、他に手立ては? 金だ。ビリーと同じように麻薬の犯罪歴があったトランペッターのレッド・ロドニーは、相手にそっと握らせたのは二五ドルと証言している。そんな値段で済む? 裁判のことを新聞に書きたてられたビリーとはちがい、レッドがキャバレー・カードをもらえるかどうかなど、誰も関心を持たなかったのだろう。

他にも手がないわけではない。チャーリー・パーカーの妻チャンは、夫が一九五三年に「法を犯した私自身はともかく、何の罪もない妻と三人の子どもまで路頭に迷わせるのはひどすぎます」と失ったカードの再発行を願い出たとき、警察に「麻薬をやっている他のミュージシャンの名を何人か教えたら、再発行を考えないでもない」と言われたと証言している。「仲間を売ったら無罪放免にしてやる」というのは警察の好むやり方かもしれないが、実際に情報提供すればカードをもらえるという話を、鵜呑みにするほど頭がにぶい《ファットヘッド》ミュージシャンがどれほどいただろう。何にせよ、ビリーにはそんな取引のお誘いもかからなかった。

キャバレー・カードを奪われることになる原因は麻薬所持とは限らない。公務執行妨害もある。ニューヨーク市警にとって逮捕に値する公務執行妨害とは、スウィング・ストリート、あるいはただ「ザ・ストリート」と呼ばれていた五二丁目の歩道に立っていて「おい、どけ」と言われた時、ただちにその場から立ち去らないことだった。これだけでマイルス・デイヴィスは一九五九年八月二五日、出演していたバードランドの前で現行犯逮捕され、キャバレー・カードは無効になった。前年一〇月一五日、セロニアス・モンクはジャズ男爵夫人、ニッカのベントレーで移動中、デラウェア州警官ともめて、カードは三度目の無効。モンクは自分の音楽やスタンスを、状況に合わせることを知らない頑固おやじだ。

カードの上にある質問は「逮捕の有無《アレスト》」についてで「起訴《チャージ》」または「有罪《コンヴィクト》」でないことも忘れてはならない。本来、たとえ逮捕されても不起訴、あるいは起訴されても有罪と判決が出ない限り、その人物は犯罪者ではなく、犯罪歴はつかない。しかし一回逮捕され、留置所にぶちこまれただけでも、カードは無効になるかもしれないのだ。

バーレスク・ショーのコント・タイムでレッド・フォックス同様頭角を現したスタンダップ・コメディアンのレニー・ブルースは六四年、「ステージでの発言が猥褻」という理由でカードを取り上げられた。すごい芸人と行政からお墨付きをもらえたようなものじゃないか、と周囲は慰めたかもしれないが、それは仕事ができなくなったということなのだ。

法廷での反撃に出て、カードを勝ち取った例もなかったわけではない。バーレスクのファン・ダンスの女王、サリー・ランドがそのひとりだ。広げると全身を覆い隠す大きさの二枚の白い羽の扇を、ハイスピード撮影の画像を見ているのかと錯覚を起こすほどゆっくり交互にあおぎ、一瞬たりとも自分の裸体を見せずに踊る彼女のステージは、気品あるものだった（日本では上海帰りのヒロセ元美が日劇ミュージックホールのファン・ダンスで戦後一世を風靡している）。一九四六年、サンフランシスコのサヴォイで裸体を見せたとされ逮捕された時には、釈放された翌日も布に「サンフランシスコ警察検閲済」と注意書きを書いて体に貼り、踊ったという。裁判官もショーを見て無罪になった。ニューヨークでキャバレー・カードを申請し、却下された彼女は裁判所に訴え「発行後に裸体を見せたらすぐ無効ですよ」という警告つきでカードは発行された。麻薬の犯罪歴のあるJ・J・ジョンソンも、一九五九年にニューヨーク州第一審裁判所でカード発行を勝ち取った。

しかしこれらは法廷で争う弁護士費用があり、勝ち目のありそうなケースだから起きたごくまれな例で、ほとんどの場合カードは法廷に持ちこまれることなく、失効されていった。それに対して

「どんどん法廷に持ちこめばよかったじゃないか」という意見もある。一度自分が自腹で法廷闘争してみてから、そういうことは言ってくれ。

ミュージシャンはみな、カードを申請した。ニューヨークのクラブ出演料が自分の家賃を払ってくれるのだから。まるで足元にマイクコードが絡まったまま演奏するような煩わしさの中、ジャズはビバップ、モード、フリー・ジャズの時代となり、やっとカードが廃止された六〇年後半は、ロック・ミュージックが全盛期で、ジャズに不況の時代が訪れていた。ジャズ？ ありゃ、おやじやおふくろが聞いていた音楽だ。古いよ。

桜の木にも「食べられる《エディブル》」実、つまりサクランボ目当てで植えられるセイヨウミザクラのような果樹と、鑑賞のために植えられるソメイヨシノがあるように、音楽にも「踊れる《ダンサブル》」ために演奏される音楽と鑑賞するものがある。ダンサブルなジャズとそうでないジャズ。両方あっていいじゃないか、楽しみ二倍。問題はロックのリズムが身に沁みついた若者は、踊らない時もロックしか聴かなくなることだ。

六〇年代以降、より多くのジャズマンが出演できる場を求め、ヨーロッパに渡る。当たり前だ、どこだろうが聴衆がいるところに行くのが、ミュージシャンじゃないか。

しかしどんなスタイルの音楽の黄金時代も自然発生するものではない。黄金時代とは本物の才能のある何人かが柱を支えて張るサーカス・テントのようなもので、ひとりの天才が自由の女神のように、たいまつを掲げて作れはしない。ハーレムのミントンズ・プレイハウスのように、いくらでも自分のスタイルで好きに演奏できる代わり、へぼと周りのプレイヤーにみなされれば舞台から本当に蹴り落とされる、という学びの場はもうなかった。次の黄金時代を生み出せなかったのは時代の流れで、個人の才能や力量の問題ではない。

第二次世界大戦も終わり、多くのアメリカ人がこれからは自由と繁栄を手にできると感じていた。しかしやってきたのは、多くの人間が思っていたような世界ではなかった。

テレビがやってきた

第二次世界大戦後のアメリカの大きな変化のひとつは、テレビが一般家庭に普及し始めたことだった。テレビ放送が始まった時期と、それが社会に影響を与えるメディアに成長した時期にはかなりのへだたりがある。どこの家庭でもすぐにテレビを買えたわけではなかった。

それでも一九二〇年代に全米に一〇〇万台のラジオが普及して以来、ラジオを凌駕するメディアがアメリカに登場する日が来ると想像できた人間が、ひとりでもいただろうか。

アメリカの一般家庭に電気冷蔵庫、洗濯機、掃除機が普及したのは一九四〇年代だが、テレビの普及はそれらよりさらに一〇年遅かった。四八年でさえテレビの受信機は全米で五〇万台。テレビを観たことがあるアメリカ人は一〇人に一人。一般家庭ではラジオが情報源だった。

スポーツの試合や「陽気なネルソン（オジーとハリエットの冒険）」「パパは何でも知っている」「ド

ラグネット」のような人気ラジオ番組が、映画のように画面付きで楽しめるのはいいが、アナウンサーが原稿を読み上げているだけのニュースなら、音声だけのラジオで充分。まだ値段が張るし、もうしばらくテレビはお隣さんの家でたまに見せてもらうだけにしておこうよ。あら、ダーリン、わたし火曜の夜八時から「テキサコ（石油）・スター劇場」のミルトン・バール・ショーを観てから、子どもたちを寝かせたいのよ。ミスターTVと呼ばれたミルトン・バールの番組の最後には、それでは明日の夜のラジオ番組、ミルトン・バール・ショーもお忘れなく、とアナウンスが入る。同じ番組がテレビは火曜、ラジオは水曜。田舎から遊びにきた母が娘の家で、ココアを片手に孫と一緒に初めて、お気に入りのラジオ番組のテレビ版を見る。五〇年代のアメリカはそんな感じだったのだろう。

テレビが家庭に到着すると、遠い昔、暖炉のそばに家族の座る場所ができたように、家族はテレビを囲んで座るようになる。五〇年代後半には全米で三〇〇〇万台のテレビが普及し、テレビは普及した国の社会全体にも影響を与えるようになった。デトロイトでは火曜の夜九時からの五分間、市の水道貯水量が急激に下がる現象が起こっていた。「テキサコ劇場」が終わったとたん、みな行くのを我慢していたトイレに駆けこむからだった。

アメリカ議会史で唯一、二四時間を超える議事妨害演説《フィルバスター》の記録を持つサウスカロライナ州知事ストロム・サーモンドが、一九六三年にワシントン大行進の開催に猛反対し「この大会は世界諸国にアメリカに対する間違った認識を植えつけるものだ。この国の黒人には自由がないとでもいうのか？　もちろん我が国の黒人には自由がある。世界中のどの国の黒人より冷蔵庫と車を所有するのは、わが国の黒人ではないか！」と叫んだ時、テレビでそれを見た黒人は少なくなかったはずだ。
一九五〇年から、ファティマ煙草がスポンサーの「ストーク・クラブ」という番組も始まっている。五三丁目のナイトクラブからの中継ではなく、セットでできた（と視聴者は知らない）ストーク・クラブのカブ・ルームに今夜はどんな客が来ているか、テーブルごとに紹介した後、番組のホストであるクラブのオーナー、シャーマン・ビリングズレーが、客のひとりをインタビューする。テーブルに軍服の将校も多いことは、五〇年代らしさだ。ビリングズレーご自慢の娘たち、美人三姉妹も登場する。

　バーニー・ジョゼフソンの「カフェ・ソサエティ」とはちがい、ストーク・クラブこそがニューヨークの本物の「カフェ・ソサエティ（社交界の人々が集う場所）」だった。成功者以外はお断り。料理をほめた評判はあまり聞かれないが、勘定の高いことは有名だった。何、手前どもの勘定が高い……そんなお客様にはバワリー通りのサミーの店あたりがよろしいかと（安酒場、サミーの店はバワリーのストーク・クラブと呼ばれ、ウィージーという写真家が、醜の丈夫《バム》たちのどんちゃん騒ぎの写真を残している）。

　経営者も勤勉と家族の団結をひと時も忘れたことのない、靴職人の息子のような野暮天ではない。ビリングズレーはニューヨークのギャングと太いパイプを持つ男だった。

ウィンチェルとサリヴァン

この五三丁目のストーク・クラブに、連日ゴシップ・コラムライターのウォルター・ウィンチェルが訪れ、ハースト系新聞のデイリー・ミラー紙のコラムか、自分のラジオ番組のための原稿を書く頃、同じように五四丁目のナイトクラブ、エル・モロッコにはエド・サリヴァンが訪れ、インテリアを縞馬柄に統一した店内で、デイリー・ニュース紙のコラムを書いていた。ふたりはともにニューヨーク生まれ。ウィンチェルの方が年上だが、生まれも亡くなったのも数年しかちがわない。ウィンチェルはロシア移民を親に持つユダヤ系、サリヴァンはアイリッシュ系。ともに統計では「白人男性」のグループに入るが、WASP（ホワイト・アングロサクソン・プロテスタント）ではなく、自分の属する民族に対する偏見と、無縁の一生を送れる可能性はあまりなかった。

アメリカの放送の歴史で、ウィンチェルとサリヴァンのふたりを「ライバル」と書いてあることがあるが、無線を打つ効果音をはさんで、自称一分二〇〇語の弾丸スピードで、ニュースを読みあげる人気ラジオ番組を持っていたウィンチェルと、四八年からCBSで二三年におよぶ長寿トーク・バラエティショー「エド・サリヴァン・ショー」のホストを務めたサリヴァンの差は、テレビ時代の波に乗りそこねた者、乗れた者ではない。

ゴシップ・コラムが、より大きいスペースに、よりどぎつい造語をトッピングし、より多くの新聞に登場するようになったのはウィンチェルの功績だった。自分が手にとった新聞にゴシップ・コラムが掲載されていても、顔をしかめたり、自分にふさわしくない新聞を買ってしまったと思うお堅い人間はどんどん少なくなっていった。ゴシップ・コラムに市民権を与えた男、ウィンチェル！ハリウッドの栄光の舗道《ウォーク・オブ・フェーム》で自分の名の入った星を二つ（ラジオの星とTVの星）持つジャーナリストは、ウィンチェルとエドワード・R・マロー、そして（ラジオと映画の星を持つ）ルエラ・パーソンズの三人しかいない。

「芸能界で生き延びられるか消えていくかは、自分の筆先ひとつで決まる」という絶大な権力をウィンチェルがふるっていた最後の時期は、マッカーシーの赤狩り旋風が巻き起こっている時代だった。アメリカのコラムニストで最初にヒトラーを真っ向から批判し、ビリー・ホリデイを含む、黒人エンターテイナーに対して友好的なコラムを書き、どちらかといえばリベラルと見られていたウィンチェルが、第二次世界大戦後のアメリカで、新たに攻撃の矛先を向けたのが、国内にはびこる民主主義の敵、ソヴィエトの手先である「赤《コミー》」どもだった。エド・サリヴァンとて赤狩り側についてはいたが、ジョン・E・フーヴァーという、最長不倒の任期を持つFBI長官を知己とすることで、ウィンチェルの筆が影響を及ぼす範囲と深刻さは、桁外れのものになった。フーヴァーは政治家や著名人の私生活の秘密を暴露できる「公的機密」ファイルを作成し、それをちらつかせることによって、彼に歯向かう者は政界でさえいなくなっていた。

しかし赤狩りの力が縮小し始めるのとともに、ウィンチェルの築きあげたゴシップ帝国も徐々に崩れ始める。マッカーシズムを終わらせる大きなきっかけのひとつになったのが、一九五四年に放映されたエドワード・R・マローの三〇分ドキュメンタリー番組「見よ今《シー・イット・ナウ》」だった。ただこの赤狩りが表面的になくなったように見えても、その影響はベトナム反戦運動が盛んになるころまで、ずっと尾を引いていた。

五〇年代のテレビ番組スポンサーは、何社もの合同ではなく一社とする場合が多かった。当然テキサコ石油のような大企業のみがスポンサーとなり、スポンサー企業は番組内容にも、かなりくちばしをはさむことができた。スポンサーは南部市場にも気を使っているので、もっともと思われる状況でなくては、白人以外の人種が画面に出るのは歓迎されなかった。それを思うと一九三九年にエセル・ウォーターズが一五分の冠番組を持っていたのは、奇跡以外の何物でもないし、五〇年代のアメリカでさえ、黒人ミュージシャンが登場する映像がどんなに貴重かわかる。五七年一二月、CBSの「サウンド・オブ・ジャズ」で「ファイン・エンド・メロー」を歌うビリー・ホリデイの後ろにジェリー・マリガンがただひとり白人で、黒人の中で演奏するのが全米放送されたのは、かなり勇気のいる演出だったのだろう。

ビリーのテレビ出演

テレビ番組に出ているビリーはかなり痩せている。

ビリーに限らず、女性が三〇代後半あたりからバスト、ヒップ・ラインに張りがなくなってきても、それはある程度仕方がない。中年にさしかかったサインだ。しかしビリーの晩年の痩せ方は、ボディラインの張りが、などというものではない。深刻な健康の翳りだった。テレビのビリーの画像でまず気になるのは、録画が死の何年前のものかということだ。

テレビの映像で予見するのは死の時期ばかりではない。夫婦の不和もだ。五六年のバドワイザー提供「スターズ・オブ・ジャズ」のなかには、短いが貴重な映像が残っている。司会のボビー・トループがビリーを紹介し、歌の合間に刊行されたばかりの彼女の自伝から最後の文章、「マイ・マン」の歌詞を朗読する。「疲れて見えるわよね。でもあの人《マイ・マン》といれば忘れるわ」そのあとに、この人こそが、ビリー・ホリデイの夫、ルイ・マッケイです、と言うと、画面にルイ・マッケイの顔が映る。続いて自伝の中の「信じられる人の存在は、神からの賜物なのだ。私はルイを信じた」という文章が読み上げられている数秒間、ルイは「おい、これマジかよ」というようなふてぶてしい笑いを浮かべる。

見ろ！　見ろ、この笑い！　やっぱりこいつ、金をむしることしか考えていない悪党だ！

この画像を法廷で流したら、陪審員は全員、ルイに妻を食い物にした罪で有罪を言い渡すにちがいない。しかし、ちょっと待て。これは単に「いいですか、私が合図《キュー》を出したら正面のカメラに向かって、すぐに微笑んでくださいね」と言われ、ディレクターがキューを出した時、緊張して自然な笑みを浮かべられなかった映像ではないか。カメラ慣れしていない人間の、切り取られた数秒のテレビ画像の印象などで、その人物の内面などわかるものではない。ルイより前のビリーの結婚相手、ジミー・モンロー、ジョー・ガイ、ジョン・レヴィの何秒かのテレビ画像が残っていたとしても、全員揃って「ビリーを食い物にした罪で有罪」かどうか、見た目で判断するのは危険だ。ただビリーの知人の間ではビリーの夫でまともな男はひとりもおらず、あとになるほどひどいということで大体意見が一致している。もうひとつ言われていたのは、ビリーは周囲の男から自分の相手を選ぶ時「問題のある男」を選んでしまう、ということだった。

ビリーのパンチ力

ビリーは若い頃、いい体格をしていた。もう少しいえば体重がかなり（九〇キロ）あった。ジョン・ハモンドと知り合った頃の二〇歳前のビリーの写真を「誰だと思う？」と見せたら、半分くらいのジャズ・ファンが当てられるだろうか。晩年のビリーの体重は、若い頃の半分まで落ちた。二〇代、三〇代のビリーの写真は首まわりも腕も足も、肌にハリがあり、力が漲《みなぎ》っている。カフェ・ソサエティで「奇妙な果実」を歌い始めた頃の二〇代前半のビリーは、かなりたくましい体つきだった。後世のジャズ・ファンは「奇妙な果実」を聴く時、柳のように痩せたビリーが歌う姿を思い浮かべているのだろうが、二〇代のビリーは、母セイディのような丸ぽちゃタイプではなく、ワーク・ソングも遜色なくレパートリーに入れられそうな、スコップを持った肉体労働が似合うたくましさだった。二〇代の写真を目にした人なら、ビリーの自伝の中に六回も（人種性別年齢問わず）誰かを殴り倒したという記述が出てくることにも、違和感は持たないだろう。

ミュージシャンだろうが人類学者だろうが、五回以上人を張り倒す記述が出てくる自伝というのは珍しい。ビリーが五年生で中退したボルティモアの小学校では、体育の授業でボクシングを教えており、その頃から彼女のパンチはなかなか筋が良かったようだ。一〇歳で送られた感化院「良き羊飼いの家」では、アイルランド系の修道女から正統クイーンズベリー・ルールを学んだ……わけはない。自伝の聞き書きをしたウィリアム・ダフティーか、出版社の人間が「ビリー、この自伝、誰かを張り倒したって話が多すぎないかい？　この本の題名はレディ・シングズ・ザ・ブルースだよ。レディだよ。レディが人を殴るのはそんな頻繁っていうのは……」などとアドバイスしなかったのだろうか。「あら、これでも随分控えめよ」と言われておしまいか。事実、何冊も出ている他者によるホリデイ伝には、自伝にはない殴り合いのエピソードが、他の伝記とだぶることなく出ている。よりどりみどり。

とはいえ事態が警察沙汰にまでなるのは、拳でなく刃物や銃が出た時だ。ビリーのステージ上の最大の暴力沙汰は、大晦日のビリー・バーグズ事件だろう。キャバレー・カードを失い、西海岸のステージに立つ機会が増えた一九四八年の大晦日のことだった。ビリー・バーグズの厨房に勝手に入りこんでは、たむろしているごろつきの一人がビリーにちょっかいを出したとして、ジョン・レヴィがそこにあった包丁をふりまわした。ビリーも皿を投げつけて参戦しているうち、そばにいた男の肩にレヴィの包丁が刺さってしまう。血まみれの男は厨房からステージに転がり出た。客席かせたという。
ら悲鳴が上がる中、レッド・ノーヴォはバンドの全員に、アップテンポ、最大音響で演奏を続けさ

ビリー・バーグズは何かキッチン・ナイフの呪いでもあるのか？　ここでビリーの歌をリクエストしていた女優ラナ・ターナーは一九五八年、自宅で言い争いになった愛人、ジョニー・ストンパネイトから「母を守ろう」とした一四歳の一人娘が相手を包丁で刺殺、という事件にあう。ジョニーは、ビリー・バーグスの厨房によくたむろしていたごろつきの一人だった。

ビリーのたくましい肉体は男性の目もひいただろうが、自伝には五番街に住む裕福な白人令嬢から刑務所で一緒だった囚人まで、ビリーが同性から言い寄られたことが書かれている。ドナルド・クラークの伝記によれば、「ブレンダ」という名で自伝に登場する五番街の令嬢は、ジョン・ハモンドのはとこのルイーズ・クレインのことで、詩人エリザベス・ビショップと何年かフランスで暮らした女性だった。ブレンダが同性に惹かれるのは、父親への近親相姦の代償行動というのは、ダフティーの意見だろう。ただしダフティーも出版社もビリーに、事実はどうであれ、バイセクシュアルを自伝で認めるのはやめておけ、とアドバイスしたのではないか。

それまでも麻薬事件でさんざん世間を騒がせたビリーが、きれいごとだけの自伝を出したところで誰も納得しない。オールダソン刑務所から出て以来、マスコミは何よりも、ビリーの麻薬依存に関心を寄せていた。自伝が刊行され、世間が一番興味を持ったのは「あの麻薬事件で世間を騒がせた歌手」が、今どうしているかという点だった。しかし噂はあったとしても、マスコミに確証を掴

まれておらず、相手が誰だったか（タルーラ・バンクヘッド？）という詮索が始まるバイセクシュアルについて、認めるのはやぶへびだった。

マルコムXのテレビ出演

自分の歌にではなく、麻薬使用問題にばかり注目されることに傷ついていたビリーが、一九五三年「カムバック・ストーリー」という、世間を騒がせた事件の当事者と関係者が「今こそ語るあの事件の真相」という内容のテレビ番組に出演したのは、五二年からノーマン・グランツのプロデュースで新しいレーベルと契約し、五四年には初のヨーロッパ公演、という確実な巻き返し、今度こそ生まれ変わってやり直す、という自信が持てたからこそ、できたのだろう。

たとえそんなきわものの番組への出演でも、昔の知人がブラウン管に映った自分の姿を見たら、大喜びすることを、ビリーはわかっていた。テレビ番組が終わると、居間の電話が鳴る。「今見たよ」という知人からの電話だ。しかしミュージシャンは、夜こそがクラブ出演をする仕事の時間で、テレビの前にのんびりと座っている暇などない。録画できない時代、ビリーのテレビ出演を実際に見られた友人は、それほど多くなかったかもしれない。テレビの前にいられないのは、政治活動家も同じだった。たとえばマルコムX。

マルコムXや妻のベティが、自宅で娘をあやしながらビリーの歌う姿をテレビで見ることができたら、昔の知人が成功した姿を喜んだだろうが、ベティはともかく、忙しすぎるマルコムはテレビ出演したビリーを見なかった確率が高い。しかし、マルコムがテレビで衝撃的な登場をした時、ビリーがそれを見ることができなかったことは、ほぼ確実だ。なぜならそれは一九五九年、彼女の死の四日前の七月一三日のことだった。「憎悪を生む憎悪」というドキュメンタリー番組だった。

ビリーの健康状態が本格的に悪くなったのは死の何年前からだったろう。もう積極的に外出する気力もなく、マンハッタンのアッパー・ウェストサイド、セントラル・パークから一ブロックしか離れていない、八七丁目西二六番地の自宅のテレビの前で、ひとり夜を過ごすことがほとんどになっていた。

番組が放映された夜、もし彼女が病院ではなく、自宅でテレビの前に座っていたら、マルコムが画面に現われた瞬間、ソファの上で飛び上がっただろう。画面で辛抱強くインタビューに答えている眼鏡にスーツ姿の男が、以前コンクで縮れ毛を伸ばし、遊び人風のスーツでキメていた、マリファナ売りのデトロイト・レッドだと、見た瞬間にわかったはずだ。

あるいは酒で朦朧《もうろう》とした頭で、あの男と確かどこかで会ったことがあるはずだが……というところでビリーの頭はフリーズしてしまったかもしれない。それでもインタビューの中で、マルコムが「私たちは白人への憎しみを説いているのではなく、黒人が互いに愛し合うことを説いているんです。その愛があまりに強いものだから、心にそれ以外のものを受け入れる隙はない」と説明してから、次に「NAACPについてどう思いますか」と質問される、わずかな間に微笑む場面がある。

その顔を見たら「これ、レッドよ」と思い出したのではないか。セールスマンとしての営業用の笑顔だけでなく、マルコムはビリーの前で時折、素顔の笑みを見せていたはずだ。無防備な素顔を見せるというのは、プロの悪党のひとつのテクニックでもあるが。

実際にこの番組を見なかったビリーは、以前自分に質のいいマリファナを供給してくれていた男の本名がマルコム・リトルで、番組に出た時はマルコムXと改名していたことも知らなかったはずだ。あるいはどこかの楽屋で芸人仲間、グレゴリー・ディックかレッド・フォックスあたりから、マルコムの噂を聞いていたか。きみがよく知ってたデトロイト・レッドね、一回刑務所《ムショ》に送られてからやたらに宗教に凝っちまって、今じゃ自分をイスラム教徒だって言ってるらしいよ。名前もイスラム風に変えてるって話だ。えっ、イスラムってヒルズ・ブラザーズ・コーヒーの缶のエチオピア人みたいに、頭にターバン巻いてメッカに向かっておじぎしているの？　いや黒いスーツを着るイスラム教徒だ。いろいろあるらしいよ。イスラムにも。ハーレムのハスラー仲間の間では、マルコムはムショのなかで頭が（あさっての方に）イッちまったという見方をされていた。

憎悪を生む憎悪

一九五九年七月一三日から五回に渡って放送された「憎悪を生む憎悪」は（のちに報道番組「60ミニッツ」のホストで有名になる）マイク・ウォレスの司会によるドキュメンタリー番組だった。黒人で初めてTVに登場したジャーナリスト、ルイ・ローマックスが、ウォレスにムズリムと名乗る黒人集団が、力を伸ばし始めているのを取材してみないか、と持ちかけたのが、番組制作のきっかけだった。彼は白人のカメラ・クルーを連れてハーレムに行き、周囲の黒人から「白人のスパイなんか連れてきやがって、この汚い悪い黒人野郎《ダーティ・ノーグッド・ニガー》と呼ばれた」と番組の中でウォレスに言い、この放送禁止用語が全米にオンエアされてしまった。

ローマックスは番組の一一年後の一九七〇年に、講演先のニューメキシコ州で交通事故を起こして亡くなり、最後に取りかかっていたドキュメンタリー「マルコムXの暗殺にFBIがどう関わっていたか」を完成させることはできなかった。「憎悪を生む憎悪」に登場する三七歳のローマックスは、イエール大学の博士号を持ったインテリなのに、権兵衛狸のようなとぼけた丸顔で、トピックにふさわしいシリアスな表情を作ろうとすればするほど、場の空気がシリアスでなくなっていく。

彼は自著『誓われた言葉』で、FBIの回し者として、ネイション・オブ・イスラムのジョン・アリの実名を上げている。ローマックスは白人側からも黒人側からも、嵐のように批判と罵倒を浴びせられても、取材を中断しなかった。FBIの工作を暴くドキュメンタリーを作成していたから、ローマックスは事故に見せかけて殺された、といまだに思っている人々はいる。ジャーナリストが危険の伴う取材中に事故死すると、事故ではないのではという噂が流れる。ローマックスの事故原因を疑う人はいるが、それを裏づける決定的証拠は今までのところ、見つかっていない。

番組のなかでワンタッチ傘か何かのコマーシャルにぴったりの、笑みと余裕を見せながらインタビューを受ける男が、ハーレムのアビシニアン教会の主任司祭にして、下院議員のアダム・クレイトン・パウエルだ。このドキュメンタリーに出た頃はヘイゼル・スコットと結婚していた。バーニー・ジョゼフソンはヘイゼルのため、ふたりの結婚パーティの費用を負担して、大散財をしている。マルコムXの自伝によれば、「憎悪を生む憎悪」に対する世間の反応たるや（うぬぼれも入っているだろうが）一九三八年に放送されたオーソン・ウェルズのラジオ番組、「火星人襲来」がアメリカ中を、おののかせた時の再来のようだったという。

あるいはうぬぼれではなく、アメリカ社会にとってこの番組は、実際に「火星人襲来」以上の衝撃だったかもしれない。「火星人襲来」はH・G・ウェルズのSF小説を基にしたラジオ・ドラマだったので、火星人が自分の家のフロント・ポーチに押しよせてくることはないと、すぐに安心できたが「憎悪を生む憎悪」はドキュメンタリー番組で、憎悪を持つ黒人が白人の家を襲う悪夢はずっと続いた。その恐怖の中心にいたのがマルコムだった。

このネイション・オブ・イスラムの活動を紹介する番組で、一番長いインタビューに答え、注目されるべき立場にいたのは、組織の創立者、イライイジャ・ムハマッドだった。三日月刺繍のトルコ帽をかぶった小柄な老人は、ローマックスに「一九七〇年代までに流血が伴う人種戦争が起きる」とはっきり言っている。これで悪夢を見ず眠れる方がおかしい。

しかし画面上の彼は、伝統的なイスラム宗教の講義を大学で教えている「無害な老人」のように見える。あなたは人々に憎むことを教えているのかと聞かれると「私が教えていることは真実です」と毅然と答えている様子に狂信的なところはなく、信仰のために自分の命を投げ出すのを躊躇することはなくとも、他人に暴力をふるったりすることは望まない宗教者にしか見えない。喘息の持病があり、発作の出にくい砂漠気候のフェニックスを拠点に、飛行機で全米を飛び回った尊師の、隣に座ることになっても警戒する人はいない。

それに対してマルコムは、さっきハーレムの路上から来ましたという雰囲気をぷんぷんさせ、彼が元麻薬売りであり、過去に州立刑務所に服役しているということを二回も紹介される。ゲットーから来た「凶状持ち」以外の何者にも見えない。飛行機でこんな男の隣の座席になったら、サイフの入ったバッグは、マルコムの席と反対側に置くだろう。

マルコムの自伝ではこの時の社会の衝撃は、番組のタイトルに「憎悪《ヘイト》」という言葉を使ったところから来ているという。黒人が白人に「憎悪」を持つ？　憎悪？　こんなによく扱ってやっているのに？　神を畏れないのか？　ドキュメンタリーの中で繰り返し出てくる「憎悪」という言葉とともに、もうひとつ出てくるのは「白人は悪《エヴィル》」という言葉だった。

黒人大衆に白人に対する憎悪を焚きつける扇動者、このイメージはこの番組が放映された日から暗殺される日まで、マルコムにずっとつきまとっていた。

ウォレスはこの番組から五年後、他の番組で再会した時「私はすでに死んでいるのかも」とマルコムが冗談めかして言っているのを聞いている。マルコムはイライジャ・ムハマッドの女性問題（未婚の秘書が子どもを産んでいた）の真相を、組織から追放されていた秘書本人に会って確かめ、スキャンダルの隠ぺいを望む幹部たちとぶつかった。自分を生まれ変わらせ、正しい道に導いた大恩人と袂を分かつかどうか悩んだ末、マルコムはフェニックスで、イライジャとふたりきりで話し合う機会を持つ。本人の口から事実を確かめた後、組織を離れる決意をした。ネイション・オブ・イスラムでイライジャに次いでマスコミの注目を集めていたマルコムが組織を離脱するというのは、組織側から見れば「裏切り」以外の何物でもない。裏切り者にはどのような運命が待っているか、マルコムはわかっていた。

紙の一票か鉛の玉か《バロット・オア・ブレット》

マルコムは亡くなる前年の大統領選の年、一九六四年四月三日、オハイオ州クリーブランドで「紙の一票か鉛の玉か」という彼の最も有名なスピーチをしている。人前で話をする職業はいろいろあるが「聴衆に合わせた語りかけ」をするのは基本中の基本だ。それを反対側から見れば、同じような内容のスピーチをどんな語り口で話しているかによって、その時会場にどんな聴衆が集まっていたのか、またその集団に対してスピーカーがどんな愛情や軽蔑、親近感や距離感を持っていたかが見えてくる。その翌々週、デトロイトで同じスピーチをしているが、もっと固い口調で内容も少し異なっているのは、集まったのがクリーブランドより真面目に、マルコムの話を聞きたいというお堅い集団だったのだろう。

デトロイト版の録音では、笑いが起こるのは最初の「今日お集まりいただいた友人、そして敵のみなさん」というあいさつの部分とほんの数回だけで、マルコムが素晴らしいと思われる言葉を述べたあとには、一定の長さの礼儀正しい拍手が入る。クリーブランドで言わなかった「これは南部の問題で、などというのはやめてほしい。カナダ国境より南ならみんな南部だ」と笑いを取ろうとしたと思われる言葉のあとでさえ、笑いは起こらない。

クリーブランドの録音は聴いていないが、内容を読む限りではノリがまるでちがう。これが給料支払日の金曜日で、聴衆が多少なりとも、ポケットのあたたまる日だったというのも関係あるか？演説をする時の会場の温度、曜日は、聴衆の反応を左右する。ここでもデトロイトでも、ルイ・ローマックスが会場におり、来場者の中に彼がいることが紹介されるが、クリーブランドでは彼が壇上から見える場所にいたのか、二回も演説の中で笑いの標的にされる（「あんたにゃ悪いがね、ブラザー・ローマックス、現在の黒人は左の頬を叩かれたら、右の頬を差し出したりはしないんだ」「つまりこれは相互《レシプカル》にということです。この言葉の意味わかりますか、これ、ローマックスからガメてきた言葉です。私は普段ご大層な言葉は使いません。ご大層な人とつきあいがないもので」）。

講演者であれば政治に限らず、聴衆を眠気に誘うようなトピックでも退屈させず、笑いを何回かとるのも実力のうちだが、その語り口とどこでその話術をみがいたかは百人百様だ。マーティン・ルーサー・キングはどこで演説をしようが、それは後ろでオルガンが鳴る教会の説教壇の延長にあった。同じ牧師でもアダム・クレイトン・パウエルの口ぶりはちがう。彼はどんなスカした説教を自分の教会でしていたのだろう？　マルコムの話しぶりはハーレムでさまざまなものを、口八丁手八丁で売りさばきながら学んだセールス・トーク。一般的に、組織の中で重要な地位や広報を担当するようになると、人は話し方をあたりさわりない標準的なものに変えていく。

マルコムはそうしていない。彼が自分の言葉からストリートの匂いを消さなかったのは、それをかけがえのない宝と思っていたからだった。

人はふさいでいる時より、ノっている時、本心をぽろりとこぼす。ネイション・オブ・イスラムから離脱して一月しかたっていないクリーブランドでマルコムは言っている。

「これで皆さんと会うのが最後で、朝には死ぬと決まっているなら、これだけは言っておきましょう。ぶちこむなら紙の一票か鉛の玉です」

己の死を口に出したのは、ちょっとドラマチックにスピーチをしたかったのか、あるいは本当にその時点で刺客がいつかかならず現われる、と覚悟していたのか。デトロイト版ではその部分は「紙の一票か鉛の玉か。自由か死か。その犠牲を払う覚悟ができていないなら、あなたの口から解放という言葉は使わないでほしい」と、愛国者パトリック・ヘンリーがヴァージニアから早馬でぶっ飛んできそうな言葉に置き換えられ、クリーブランドでうかつに口にした死の予感は語られていない。

自分が属していた組織と決別した時に、マルコムは覚悟したのだろう。今後自分に刺客を送ってくるとしたら、それはＦＢＩや白人至上主義者である可能性より、もっと手ごわい相手、つまり自分の離脱した組織、それもトップからの指令である可能性が高いと。

　しかし自伝にしてもこのスピーチにしても、マルコムの死に対する語り口は、あっさりしたものだ。死を恐れないというより、どんなに恐れていようと、生まれた時から戦争か内戦で、人の生命が暴力で失われるのが日常の一部になっているのを、受け入れざるを得ない土地に生きる者の言葉だ。この時代のアメリカの政治活動家は、己の死に関して淡々とした口ぶりを取るのが普通だったのか。

　少なくとも同時代、マルコムと同じ暗殺という運命を辿ったマーティン・ルーサ・キングの口ぶりはちがう。マルコムXの死の三年後、メンフィスで暗殺される前日、彼の残した「私は山頂に立って見た」というスピーチは今もユーチューブなどで聞くことができる。

「私は山頂から約束の地を見た。たとえ私が生きてその地を踏むことはできなくとも、これだけは忘れないでいてほしい。私たちはひとつの民としてかならずその地を踏む」

　このスピーチのなかでキングは「みなさんと同じように私も長生きがしたい。長寿には特別なものがある。それでも今、私の頭にあるのはそんなことではない」と言っている。今も聞くことのできるその声には万感がこもっており、本人も知らなかった翌日の運命を知る者の胸を打つ。しかしそれは戦地にでも向かわなければ、死なないのが当たり前、死はひどくショッキングで、はるかかなたにあるものと思っている、アメリカや日本の大多数の人間と同じ口ぶりだ。マルコムXの死への距離感とは違う。

同じ活動家（逮捕歴ならキングの方が多いかもしれない）でも、ボストン大学で博士号を取りノーベル平和賞受賞という、黒人のみならずアメリカ市民の中でもエリート中のエリートだったキングの生き方と、「自分の卒業した大学は刑務所」「私の心は一度もゲットーを離れたことはない、物理的にもやむをえない時以外は絶対ゲットーから離れない」というマルコムの生き方の違いが、死に対する距離感まで変えているのか。マルコムにとって死は、暗殺される前日、身を隠していたヒルトン・ホテルの一二階の窓と、そこからタバコの吸殻を落とせるホテル前の舗道までの距離くらい近いものだった。ハーレムで弾丸による死。マルコムの死はハスラー時代の同業者の間で、一番よくある死に方だった。

自宅に火炎瓶が投げこまれ、家族は無事だったものの家が全焼した極寒の二月。その一週間後の一九六五年二月二一日の日曜日、暗殺される当日、マルコムはホテルの部屋で朝八時ちょうどに鳴る電話の音で起こされる。「おい兄弟、起きな」と知らない声が言い、すぐに電話は切れる。殺す相手に当日それとなく警告を与える義務は、イスラムの掟にはない。ストリートの決まり《プロトコル》か。

ラジオ放送の開始は、重大ニュースが世界中を、あっという間に駆けめぐる世界の誕生となった。テレビ放送が変えたのは何か。それはニュース伝達の速度ではなく、ニュースや情報の鮮度の短さだ。テレビでは情報のすべてが目まぐるしく、流行したものもすぐに古びてしまう。それは音楽も同じで、ビリーの葬儀が盛大に行われた時、これで来年の今頃にはビリー・ホリデイの名も、世間からもう忘れられているのか、という思いが頭をよぎった参列者は少なくなかったはずだ。

しかしビリーの歌は消えていかなかった。

Ⅲ.
Swimming Pool
Communists

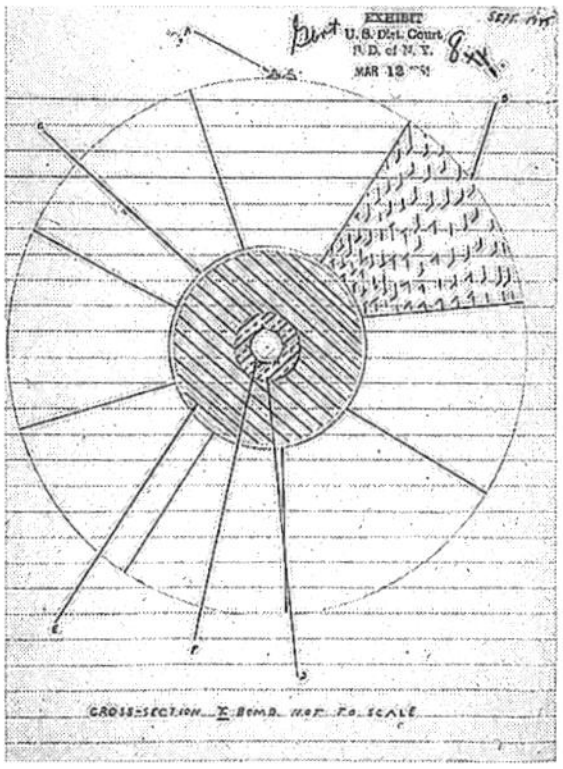

第3章 スウィミングプール・コミュニスト——赤狩りの時代

ビリー・ホリデイの出演している映画『ニューオリンズ』（一九四七年）は、現在廉価版のDVDで見ることができる。これはニューオリンズのフレンチ・クォーターに隣接するストーリーヴィルと呼ばれる一帯（公認売春地帯）が、市の決議により一夜にして閉鎖され、立ち退きとなった史実を、ジャズが南部で生まれ、北上していく「ジャズ史」とともに紹介する物語だ。ビリーはこの映画の他にもデューク・エリントン主演の『シンフォニー・イン・ブラック』などのいくつかの短編映画（とラジオ・ドラマ）に出演したと言っているが、この四七年の作品が最後の映画出演で、以後残っているビリーの映像は、テレビ出演した時のものだけになる。テレビでは音楽番組と「カムバック・ストーリー」といった番組だけで、ドラマに出演したことはないから、女優としてのビリー・ホリデイの最後の姿が見られるのはこの映画だ。

映画『ニューオリンズ』

物語は、一九一七年、クラシック歌手としてデビューを目指すミラリー・スミス（ドロシー・パトリック）が、母の住むニューオリンズで賭博場の経営者のニック（アルトゥーロ・デ・コルドヴァ）

と出会い、恋に落ちるところから始まる。

ミラリーは、地元のデビュー公演で、クラシックではない「ニューオリンズ」を歌ったため不評となり、失意のうちにヨーロッパへ去る。一方、ニックも賭博場のあるストーリーヴィルに退去命令が出て店を失い、ニューオリンズを去るが、シカゴで音楽業界に転じ、顔馴染みのミュージシャンをニューオリンズから呼び寄せてラグタイムを演奏させ、成功していく。ヨーロッパで再デビューし、成功を収めたミラリーは、ニューオリンズの凱旋公演を行ない、駆けつけたニックと再会を果たす。ミラリーは、もう一度舞台で「ニューオリンズ」を歌い、大喝采を浴びる（その後ろで演奏しているジャズ・バンドは白人だけのウディ・ハーマンのバンド）。

ビリーの役はミラリーの母、ミセス・スミスのメイドのエンディだ。エンディは賭博場の下にある、オーフィウム・キャバレーでトランペットを吹いている、ルイ・アームストロング（本人が本名で登場）の恋人だった。ふたりはニューオリンズからシカゴに移るとき、一時離ればなれになるが、のちにめでたく結婚する。ビリーの初登場シーンは彼女が死ぬほど嫌っていたメイドの制服姿（長い裾の黒いドレスに、白いエプロンとメイド・キャップ）で、奥様の留守中に家のピアノで「ニューオリンズ」の弾き語りをしている。映画でピアノを弾きながら登場するメイドというのは、他の映画ではちょっと思い出せない。

この映画の公開時のものと思われるカラーポスターは、主演のふたりとその仲を引き裂こうとする不良令嬢グレース（マージョリー・ロード）、それにウディ・ハーマンがクラリネットを吹いている姿の上に「切なく《トーチー》！　胸焦がす《スクローチー》！」という趣味の悪いキャプションがついている。そのポスターには黒人ミュージシャンの姿はどこにも見当たらない。実際この九〇分の映画の中で、黒人ミュージシャンが画面に現われて、お目だるい姿をご覧いただくシーンは全部で一五分。ところがDVDのジャケットは、サッチモが画面の半分を占め、その下に白い衣装で「ブルース・アー・ブリューイング」を歌うシーンのビリーの姿があり、ミュージシャンの姿しか見えない。これで一五分しか目当てのジャズ・シーンがないのでは、何か損をした気分になる。もし公開時の「切なく！　胸焦がす！」イメージで、この映画のDVDを探していたら、廉価版のDVDは題名が同じでも、別の映画と思いかねない。ビリーの自伝では映画公開時に、この白い衣装で歌うシーンはカットされたことを嘆いているが、あとで編集してつけ加えたのか、最後の方でしっかり入っている。日本でもこの映画は何回かテレビ放映されたということだが、その時はこの歌のシーンは入っていただろうか。

この映画の廉価版DVDが発売されたのは、ビリー・ホリデイの歌うシーンを見たいという購買層を目当てにしたのだろう。サッチモ・ファンではなく？　『上流社会』『五つの銅貨』『ハロー・ドーリー！』などを見たあとで、もっとルイ・アームストロングの演技と演奏を見たいと思ったファンなら（後半でサッチモの歌う「エンディ」はすばらしい）購入するべきだ。またニューオリンズでロケをしているので、カフェ・デュモンド本店や観光名所を見ることもできる。ニューオリンズで有名なジャズ葬も撮影されたということだが、それはカットされている。すべてが中途半端な印象のある映画だが、それにはそれなりのわけがある。

映画の最初のタイトル・シーンに、不思議なクレジットがあるのに、気がつく人はどれくらいいるのだろう。まず最初にジュールズ・レヴィが提供するという文字が大きく出たあとに、ニューオリンズのタイトル……主演アルトゥロ・コルドヴァ、ドロシー・パトリック……八名の共演者の次にルイ・アームストロング、ビリー・ホリデイ、ウディ・ハーマン……アームストロングと共演するミュージシャン……そこ！　そこで止めて！

脚本、エリオット・ポール、ディック・アーヴィング・ハイランドの文字の下に、半分ほどの大きさの文字で、原　作《オリジナル・ストーリー》　エリオット・ポール、ハーバート・J・ビバーマン、とある。ビバーマンの名前は　准《アソシエイト》　製作者として、そのあとひとりだけで画面いっぱい登場し、二度紹介されている。

映画やテレビのクレジットで、出演者《キャスト》の名がどんな順番で出るかには、出演スターの面子がかかっており、順番が誰より後になったというのが大問題になる、というのは聞いたことはあっても、スタッフのクレジットについてはよほどの映画通でない限り、気は払わない。改訂版の脚本家も、挿入した場面の脚本家も、クレジットに名前を出しているということなど知らずにいる。しかしこのクレジットに、きちんと自分の名前が表示されるというのは報酬の一部で、スタッフにとっても重要なものなのだ。クレジットに名前が出ないというのは、まったく無給で働くようなものだ。

ビバーマンはこの映画のあと二作の映画を製作し、そのうちニューメキシコ州の鉱山労働者のストライキを題材にした『地の塩』は、フランスとチェコの映画祭で高く評価された。しかしアメリカではほとんど上映されず、彼の名を知っている映画ファンはアメリカ国内でもあまり多くない。それでも彼の名は、あるキーワードとともにかならず浮かび上がる。「ハリウッド・テン」だ。

ハリウッド・テン

ビバーマンは一九四〇年代後半から五〇年代にかけ、アメリカに吹き荒れた「赤狩り」で、ハリウッドから追放された映画監督・脚本家一〇人のうちのひとりだった。『ニューオリンズ』が公開された四七年は、まさにハリウッド・テンがHUAC（下院非米活動委員会）の第一回聴聞会に出頭するため、ワシントンDCまで来るように求められた年だった。ニューヨークからワシントンDCなら、朝にアムトラック鉄道か誰かの車で南下すれば、午後には着ける距離だが、西海岸からとなると飛行機で行くか、あとははるばると大陸横断鉄道を使うことになり、弁護士ともども自腹で行くのには少々高くつく旅だった。

聴聞会が始まった当初は、ハリウッド・テンの誰もこれが今後どのくらいの間、どの程度深刻な成り行きになるのかは、わかっていなかった。飛行機か鉄道か、交通手段を訊かれて「囚人護送車《ブラック・マリア》で行く」と答える者がいても、この時点では単なる冗談にしか聞こえなかった。

しかし、このワシントンへの旅は、その後のハリウッド・テンの人生を一変させる、とてつもない破壊力を持つものとなった。ビバーマンだけでなく、彼の妻で女優だったゲイル・ソンダーガードもHUACに召喚されたあと、二〇年間映画にもテレビにも出演できなくなっている。HUACのブラックリストに名前が載り、ひとたび共産主義団体と関係がある人物とみなされると、ハリウッドでは一切の仕事の依頼が来なくなる。この時代、夫婦のどちらかがブラックリストに載ると、パートナーも同様の扱いとなった。「レッド・チャンネルズ」という共産主義者のリストをあげる雑誌に名が載ってしまったコメディアン、ヘンリー・モーガンは、妻の言動から自分にも疑いがかかった、と主張し、わが身の潔白を示すと言って妻と離婚し、仕事を失うことと離婚慰謝料を支払うことの両方を回避した。

この頃から映画でもテレビでも、契約書の中に自分が「共産主義団体の活動とは一切関わりがない」ということを誓う一文が入り始めていた。この一文が完全に業界から消えても、当然ながらそれは暗黙の了解事項としてあとにも残った。特に大手スポンサーの意向が影響を及ぼすテレビ業界では。『ニューオリンズ』はこの時代の影響を受け、撮影が始まる頃計画していたものと、完成したものはかなりちがうものになっていた。

スウィミングプール・コミュニスト

ハリウッド・テンはビバーマンを含め、一〇人中六人がユダヤ系で、このグループにはこんな呼び名もつけられた「スウィミングプール・コミュニスト（プールつきの家に住む共産主義者）」。あまり好意的、同情的な呼び名ではない。贅沢な実生活を送る左翼を揶揄するシャンパン・ソーシャリスト、リムジン・リベラル、ゴーシュ・キャビアなどの呼び名が比較的一般的に使われるのとはちがい、この名を使われるのは、この時代の赤狩りの対象になったハリウッドの関係者のみだ。

アメリカ国内で、ハリウッド・ピープルが享受していると考えられたものは、プールつきの豪邸、運転手つきの車、ライブ・ミュージックつきの自宅パーティ、映画の大きな文字のクレジット、レッド・カーペットの試写会への招待、セレブとのご近所付き合い、馬（乗馬用と競馬用）、ヨット、小型飛行機、コケットリーなフランス人のメイド、住み込みの庭師、オートクチュールのドレス、宝石、ミンクの毛皮のコート。映画の中で描かれるような豪奢な暮らし《グラマラス・ライフ》を実際に送っているのが、ハリウッド・ピープル。王侯貴族のいないアメリカで、王族に代わって豪華な暮らしをし、大衆の注目と羨望を集める存在こそが、ハリウッド・スター（と大統領）なのだ。だからこそ「一国を脅すには王族に攻撃をかけるべし」ということになり、見せしめにはもってこいのグループだった。

ハリウッド・ピープルが豪奢な暮らしをしても、大恐慌の頃ならともかく、戦争が終わり、ちょっとがんばれば自分もプールつきの家と、スターと同じ型の車が買えるかもと思える時代に、誰もハリウッド・ピープルの苦境など見たくなかったのでは？

ついそう思ってしまうあなたは、わたしと同じお馬鹿さん。「みんなが輝いているのに、自分だけはひとり、陽の当たらない場所にほったらかされている」という取り残され感はウォール街の大暴落で、街角の慈善スープラインに並ぶ失業者のひとりになったのよりも、もっと強い破壊衝動を起こさせる。その衝動が自分に向かえば良く晴れた日の自殺。他者に向かえば「いい気になっている奴を苦い目に遭わせたい」という気持ちになる。ましてそれが自分の嫌う民族や、新しく勢力を伸ばして自分を追い越し調子に乗っているグループであれば。また未来が輝けば輝くほど「それに水を差す」存在への反感は増す。

遠浅のビーチでたっぷり日焼け止めオイルを塗ってうとうとし、はっと気がつくと周りにひたひたと海水が満ちているように、太陽のさんさんと輝くハリウッドの撮影所には「赤狩り」という潮が、あっという間に押し寄せ、人影をさらっていった。

強制退去の風景

映画『ニューオリンズ』のそもそものアイデアは、ジャズがニューオリンズで誕生し、シカゴに北上して「JASS（ジャス）」と呼ばれ、アメリカを席捲する音楽に発展していった歴史を、ストーリーヴィルというニューオリンズの街の一角が、一夜にして閉鎖というドラマチックな史実とともに描く、野心的なものだった。

ユダヤ系の歴史をふりかえれば、自分たちが生まれ育った街の一区画、ユダヤ人居住地区から、トランクに荷物をつめて全住民が一斉退去（もっと運が悪ければ一斉連行）させられるというできごとには、生々しい民族の記憶がある。強制退去のシーンはこの映画のハイライトだ。それは意外にも騒がしくも荒々しくもない。この静かで奇妙な光景は、何度もユダヤ系のコミュニティで繰り返されているのだろう。

すべての家がなぎ倒される天災や大火災、あるいは村全体が全滅する戦闘や疫病の大流行もないのに、街の一区画のある民族、ある職業集団だけが、一夜にして建物はそのままに、もぬけの殻になっている。それはニューオリンズ出身のラジャ・ラボイドのマジックでも、神隠しでも、集団人体自然発火現象でもない。施政者による強制退去の光景だ。

歴代の日本のゴジラ映画には、製作された当時、最も記憶に生々しく残っている、街を破壊していった存在(空襲、津波など)によって、人々がどう逃げまどい、死んでいったか(もうすぐ、おとうちゃまのところに行くのよ)を彷彿とさせるシーンが出てくるが、『ニューオリンズ』の強制退去のシーンには、大西洋の向こうでのユダヤ民族の記憶が投影されている。

退去時刻を知らせる警笛でいっせいに消えるビルの明かり、ブロックごとに立つ警官、離ればなれにならないように、ひとつに固まる家族。トランクを持って道をゆっくりと歩きだす人々。丸めたマットレスを肩に担ぐ者、手押し車を押す者。大声を出す者などいない、静かな光景だ。ひとりだけ理不尽な運命に対する怒りを抑えきれず、自分の店のショーウィンドーに書かれた自分の名前を、舗道の石で叩き割ってから立ち去る女店主はいたが。

ビリーやサッチモなど黒人の集団は、ひとかたまりで移動し、白人と黒人がまざりあって通りを去ることはない。これが史実通り(黒人だけは日没前に出ていけ)だったとしても作り物くさい。先頭にバナーがなくても、まるで通りを行くマーチングバンドのようだ。

　大西洋の向こうの記憶も何もないもんだ、このハリウッドから車でほんの一五分、スシの出前《ケータリング》も頼める距離にあった日系人コミュニティ、リトル・トーキョーが、この映画のできる五年前の一九四二年に収容所（強制収容所と呼んだらナチの収容所と同じ呼び名になってしまうため、移転収容所《リロケーション・キャンプ》という多少耳聞こえのいい名前をつけられていた）に住民全員が退去させられ、もぬけの殻になったのを、スウィミングプール・コミュニストは、どう思っていたんだ？　ハリウッド・テンのひとり、ダルトン・トランボがHUACの聴聞会で「これはアメリカの強制収容所の始まりだ」と言った時、彼は移転収容所と強制収容所は別ものと思っていたのだろうか。

　その答えは本人に尋ねるしかないが、少なくとも強制収容所と言った時、トランボが指したのは、労働すれば自由になれる《アルバイト・マクト・フライ》と標語を入り口に掲げているような、ヨーロッパの死の収容所のことだった。

　ブルックリン育ちのヴォードビリアン、ハワード兄弟が短編映画シリーズ『三バカ大将』で、移転収容所

聴聞会で「これはアメリカの強制収容所の始まりだ」と言ったダルトン・トランボ（©Bettmann / Getty Images）

から逃げ出してきた日本人野郎《ジャップ》をやっつける三兄弟の大活躍に爆笑し、拍手を送っていたのが、第二次世界大戦下の大多数のアメリカ人だった。しかしロスアンゼルスでは、自分の住む街の一区画がストーリーヴィル状態になり、いきなり周りから日系人がひとり残らずいなくなった現実を、小気味良く感じている住民ばかりがいたわけではない。一度カリフォルニアにストーリーヴィルができてしまえば、次のストーリーヴィルになるのがどのコミュニティか、誰にもわからないのだから。

下院非米活動委員会（HUAC）

現在までに出版されたアメリカの赤狩りに関する書籍や記事の大半は、追及された側の行動をこと細かく調べている。特にHUACに関しては、召喚されたなかで、誰が「協力的証人」、誰が「非協力的証人」になったかに焦点が当てられる。アンクル・サム列車の暴走を二度と起こさせないためにはどんなブレーキ・システムが必要か。またJ・F・ケネディをはじめとする、どの政治家、ジャーナリスト、ハリウッド関係者がHUACを積極的に支持し、いまだに正しかったと思っているか否かについての記述は、あまり見当たらない。

追及された側の子や孫が一番知りたがるのも、身内が「協力的証人か、非協力的証人か」についてだ。なぜなら「協力的証人」になるには、他の共産党関係者の名前をあげる、つまり必ず友人を売り渡す証言をしなければならなかったからだ。聴聞会の模様はラジオでも流された。非公開の場での証言でも、情報はなぜかマスコミに流れ、誰が誰を名指ししたかを隠し通すことはできなかった。知人をブラックリストに載せる証言をすれば、自分はブラックリストからはずされ、無罪放免となる。

「非協力的証人」としてブラックリストに載ったせいで職を失い、何年かあとの委員会でついに「協力的」になった証人もいる。痛ましい限りだが、その場合はブラックリストに載せられたら、名指しした相手にどんなことが起こるかを、充分承知の上での証言ということになる。今の地獄から抜け出る唯一の手段がそれでも、自分は沈黙を貫くべきか？ 簡単にまとめればこんな仕組みだ。**安全地帯に残りたい？ フェンスのあっち、地雷地帯に送る人間の名前を言え。安全地帯に戻りたい？ おまえの代わりにフェンスのそっち、地雷地帯に送る人間の名前を言え。**

当然のことながら、アメリカの赤狩りで解雇された多くの人間はエリートではない。下級軍関係者、公務員、教職者、司書、医療職員、会社員、工場労働者などの一般労働者だ。自分の夢や思想のためにではなく、食べていくために必死に働いている人間に起こったことが一番大きな問題のはずだが、ハリウッドに比べると一般労働者についての研究文献はあまり多くない。ニューヨーク公立学校の教師、司書、医師、看護師、（掃除スタッフまで含む）医療施設の職員が、共産党系とみられるグループに参加していたという疑いで、職を失った例がどれくらいあるか、把握するのは難しい。この頃、共産党とのつながりの疑いで突然解雇された人間の多くは「あなたは共産党グループと関係があると思われるので」と、はっきり解雇理由を言われたわけではなく、また解雇理由の根拠が誰の証言によるかもわからなかった。あとになって発覚したことは、名前の似た別人との取り違いで解雇された例がいくらでもあったということだ。似た名前……同姓同名だったらどうなる。

西を目指せ、若者よ、そして戻れ《ゴー・ウエスト・ヤングマン・アンド・バウンス・バック》

そして一度はニューヨークを捨てて西を目指し、六年後にまたニューヨークに舞い戻った公立高校の英語教師がいた。エイベルだ。

実はアメリカ国内の政治運動への締めつけは、すでに戦時中から始まっていた。合衆国が一丸となって敵と戦う時、国内の不平等を訴えるのは愛国的でないどころか妨害活動だ。

エイベルのペンネームがルイス・アランであることや、校外での活動がどれくらい同僚にも知れ渡っていたかはわからない。それでも一九四一年に彼はニューヨーク教育委員会の前で、彼の執筆活動はアメリカ共産党に資金援助を受けているかを答えさせられた。彼がルイス・アランであることも、様々な集会に参加していたことも調べ上げられていた。

ではアメリカ共産党が資金援助をして作らせた疑惑のある「奇妙な果実」を歌った歌手は、共産党とどのようなつながりがあるか？　何もない。だが何も問題がないわけではない。

一九四〇年の夏、彼女はルイス・アラン、つまりエイベルの反戦曲を五二丁目のケリーズ・ステーブルで歌っていた。エレベーター・ボーイをしていたビリーの父、クラレンスが第一次世界大戦でフランスに送られた時「ジョニーよ、銃を取れ」の歌詞で始まり、海の向こうからヤンキーは見参するという野球応援歌のように明るい「オーヴァー・ゼア」という軍歌があった。ビリーはその曲のパロディ、海の向こうにヤンキーは行かない、「オーヴァー・ヒア」を歌って好評だった。

その一年前「奇妙な果実」をレコーディングしても阻止する圧力はなかったのに、この曲が評判になるとFBI捜査官が店のオーナーのラルフ・ワトキンズのもとに現われた。

「あの反愛国的な歌は歌わせないように」

それだけでなく、ワシントンDCのFBI本部にビリー・ホリデイのファイルが作成されてしまった。人種問題を歌ってもFBIの目にとまらなかった彼女が、「反戦」では目をつけられた。このあとFBIが見張っていたのはビリーの麻薬使用、及びそれを供給していた犯罪集団という方面だったと思われるが、「徴兵」「納税」「産児」という国家の重要事項に異議を唱えることがどれほど危険か、周囲も本人もあまり意識していなかったのだろう。

戦争はデウィット高校も直撃していた。生徒の中には翌年六月の卒業を待たず、軍隊に入って高校を去っていく者もいた（高校には軍入隊による早期退学に対しては、高校卒業の資格を与えるシステムができていた）。気がつけばエイベルはもう四〇歳になるのに、一度もデウィット高校から離れたことがなかった。でもアンが今の小学校教師の仕事をやめないためには、このまま今の生活を続ける方がいいだろう。

それでは今後、教職員の活動に対する締めつけがどんどん厳しくなっても、エイベルは教職を続けるか？　本当はいつか教師をやめ、フルタイムで執筆活動をしたいと思っていたのではないか？　これはフルタイムになるラスト・チャンスではないか？

夫婦で彼が教職を続けることについて、どう話し合ったかわからないが、エイベルは一九四四年一一月「健康上の理由で」来年は教壇に立たないという書類を学校に提出する。翌年ふたりは西海岸に旅立ち、彼は四二歳でついに念願のフルタイムの執筆活動に入った。彼が目指したのは脚本家だった。

ひとが独立するのにも、離れた土地ですべてを新しく始めるのにも、タイミングというものがある。エイベルにとっては一九四五年に西海岸に動かなかったら、そのまま定年まで教師だったかもしれず、今しかないと思ったのだろう。しかしそれは共産党とのつながりが疑われ、映画の脚本家を目指す者が西に行くのには、まったくまずい時期だった。西海岸の監督、脚本家、俳優たちが赤狩りのためハリウッドで干されたら、東のニューヨークに行き、テレビの仕事につくことを考え始めるほんの少し前だった。これは東海岸のテレビ局側も予想していたことで、後日、思想取締課という部署を作ってＦＢＩの天下りを雇い、西海岸から危険分子がまぎれこまないように監視していた。

ＨＵＡＣ聴聞会

HUACの聴聞会でまず質問されることが「あなたは過去および現在、共産党の党員だったことはありますか」であることは、第一回から知られていた。しかしその質問は、そのあとに「知人の名前を証言する」ことに比べれば、単なる露払いくらいのものだ。なぜHUACはこれほどまでに知人の名を証言させることにこだわったのか。誰が共産党グループの集会に出席していたかなんて、FBIに調べさせてとっくにわかっていたのではないか？　もちろん知っていた。

「調べはついていますし、すでにもう三回も四回も他の証人が名前をあげている方の名を、あなたがもう一度言わないことによって、どんなちがいが生まれるというのでしょう」

HUACの人間が、何度穏やかにこの言葉で証人を諭したことか。

重要なのは証言を得ること。誰かがアカだったと同僚や知人に証言させること、その証言を残すというプロセスだ。米国国内にいるソヴィエトの手先をたたきつぶす正義の戦い、それを強く国民に印象づけるためには証人が必要だ。それも官憲などではなく、つい最近「改心」するまでは手先だった者。キリスト教教会の結婚式でふたりが夫婦とされる時、それを見届ける証人が必要とされるように、証人は神と正義の側に立つ者の武器だ。

ではハリウッド関係者はHUACの協力的証人になれば、その後、愛国者として大手を振って生きていけると信じていたのだろうか。誰もそう信じなかった。自分の首はつないだが、周囲からは友を売った情報提供者、「たれこみや」として避けられ（ハリウッドの犯罪映画では、密告者はたいてい非業の最期をとげる）、何よりも自分がしたことは正しかったと、自分自身が納得するのは難しかった。疑心暗鬼が流行病のようにハリウッドに蔓延していった。友人宅でのパーティでつい口にしたひとことが、翌日密告されるかもしれない。本棚に左翼思想の書籍を置いておくのも危険だった。問題となりそうな書籍は夜、こっそりと通りのゴミの缶に捨てられていった。図書館で本を借りる時、この本に興味を示したことが誰に知られても安全かを考えてから、本を棚から取るようになった。

この頃流行したパーティ・ゲームは、相手の身振りで言葉を当てる「ジェスチャー」だった。百面相のような顔と滑稽なジェスチャーで、複雑な思想や「メッセージ」など伝わることはない。メッセージを送るのはウエスタン・ユニオン（電報会社）にまかせておけ。

一九五四年の海外公演

一九五四年三月九日、エドワード・R・マローがCBSのドキュメンタリー番組「見よ今」で、公然と赤狩りを批判し、その年の一二月の譴責決議を受けてジョゼフ・マッカーシーが失脚したとはいえ、ビリーの自伝が刊行された五六年三月にも、赤狩りはしっかりと続いていた。新聞などがHUACのブラックリスト問題について、公然と取り上げるようになったのはずっと後、ベトナム戦争の敗戦色が濃くなってきた七〇年代になってからだった。

自伝には『ニューオリンズ』の撮影時にビリーが黒人俳優のひとりとしてどんなにいやな思いを

したか書いてあるが、当時ハリウッドにはびこっていた赤狩りの影響については何ひとつふれていない。カフェ・ソサエティの出演者で赤狩りにまきこまれ、HUACに召喚された黒人がいることをビリーは知っていただろう——ヘイゼル・スコット、ジョシュ・ホワイト。それでもビリーが一番直面していたのは人種問題で、思想問題ではなかった。

一九五四年、ビリーが初のヨーロッパ公演に行った年、エラ・フィッツジェラルドは初のオーストラリア公演に向け、シドニーに向かっていた。エラは初公演の幸先を祈って、ファーストクラスの航空券をはりこんでいた。ところが、ホノルルで一度搭乗したパンナム航空の飛行機からエラたちは強制的に降ろされ、抗議しても搭乗できなかった。それはただ搭乗拒否という差別を受けた、というだけでは終わらなかった。エラがシドニーに到着するのが遅れたため、シドニー公演の最初の二日分がキャンセルになった。公演のキャンセルほどビジネスで高くつくものはない。やっと実現した海外公演が肌の色によってキャンセルを招く現実のなかで、思想が赤いかどうかなど、二の次、三の次だった。

ただしビリーが自分は思想問題とは無関係と思っていても、もし彼女がこの赤狩りの嵐に巻きこまれたら、かなり面倒なことになったはずだ。赤狩り以前にFBIが目をつけた人物がHUACに呼び出されたら、ことはかなり深刻になる。本人の自覚はなくとも、FBIから見ればビリーはすでにキャビネットにファイルのある立派な危険思想人物だった。知人の名前を証言する以外に、ブラックリストは避けられず、パスポートは取り上げられ、ヨーロッパ公演は実現しなかったはずだ。

一九五四年の赤い空

五四年は西海岸に住むシーラ・グラハムにとって多忙な年だった。その年、春のある朝、東部時刻で朝一〇時半、カリフォルニア時刻で七時半放映のTV番組に出演するため、スタジオに車を走らせながら、シーラはいきなり空が赤くなるのを見た。赤狩りの時代はアメリカが国内で多くの原爆実験を実施した時代でもあった。シーラが目撃したのは五一年から一〇〇回近く行われていた、ネヴァダの砂漠地帯での地上原爆実験のどれかひとつだった。

一時は彼女のゴシップ・コラムを掲載した新聞の数が、あのヘッダ・ホッパーやルエラ・パーソンズを抜いたシーラは、もうすぐ始まるテレビの新番組「ペリー・コモ・ショー」で、五分間のタレント・インタビューのコーナーを持たないかという、またとないオファーをもらっていた。しかし「今は無理」と断った。週に七本の新聞用コラムと月二回の雑誌連載、週三回のラジオ番組をこなしながら、大きな家で自分の連れ子ふたり（娘の証言によれば自分の実父はイギリス哲学者A・J・エイヤー、弟の実父は俳優ロバート・テイラーらしいという、私生活でも忙しい母だった）を育て、気難しい再婚相手との三回目の結婚を続けようとしていた。これ以上ハッスルしようとしたら、自分が空中分解しそうな状態だった。目の前のことにだけ集中してアクセルを踏むことしか、自分の命を救う手立てはない。

ウクライナからロンドンに亡命したユダヤ系仕立て屋の末娘のシーラは、中西部出身で大学を出ていたルエラ・パーソンズや、女優からゴシップ・コラムニストになったヘッダ・ホッパーなどより、ずっと厳しい家庭環境の出身だった。実の母がいるのに、貧しさから孤児院に預けられるという経験をしたマリリン・モンローに「自分も同じ境遇だった」と言えるコラムニストがいるとすれば、それは彼女だけだった。

ハリウッドでさえゴシップ・コラムニストが、それほど尊敬される職業ではないということを彼女はわかっていた、というより思い知らされていた。カリフォルニアに移り住んでいたスコット・フィッツジェラルドと、彼が亡くなる前の三年半、愛人関係だった頃、彼とは身分ちがいと、周囲から何回遠まわしに言われたことか。さっき見た原子爆弾の作った赤い空の色は、それまでに見たことのない赤だった。化粧品会社にいる知人に、秋の新作口紅に「アトミック・ルージュ」という色をすすめてみようか。ハリウッドの人気というものも、あんな風につかの間浮かんでは消えていくものなのだろう。だとしたら稼げるうちに、できる限り稼いでおかなければ。自分のためにも、ふたりの子どものためにも。

一九五四年のパルプ雑誌

赤く染まる西海岸の空の下、イリノイ州生まれ、カリフォルニア育ちのＳＦ作家がふたりいた。

「パルプ雑誌のプリンス」「SF界の哲学者」と呼ばれたフィリップ・K・ディックと、「パルプ雑誌の詩人」「中西部育ちのシュルレアリスト」と呼ばれたレイ・ブラッドベリだ。ブラッドベリにはシュルリレアリストという呼び名があったのか。

一九五四年のバークレイで、レコード店のアルバイトをやめたフィリップ・K・ディックと二番目の妻、クレオは、ネズミだらけのアパートに住み、ドッグフードの馬肉で夕食をすませる貧困に喘いでいた。そんなふたりのもとに、ある日フェドラ帽にスーツを着たFBI捜査官が訪ねてきた。礼儀正しく、知らないと言ったことに関しては、それ以上追及しない年上の男を、ふたりは無害な存在とみなし、特に警戒せずに家の中に入れて話をした。彼はアパートに遊びにくるようになり、フィル（フィリップ）がいまだに覚えていない車の運転を早く覚えたいと話すと、男は時間を作って、何回か運転の練習にまでつきあってくれた。その後彼は友人のように、ふたりのアパートに出入りしていた。ふたりがメキシコ大学で学ぶすべての費用を出す代わり、キャンパスの学生運動について報告してくれないか、というオファーを切り出すまでは。

この一四年後に刊行された、ディックの代表作、アンドロイドをしとめる賞金稼ぎを主人公にした『アンドロイドは電気羊の夢を見るか？』でも、出会い頭に相手を射殺する西部劇の賞金稼ぎとはちがい、主人公は相手がアンドロイドと確信するまで、かなりの間、行動をともにしている。

同じ頃レイ・ブラッドベリに、大学で学ぶ費用負担のオファーを出すのは一〇年遅かった。作家として食べていけるまでは、ロスアンゼルスのオリンピック通りで新聞の売り子をして、生真面目に生活費を稼いでいた彼は、この頃すでに作家として成功していた。少年時代に両親とロスアンゼルスに移り住んで以来、スクリーンでしか見たことのない映画スターたちが、通りやレッド・カーペットを優雅に歩いていくのをじかに見る機会を楽しんでいた彼は、映画の脚本にも手を染めており、つまるところ赤狩り時代のハリウッドのまっただなかにいた、SF作家の代表選手だった。

彼の持つ中西部出身者の保守性の中には「自由の身であり、白人で、二一歳になった」人間の行動に口出しをしてくる者への嫌悪（共和党のバックボーン精神）があった。彼にとっては紙の書籍こそが知の源であり、図書館とは彼の神聖な学び舎だった。生涯を通じ、彼は経営難の図書館のために、周囲にも呼びかけ献金している。五三年に刊行された、書籍の所持と読書が犯罪とされる社会を描いた『華氏451度』には、思想検閲というより本を読むことを妨害する社会に対する、作者の憤りが流れている。のちに「焚書など必要ない、本を読まない人間を作るだけで足りる」という言葉を残した彼は、五二年に怒りに満ちたこんな意見広告を、デイリー・バラエティー紙に出すくらいの経済的余裕もあり、ブラッドベリの言動はワシントンDCのFBI本部に書きとめられた。

私はこの国で許すことができない恐怖が蔓延し、カリフォルニアや他の州で、事実に基づくことなく、恐怖から生み出された脅威へのキャンペーンであふれかえっているのを、目の当たりにしている。たわごともナンセンスも、もうたくさんだ。マッカーシー、マッカラン、ニクソン、ドナルド・ジャクソン、それにスパークマンとやらが言い立てることは願い下げだ。嘘も偏見も誹謗中傷も、ほのめかしも風評も流言飛語もやめろ。差出人のわからない手紙や名を名乗らない電話は、どこからでも、誰からでもお断りだ。

二〇〇二年、ブラッドベリはハリウッドのウォーク・オブ・フェイムの星（映画部門）を獲得した。なぜそんなタイミングで？　二一世紀になって現実社会が、やっとブラッドベリの作品に追いついた、ということか。

一九五四年の高級雑誌《スリック・マガジン》

SF作家、シオドア・スタージョンは赤狩りの五〇年代に、SFは言論の自由の最後の砦である、なぜなら検閲官はSFを「読まない、理解しない、弾圧の仕方がわからない」、もしSFまで検閲できるほど高度な監視システムができたら、民主主義はあとかたもなくなる、と言っている。冗談じゃない。パルプ紙でできたジャンル小説のゲットーへ逃げこむくらいなら、誇り高く「主流派《メインストリーム》」と書いた旗をあげたまま、敵の牢獄に行く方がましだわ、と思ったのか、SFというゲットーに逃げこんできた主流派作家はひとりもいなかったようだ（あるいは別のペンネームでこっそりSF小説を書いていたか）。それでもSF作家側は、赤狩りの嵐も吶を飛ばすのにいい天気、くらいに鷹揚に構えていた。

この一九五四年は「紙質も高級《スリック》、販売部数も原稿料も桁はずれに高い」と自画自賛する『プレイボーイ』誌が「私たちの雑誌にSF小説を掲載することも、やぶさかではない」と情け深い領主のように、ゲットーの下々に城内立ち入りを解禁した年でもあった。その後実際に『プレイボーイ』にSF小説が掲載されたが、自作が掲載された最新号のピンナップと高い原稿料は喜ばれても、『プレイボーイ』に作品が載るのを出世と捉えたSF作家がいたという噂は聞かない。

これより遡ること四〇年前、シュルレアリストたちはチューリッヒのキャバレー・ヴォルテールに集って騒ぎまくり、通りの向かいにいた亡命中のレーニンの安眠をさまたげていた。潜在意識の海に素潜りする文学性を「詩」と呼ぶなら、SFとシュルレアリストは同じ漁場に素潜りする「ともかづき」の仲だ。万華鏡を回して遊んでいる子どものように、海底から掴んできたアイデアやフレーズに集中している彼らは、大して警戒を要するように見えないかもしれない。いや、危険だ。権威者の指示より自分の中に答えを求めようとする者は、いつも異端で危険だ。

「私はSF作家じゃないよ。SFとは現実世界で起こりうる話、現実世界でありえない話はファンタジー小説だ。私の書いたSF作品はただ一作品、『華氏451度』だけだ」

とブラッドベリは言った。そうか、ブラッドベリはSF作家でもシュルレアリストでもなく、ファンタジー作家だったのか。だが、彼の墓碑は「レイ・ブラッドベリ　一九二〇―二〇一二　華氏451度の作者」となっている。赤い空の下のSF作家の一撃。

エンドロールの名前探し

六年で終わったエイベルとアンのハリウッド生活だが、双六の「ふりだしに戻る」のように、ニューヨークに帰ってまた以前の生活に戻ったわけではない。ブロンクスには戻らず、マンハッタンのアッパー・ウエストサイドにアパートを借り、エイベルはフルタイムで執筆生活を続けた。ブロンクスの高校教師の暮らしとはあまりに対照的な、きらめくハリウッドの日々は、その後もエイベルに影響したのだろうか。ロバートによれば「小さな頃のことで覚えているのは、映画を見に行った時、エンドロールに出演者やスタッフの名前が出てくるや、他の観客は席を立って帰ろうとするのに、私たち一家はそのまま座っていて、ほら、あそこにだれそれの名前が、とか、見て見てこの映画にもあの人が関わってたんだ、とか名前探しを始めることだ。映画には知り合いの名前が出ているもので、それは脚本部門の人たちだった。エイベルはフランク・シナトラを知っていただろうか？　何かの機会に出会ったら「私があなたの歌った、「わたしの住む家」の作詞をしたルイス・アランです、と自己紹介したかもしれないが、その程度のものだ。知っているというより会ったことがあるくらいが正しいだろうね。ハリウッドの映画産業に関わっている人間は大勢いるが、その中で実際に雑誌の記事に取り上げられるような豪奢な暮らしをしているのは、ほんの一握りしかいない。そういう人たちと会ったりはしていないと思う。私の高校のクラスメイトから、エイベルがビリー・ホリデイやフランク・シナトラの歌を作ったことや彼らを知っているのか、興味を持たれたことはあるかって？　ない。私たちの世代はロックを聞いていたんだ。エイベルはエレクトリックな音楽はうるさがり、ロックは嫌いだった。彼も自分の若い頃に流行った音楽を生涯好むタイプだった」

千の顔を持つコメディアン

時代が過ぎた一九七〇年、ダルトン・トランボは「あの頃は皆が被害者だった」と、ブラックリスト関係者（知人の名を売った者、売られた者）の和解を促すコメントを出した。しかしそのコメントは、ブラックリスト組からハリウッドに返り咲いた中でも、一番の成功者だから言えたことだった。トランボは偽名で仕事をすることができた。ひどく安い値段で買い叩かれたとはいえ、脚本を書き、報酬を得て生き延びた。しかし現場でずっと変装しているのでない限り、監督と俳優は仕事ができなかった。ビリーと同じ一九一五年生まれで、同じくカフェ・ソサエティからスターへの道を歩み始めた、太めのコメディアン、ゼロ・モステルは五五年のＨＵＡＣの聴聞会に呼ばれて、こう証言している。

「蝶々の真似をしたいという衝動を抑えがたく、私はあのステージをつとめました」

「それでは今後は共産党にカネの流れない場所で、そのような衝動を起こしていただきたいものですな」

それでは禿げの女歌手は？　いつも同じ髪型をしています、と戯曲に書いたイヨネスコも裸足で逃げ出す不条理なセリフを交わしてひきあげたが、ゼロはブラックリストに載せられ「俺は千の顔を持つ男だが、すべての顔はブラックリストに載っている」と嘆くはめになった。その後彼はいくつかの映画と、ボルシチ・サーキットと呼ばれるユダヤ系の集まるリゾート地、キャッツキルで蝶々の真似などをして細々とコメディアンを続けていたが、一九六四年ブロードウェイの「屋根の上のヴァイオリン弾き」の主役テヴィエの役を掴み、ブロードウェイ史に残る大成功を収めた。ちなみに日本でも、このミュージカルがアメリカに次ぐロングランとなっている。

ミュージカルはショーレム・アレイヘムの短篇が原作の、ウクライナの小さな村の牛乳屋テヴィエの物語だ。昔かたぎのテヴィエは、五人（原作では七人）の娘にいい嫁入り先を望んでいるが、娘たちは自分の意志で彼の意にそまぬ相手を選んでいく。長女は仕立て屋と、次女はシベリア送りになる社会主義者と、三女は地元の青年とユダヤ教教会でなく、ロシア正教の教会で式を挙げる。生活に追われる彼だが、ふと見上げると見えるユダヤ魂の化身は、屋根の上でバランスを取りながら、頭をあげ、飄々とフィデル（ヴァイオリン）を弾いている。小さな平和もつかぬま、テヴィエの住む村のユダヤ系住民全員に、村を強制退去という命令が下り、舞台の最後は、テヴィエ一家が村を去る場面で終わる。原作にある妻ゴールデや長女の婿の病死や、恋人に捨てられた娘の入水自殺、などはなくなり、イスラエルを目指す結末は、アメリカへと変更されている。

初演のとき、ゼロがテヴィエを笑いの渦を巻き起こし、なおかつ身につまされる父親として演じなかったら、このミュージカルはもっと地味で、真面目で、つまらない話となり、この物語を身近に感じるユダヤ系の観客しか動員できなかっただろう。村を追われるラストで、観客に悲しい気持ちのまま席を立たせるか、希望を感じさせて終われるかに勝負がかかっていた（これを口すっぱく言われて、日本の初演では森繁久彌がテヴィエに抜擢されたのだろうか）。ミュージカルスター主演のコメディでは難しすぎる勝負だった。コメディアンによるミュージカル、それもゼロだったからこそ、上演三千回を超す記録やぶりの成功が生まれた。これでゼロが映画でもテヴィエを演じれば、まちがいなくアカデミー主演男優賞は彼のものになっただろう。

しかし、ハリウッドはゼロではなく、ロンドン公演でテヴィエを演じたトポルを主役にした。七二年公開のこの映画のキャスティングを企画段階で検討していたのは、六四年のアカデミー賞で、ミュージカル大作『マイ・フェア・レディ』が、オードリー・ヘップバーンを主役にした結果、主演女優賞を逃した苦い記憶がまだ新しい頃だった。『マイ・フェア・レディ』のブロードウェイ公演を二千回超えの大ヒットとした功労者は、主演のジュリー・アンドリュースだった。舞台の成功の功労者をわきにのけ、映画でほかの俳優を使ったら反感を買って、代役がどんなにいい演技をしてもアカデミー賞はもらえない（六四年の主演女優賞は、

千の顔を持つ俳優、ゼロ・モステル
(出典：Wiki Commons)

結局『メリー・ポピンズ』のジュリー・アンドリュースにこれみよがしに渡された)。それをわかっていながら、なぜゼロを使わなかったのか。ブラックリストに千の顔を載せたゼロだったからではないか。この七二年はアカデミー特別賞を、赤狩りでハリウッドを追われたチャップリンに渡した年でもあった。アカデミー特別賞を彼に手渡すのは、老齢になったチャップリンが生きている間にしなければならない、赤狩りの後始末のひとつだった。とはいえ追放された人間に、名誉回復の特別賞を渡すのに大した金はかからない。主演俳優の出演料は桁がちがう。ゼロはやめておけ。

結果としてこの年の監督、主演俳優、作品賞は残念ながら『屋根の上のバイオリン弾き』ではなく『フレンチ・コネクション』にさらわれている。確かに『フレンチ・コネクション』もいい映画ではあったが。

知人の名を言わなくとも、ブラックリストに載らなかった幸運な者もいる。二二ヶ国語に吹き替えられ、世界八〇ヶ国で放映されたホーム・コメディ「アイ・ラブ・ルーシー」のルシール・ボール。彼女は五三年に「私の祖父は、家族たるもの皆同じ政党に属するべきという考えの持ち主で、老人をなだめるために私も自分の支持政党を共産党と投票登録用紙と書きました」と聴聞会で証言し、他の人間の名は口にしなかった。棺にいつも読んでいたデイリー・ワーカー紙を入れ、埋葬されたじいちゃん。自分の祖父を売った孫娘! と激怒したアメリカ人は……ほとんどいなかったろう。いるよねえ、この手の困った頑固じじい。家父長制に右も左もない。そんなとっくの昔に亡くなった身内の話で、お茶をにごして済むと思うか! ところが彼女はこれで済んだ。長年の友人へッダ・ホッパーが「ルシール・ボールの赤いところは髪の色だけで、それすら本物じゃない」とコラムで擁護したからか、ジョン・E・フーヴァーも「アイ・ラブ・ルーシー」のファンだったためかはわからないが。

ジョシュ・ホワイトは周囲の反対を押し切り、自主的に聴聞会に出頭し、自分の身の潔白と、同じ黒人であっても俳優ポール・ロブソンと自分の政治的見解はちがうと証言した。努力もむなしく彼はブラックリスト入りしたが、彼が自ら聴聞会に出頭して意見を述べたことは、後日赤狩り側からもブラックリスト側からも批判されることになった。

ヘイゼル・スコットは知人の名前をあげた。あげた名前の中には、彼女が出演していたグリニッチ・ヴィレッジのクラブのオーナーの名前も含まれていた……そう、バーニー・ジョセフソンのことだ。

カフェ・ソサエティの閉店

カフェ・ソサエティも、赤狩りの犠牲となり閉店していた。ヘイゼル・スコットの証言のせいではない。バーニー・ジョゼフソンは、兄、レオンが四七年三月にHUACに召喚され、刑務所に送られることになったことに関し、マスコミからコメントを求められていた。聴聞会で憲法修正第一条を引いて証言拒否したことに関し、レオンは法廷侮辱罪で、罰金千ドルを支払い、一年間ミシガン州ミラン連邦刑務所に収監されたのだった。

レオンは法廷侮辱罪で刑務所に送られても、塀の中でおとなしくしているような男ではなかった。弁護士である彼は刑務所に入るやいなや、周囲の囚人の法律相談にかたっぱしから乗り始め、「かなり忙しくしている」と面会にきた妻に話している。ダルトン・トランボは刑務所生活を、それまで脚本作りで忙殺され、とりかかれずにいた小説を執筆する機会にした。転んでもただでは起きないふたりにとって、刑務所生活は仕事の枠を広げる超多忙な日々となった。苦戦を強いられたのは塀の外にいたバーニーの方だった。

オハイオ州デイトンで、黒人のための低所得者住宅建設プロジェクトに関わっていたレオンは、もともと刑務所に送られようが国外に高飛びしようが、マスコミの関心をひくこともない無名な存在だった。しかしカフェ・ソサエティのオーナーであるバーニーは、ニューヨークでは（特にゴシップ・コラムニストに）ある程度の関心をよせられる存在だった。

バーニーは、マスコミが求めていた「身内の不祥事に対する遺憾の意」を一切示さず、亡き母の教えの通り、血の繋がりのある者の立場を一貫して擁護した。するとマスコミは彼も兄と同じように「モスクワから指令を受けている」人間と解釈した。

ニューヨーク・ワールド・テレグラム紙は一面に「カフェ・ソサエティ・ブルースの赤い音《レッド・ノート》」と書き立て、（ニューヨーク・タイムズ以外の）ほとんどの新聞がカフェ・ソサエティを「危険分子の巣窟」とする記事を書いた。グリニッチ・ヴィレッジの店に加え、五八丁目の「カフェ・ソサエティ・アップタウン」の二軒になっていた店に、それまで足しげく通っていた新聞雑誌の記者は一切足を向けなくなった。FBIが店の前で誰が来店しているかをチェックしているという噂が流れ、客足はどんどん遠のいた。一九四七年一二月、アップタウン店閉店。四九年三月、グリニッチ・ヴィレッジ店も閉店。

マンハッタンの飲食店が、派手に開店してはひっそりと消えていくのは見慣れた風景で、店のオーナーも（新しい店を派手に開店するまでは）店のドアに「閉店のお知らせ」の紙を貼ってひっそりと去っていく。しかし怒りにかられたバーニーは当たり前ではないことをした。トップ・チャートで有名な週刊芸能紙『ビルボード』は、毎年年末に、その年にいい記事を書いてやった相手からのご祝儀広告を出してもらう「特別号」があり、カフェ・ソサエティも毎年特別号には半ページの広告を載せていた。アップタウン店が閉店した年、バーニーはそこに全面広告を載せた。今となってはまったく意味不明の広告だが、当時これを見た人間にはバーニーが何を言っているのか、すぐにわかった。それはほとんど白紙の一面の中央に小さな文字でこれだけが書かれていた。

「私の頭は血だらけだが、下げてはいない。バーニー・ジョゼフソン」

クッカリー開店

赤狩りのせいで閉店を余儀なくされたカフェ・ソサエティだったが、そのくらいのことで引き下がるバーニー・ジョゼフソンではなかった。次の店を出そう。

バーニーはもともとグリニッチ・ヴィレッジより、五二丁目《ザ・ストリート》界隈の華やかな雰囲気を好んでいた。一九四八年に閉店したアップタウン店の近辺に、今度は別のタイプのクラブを出そうか。しかし一一年のクラブ経営の経験を積んだとはいえ、まだ彼が五二丁目を牛耳っている、裏世界と太いパイプを持つ男たちと、互角にやっていくのは難しかった。また表に立って店のオーナーになるのは、しばらく控えた方がよさそうだった。

そんなわけでバーニーが次にオープンしたのはクラブではなく、五九丁目のブルーミンデールズ・デパートの向かい側の小さなハンバーガーショップだった。一九五一年のことだった。客席は四四席。メニューはサンドイッチと卵料理、ハンバーガーのみ。内装はちょっと凝ったアンティークの小物をあしらってはいたが、それほど目新しいところはない。しかしそこからがバーニーの真骨頂だった。彼はニューヨークで、モダン・ダンスだろうがクラシック・バレエだろうが、アルバイトで食いつないでは、苦労してダンサーへの道を目指している女性の話を、知人から聞いて知っていた。レストラン・オーナーの機嫌ひとつですぐクビになったりせず、ごく簡単な食事支度だけで済む店があったら……。バレリーナばかりが従業員のハンバーガーショップ「クッカリー」は大盛況で、客はみな「いったいどうやって、こんな若くて美しい娘を揃えることができたんだ」と不思議がった。面と向かって従業員にその疑問をぶつける客もいたが、オーナーの素姓ともども、その答えは明かされることはなかった。

一号店の成功をみて、バーニーはクッカリー二号店を五二丁目のCBSのビルの中に、そしてクッカリー三号店を、ついに元の古巣のグリニッチ・ヴィレッジに出す。一九五五年、六年ぶりの帰還だった。そこから後日もう一度ライブ・ミュージックのある、クラブ経営に戻るチャンスを掴むことになる。本人が好む好まぬにかかわらず、バーニーのホームグランドはヴィレッジだった。

残念ながら、この頃になってもFBIと見られる人間が、通りすがりの客を装って店に何回か現われた。通りすがりの客といっても、バーニーが見ればどんな人間かということは一目瞭然だった。いやがらせか？　正義の捜査官FBIがそんなことをするわけない。ただ、おまえはまだ見張られている、と知らせることで、社会の平和を脅かす悪漢どもが、妙な考えをもう一度起こそうとするのに、無言の圧力をかける効果はあるだろう。しかしバーニーはあせりも気にもしなかった。隠すべきことなど、もとからなかった。事情を知らない店員が、店に来たあやしい客のことを話しても「どうしても必要になったら自分が話をするから」放っておくようにと言って安心させた。じりじりとあせり始めたのは捜査官の方だった。赤狩りの捜査対象になった人間は、何年経ってもあきらかに捜査官とわかる男が目の前に現われると、みな幽霊でも見たように青くなったり、むき出しの敵意をみせるのに、ジョゼフソンはなぜか何の反応も示さない。彼が報告に値する新しい動向を見せるわけでもなく、訪問は実りないものに終わっていった。

何度店に現われてねばろうが、相手にしないバーニーの態度に、とうとうしびれを切らした捜査官は、ある日、ついに定められた捜査手順にない行動に出た。

「おい……おい、ジョゼフソン。俺が誰だかわかってるんだろ。おい……こっちに来いよ、ちょっと話をしようぜ」

バーニーは無視した。

跡取り息子の誕生

一九五七年、バーニーはある人生の転機を迎える。前年三度目の結婚をして、この年に長男が生まれたのだ。バーニーは生涯に四回結婚をしている。美容師のイザベル、母親の代わりに結婚を促し（「いつ私のパパになってくれるの」）連れ子となったクローディアの母、シルヴィア、自伝をまとめるのを手伝った最後の妻、テリー。しかしバーニーのふたりの息子、長男エディ（エドワード）と六一年に生まれたラッキー（ルイ）の母となったのは、三番目の妻グロリアだった。彼女はエマニュエル・H・ブロック弁護士事務所に勤めていた女性で、クッカリー三号店の上の階に家族と住んでいた。友人やクライアントからマニーと呼ばれていたブロックは、ある事件の弁護で全米に名を馳せるようになる。

五一年にシルヴィアと二回目の離婚することになったが、子どもの成長に立会い、時に甘やかす幸せは、もうクローディアが充分に与えてくれていた。それに五四歳というのは子育てを始めるには遅すぎるのでは、というためらいもあった。それでもやっと持てた息子。待望の息子。彼の遺すもののすべてを受け継ぐ「跡取り」息子！　かえすがえすも悔やまれるのは、亡くなった自分の母に孫の顔を見せてやれなかったことだった。ユダヤ系の息子にとって、母親に自分が社会的に成功した姿（つまり医者か大金持ち）を見せることの次に重要なのが「孫の男子を見せてやる」ことなのだ。ただし六人兄弟の末っ子に生まれ、すでに大きい甥が何人もいるバーニーには、実際のところ、ほとんどその圧力はかからなかった。息子ができた時から、バーニーの頭には今までにはなかった、新しい考えが芽生えていた。金を蓄える。財産を遺す。

ユダヤ系移民がアメリカという新天地で、開店資金が貯まり次第始める「母ちゃん父ちゃん商店《マム・アンド・パップ・ショップ》」の主な目的は「言葉もマナーもアメリカ流」に育った子どもに、稼ぎのいい専門職に就かせるための進学資金稼ぎだ。店を大きくしたり、存続させることが目的ではない。このやり方はアジア系にもなじみ深く、韓国系移民もしっかりやっている。親は八百屋、子はＭＢＡ持ちの高給取り。

もともと五〇代という年齢は体力・気力が下り坂になり、新しいことにチャレンジするより「残された人生の時間を穏やかに過ごす」守りの姿勢になっていく人間が多い。六五歳の誕生日を迎えたらどこか暖かい土地で引退生活を送るか。そこに登場したふたりの息子の存在は、バーニーの人生設計に何トンもの重石を載せた。まずふたり分の大学進学資金、そして彼らに金を遺すにはどうしたらいい？　生きて孫の顔を見られるかもしれない。おじいちゃん《ザイデ》というものは、いつも賢くお金を遺してから天国へと旅立つものだ。

バーニーは弁護士のアドバイスで店の権利を、グロリアと息子ふたりに（成人になるまで信託の形で）移し、相続の時に困らないようにした。店の経営者はバーニーのままだが、グロリアも実際に店にも出て、経営に積極的に関わってきた。この家族経営方式が、息子ふたりが成人になり、バーニーがグロリアと離婚となった時、店の所有権を失う原因になるとは、その頃のバーニーには想像できなかった。

ローゼンバーグ事件

同じニューヨークで息子ふたりを授かり、彼らにいい教育を受けさせる期待に燃えながらも、赤狩りの時代の酷い運命に巻きこまれたユダヤ系の夫婦もいた。

二〇世紀のユダヤ系の人物で、世界的に名前を知られた一〇〇人を選ぶとすると、本当に錚々たる人物が並ぶだろうが、この夫婦の名前も一〇〇人の中に入るだろうか。日本人にもその名は聞き覚えがある。ジュリアスとエセル・ローゼンバーグ。ソヴィエトのスパイとされ、原子爆弾の設計図をソヴィエトに渡した容疑で、死刑になったローゼンバーグ夫妻だ。民間人でスパイ罪のため死刑になったのは、いまだにアメリカ裁判史上この夫妻だけだ。

ジュリアスは一九一八年五月一二日に、エセルは（ビリー・ホリデイと同じ年の）一九一五年九月二八日にともにニューヨークに生まれている。ふたりは三六年のクリスマス・パーティで出会い、三九年に結婚。四三年に長男、四七年に次男が生まれる。夫婦と数人の従業員のみの小さな会社を経営しながら、マンハッタンのローワー・イーストサイドで暮らしていた。そして、ある日刑事が訪れた。一九五〇年七月一八日、ジュリアス逮捕。八月一二日、エセル逮捕。エセルの弟が関わった原子爆弾製造の図面情報を、ソヴィエトに渡したという容疑だった。

ジュリアスはシティ・カレッジで学んでいた頃、大学から近いハーレムの一二五丁目の薬局でアルバイトをしていた。ビリーがまだかなり太っていて、アップタウン（ハーレム）だけで歌っていた頃だ。店の場所を言えば「ああ、そういえばあのへんに薬局があったわね」と思い出しただろう。マルコムXが「黒人街で高い値段をつけて安ものを売りつけ、稼いだ金をバスケットに入れて、自分の住む街に持って帰る白人経営者」と批判していたような、黒人街にある白人経営者の店だ。

ジュリアス＆エセル・ローゼンバーグ（出典：Library of Congress）

ある晩ジュリアスが店にいた時、レノックス通りでバスが通行人をはね、負傷者が店に運びこまれた。すぐに救急車を呼んだが出血はひどく、救急車の到着が遅れるうちに負傷者は店の床で死んだ。どの都市でも黒人コミュニティに救急車が到着するのは、他の地域よりずっと遅れる（そのため黒人街で銃撃負傷者があった時は、救急電話911に「警官が撃たれた」と通報しろ、という意見がある。警官《ブルー・ユニフォーム》が負傷したと聞いたら、救急車は羽根が生えたように、すっ飛んでくる)。亡くなった負傷者の血で汚れた床を、モップで掃除しながら、ジュリアスは米国国内で一番リベラルと信じられているニューヨークでさえ、黒人の身にはどんなことが起きるか、寒い思いで知らされた。

後日ジュリアスの弁護を担当したユダヤ系弁護士はトレントン・シックス事件、バーニーの故郷で起きた、黒人六人の強盗殺人事件の裁判の弁護団にいた人物だった。ジュリアスも大学時代にスコッツボロ事件、アラバマで起きた白人女性に対する強姦の罪で黒人九人が死刑判決を受けた裁判の抗議運動に関わっており、ふたりともアメリカの司法制度のもとでは、人種や民族に対する偏見からどれほど簡単に無実の人間が死刑になるか知っていた。ジュリアスはシンシン刑務所に移送される前の拘置所で、ミシシッピ州で起きた白人女性強姦事件の黒人容疑者、ウィリー・マックギーが死刑執行になったというニュースを聞き、悲嘆にくれている。

この頃のミシシッピ州には死刑執行をする各刑務所に電気椅子は備えつけられておらず、州都に保管された移動式電気椅子を、刑執行の各刑務所に貸し出していた。その電気椅子は「旅する電気椅子《トラベリング・エレクトリック・チェア》」と、まるで愛らしいミュージカルの主役のように呼ばれていた。

オールド・スパーキー

最初の死刑判決が出たあと、まずエセルが死刑囚房のあるシンシン刑務所に送られ、ひと月後にジュリアスも続いた。ニューヨーク州は一八九〇年に死刑執行を、非人道的な絞首刑から、もっと苦しみの少ない「人道的な執行法」に、と電気椅子に変更していた。

アメリカでは古くは東部セイラムの魔女裁判から、西部は真昼の決斗の行われる開拓地まで、多くの目撃者（というよりもわくわくしている見物人）の前で絞首刑は執行されていた。そのため絞首刑は、死に至るまでかなり時間のかかることもあるということを、秘密にしておくことはできなかった。それに比べれば電気椅子は「あっという間の死」をもたらすことができる。日本で現在も行われている絞首刑が、実際にどのようなものか知っている立会刑務官は、情報守秘義務のため何も言えない。情報公開されればたちまち反対運動が起こって廃止される残虐行為も、外部に情報が流れずにいれば継続される。

ニューヨーク州の電気椅子死刑執行廃止の一九六五年までの七五年間に、六九五名が電気椅子によって処刑されたが、そのうちの六一四名がシンシン刑務所での執行だった。一八九〇年八月六日にウィリアム・ケムラーという囚人が、シンシンでの電気椅子処刑の名誉ある第一号となり、翌年（和暦の明治二四年）の七月七日というごく初期の時代に、ムラカミという同僚をナイフで殺害した日本人漁船員、シブヤ・ジュウジロウが、電気椅子で刑を執行されたことを知る日本人は少ない。

この執行方法がまだ非人道的であり、より苦しみの少ない方法をという理由で、一九二四年からいくつかの州でガス室での死刑も実施され始めた。

「いいか、ガスが出始めたら、思いっきり深く息を吸いこめ。そうすれば苦しい思いをせず、すぐに死ねるんだ」

リングにあがるボクサーにかけるような声援を背に、死刑囚は窓がついた八角型の装置の中に入り、椅子に固定される。『海底二万哩』に出てくる潜水室を思わせるガス室、「緑の小部屋」の刑執行を窓ごしに見ている立会人が、死刑囚が息を止めてガスを吸いこむまいとしていると知った時、どのように取り乱すか、あまり情報は外部に公表されていない。

「畜生《ダム》、あのバカ、息を止めやがった！」

息を止められるだけ止めた死刑囚が、ついにガスを吸いこむと、かなり長い間悶え苦しんで死ぬ。こんな方法が電気椅子より人道的とは到底思えないが、なぜか東海岸と南部の州では電気椅子を人道的とし、カリフォルニアを含む西海岸の州はガス室を選んだ。

現在も死刑執行のあるアメリカの州では本人に死刑の方法を選ばせるが、何人かは薬物注射ではなく、電気椅子を選ぶ。たまに薬物注射がうまく効かず、長い間悶え苦しむケースがあったからだ。電気椅子はとにかく仕事が早い。州によって薬物注射以外に、アラカルトと呼びたい死のメニューがご用意されている。電気椅子、ガス室、絞首刑、銃殺。

住みこみの召使いのように、死の家《デス・ハウス》で、こつこつ働く電気椅子は、いくつかの州で「パチパチじいさん《オールド・スパーキー》」というニックネームで呼ばれていた。刑の執行には刑務官や医師以外に、新聞記者が立ち会うこともあり、ショーのようでもあった。ローゼンバーグ夫妻の死刑執行には全米が注目しており、執行の様子は、事細かに報道された。

アメリカで重罪を犯した被告で死刑判決になった者の内訳を見ると、そこにはかなりの偏りがみられる。同程度の犯罪を犯しても、白人と黒人では黒人の方が、男性と女性では男性の方が、圧倒的に死刑判決を受ける確率が多い。また最高額の弁護士を雇える資産を持つ被告が、死刑判決を受けることはまずない。マフィアもボス・クラスで死刑になったのは、ユダヤ系マフィアのルイ・(ルプケ)・バカルターひとりだけで、イタリア系マフィアは実際に手を下す下っ端、実動部隊までしか死刑になったことはない。民族への偏見も大きかった。イタリア系ならマフィア、ユダヤ系ならアカに決まってる。有罪! 有罪!

夫妻がシンシン刑務所にいた二年間で、ジュリアスがいた男性囚人房では、メンバーがかなり入れ替わっている。つまりそれだけ死刑が執行されたということだが、女性囚人房ではエセルはずっとひとりだった。

一貫して容疑を否認し続けたジュリアスとエセルが、法廷でも弁護士への書簡でも繰り返し訴えたのは、ユダヤ系だからと最初から有罪と結論を出されることなく、アメリカ合衆国市民の権利として「公正な裁判」を受けたいという一点だった。「情けをかけてほしいと願ったことは一度もない」とジュリアスははっきり言っている。手続きも刑の重さも、公平なものを願った。それに対し司法側は、判決前も死刑判決後も同じ要求を繰り返した。

「自分がソヴィエトのスパイだったと事実を認めろ。スパイだったと証言すれば、死刑だけはまぬがれることができる」

死刑に値する重い罪が、スパイだと認めるだけで終身刑になるなら、随分大きな譲歩ではないか。この「スパイだったと認めれば命だけは」というメッセージは、特にエセルに向けられ、彼女は死刑執行のぎりぎり数分前まで聞かされていた。夫がスパイと証言すれば、あなたは生きてお子さんのところに戻れるんですよ。

「エセル、あなたはセイラムの魔女裁判を知っているでしょう。魔女の嫌疑をかけられた二〇〇人のうちで、実際死刑になったのは自分は魔女ではないと嫌疑を認めなかった一九人だけなんですよ」と弁護士はエセルに、今彼女が本当の危機にあることを言わなかったか。

愛は死をこえて

ふたりはシンシン刑務所で二年あまりを過ごすが、最後の一年間、ジュリアスが死刑囚棟西一号房に収監されてからは、ふたりの独房はほんの一〇メートルほどしか離れていなかった。どちらかが部屋を出て看守と廊下を移動する時、ドアが閉まる音とともに声が聞こえることもあった。ふたりが直接会話できる機会も週に一度あったが、あとは紙飛行機でも飛ばせそうなほど近くにいる相手に、手紙で意思を伝えることとなった。ジュリアスの逮捕から死刑までの、三年弱にわたる拘留生活で書かれた手紙はかなりの量になった。

死刑執行後、検閲スタンプの押された夫婦間の手紙は書簡集『ザ・ローゼンバーグ・レターズ』

というタイトルをつけてアメリカで刊行され、日本では死刑から半年後の一二月、光文社から翻訳版が刊行された。この本はその後十数ヶ国語に翻訳され、世界中で読まれたが、翻訳出版は日本が一番早かった。異例の早さの出版には、この本が当たるとみた版元の思惑が見える（光文社はその三年前、母子の書簡集、波多野勤子の『少年期――母と子の四年間の記録』でベストセラーを当てていた）。読みはみごとに当たり、ローゼンバーグ書簡集は日本でベストセラーとなった。『愛は死をこえて――ローゼンバーグの手紙』（邦題）は最初のページに「この書籍の版権使用の印税はふたりの遺児の養育資金にあてられます」と書かれている。当時の日本の読者は、自分の支払った代金のいくばくかでも、幼い兄弟に届いたと信じていたのだろうか。

ミシシッピ州で死刑になったウィリー・マックギーは、家族に短い手紙を残しただけだったが、別の形でベストセラーを作った。彼の事件をモデルとしてハーパー・リーが書いた小説『アラバマ物語』はベストセラーとなり、映画化もされた。一九六二年グレゴリー・ペックは、この映画で念願のアカデミー主演男優賞を受ける。世間の注目と金は、マックギーの遺族より、ハーパー・リーと『アラバマ物語』に流れていった。黒人コミュニティで、マックギー裁判のことが忘れられることはけしてなかったが、アメリカのマスコミはこの事件について、徐々に取り上げなくなっていった。

忘れられたようなこの事件にもひとつ後日譚がある。マックギーの孫娘のブリジット・マックギー・ロビンソンは、子どもの頃そうじをしていて、母がベッドのマットレスの下に隠していた大封筒に、五〇年前の新聞記事の切り抜きが入っているのを見つけた。しかし母はそれを彼女からひったくり、それが誰なのか、何の新聞記事なのかを話すことをこばんだ。成人後、どうしても自分の祖父に起きたことを知りたいと思ったブリジットは、粘り強く記録にあたり、ついにまだ高齢で生存していた何人かの関係者と、刑執行に使用された電気椅子を見つけることに成功した。「旅する電気椅子」は役目を終え、まったく忘れ去られた存在となっていた。ブリジッドが見つけた時、それはソフトボールの優勝トロフィーと一緒に、ミシシッピ司法研修所の片隅に埃まみれになっていた。

ローゼンバーグ夫妻は一九五三年六月一九日に処刑されるが、当初の執行予定日は一八日で、それは夫妻の結婚記念日だった。夫婦ともに同罪で死刑、それも結婚記念日に執行というのはアメリカでも前代未聞で、冤罪と信じる者には政府の残酷さを、「アトミック・スパイに死を」と信じる者には、行きつけのバーで吹聴したい小気味よさを印象づけた。

わたしの住む家

エセルは死刑囚棟のラジオでフランク・シナトラの歌う「わたしの住む家」を聞き、心を和ませている。明るいメロディーの歌の出だしはこんな具合だ。アメリカと言われて何を思うって？　名前、地図、ひるがえる旗とかデモクラシーという言葉かな。

そのあと歌は「わたしの住む家」から始まり、通りを行く人々が気さくにあいさつを交わし、人々が建国以来の夢、アメリカという名の夢を育む様子が綴られる。そこには「あらゆる人種と宗教の人々」がおり「思っていることを発言できる」ところなのだ。

今から見ると、こんなボーイスカウトがジャンボリーで歌うのに似つかわしいような内容の歌を、五二丁目のクラブの帝王フランク・シナトラが歌っていたとは、にわかに信じがたい。しかしこの歌はアメリカで愛され続け、建国二〇〇年祭の時、でっぷりと太ったシナトラはニューヨークの移民が入国手続きをするエリス島でこの歌を歌い、大喝采を浴びている。この歌を作詞したのが「奇妙な果実」と同じ作詞者と、当時どれほどの人が気づいていたのか。ジョシュ・ホワイトは、第二次世界大戦後に親善コンサートでヨーロッパをまわった時「奇妙な果実を！　奇妙な果実を！」と聴衆にリクエストされ「私は母から他人様《ひとさま》に身内の恥を晒してはいけない、と言われて育ちました。だからその歌は今日歌いませんが、代わりに同じ作者の歌を披露します」と言ってこの歌を歌った。エイベルは、フランク・シナトラを主演に、この歌と同じ題名の一〇分の短篇映画の脚本も書いている。後日「この歌を作った時、あなたは本当にアメリカがこの歌のようなところだと思っていたのか」と訊かれ、エイベルはこう答えた。

「この歌はアメリカという国家の青焼き《ブループリント》（設計図のコピー）を描いたものではない。アメリカはこうあるべきであり、こうなることができるという歌だ」

エセルは詩を作る女性で、ジュリアスは妻を「シンシンの桂冠詩人《ポエット・ロリエ》」と呼んでいる。エセルの才能を受け継いでか、刑務所での初めての誕生日を迎えた父に、八歳の長男が送った自作の二行詩はまるで俳句のようだ。カードに描かれた湖に浮かぶ帆船の下に、彼はこう書き添えていた。「そよ風がふいている　僕のやさしいことばがながれている（ザ・メリー・ウィンド・イズ・ブローイング／マイ・ラブリー・ワーズ・アー・フローイング）」遠き帆へ吹けよたよりの風五月。

教育熱心な親にもれず、エセルは息子ふたりに、読書好きな子になってほしいと思っていた。夫妻の最後のクリスマスとなった五二年の冬、彼女は弁護士に三冊の本を指定し、子どものクリスマス・プレゼントとして渡してほしい、と頼んでいる。詩人に似合わない残念な選択。クリスマスに、教育的良書をもらって喜ぶ子どもなどいないのに。

ウォルター・ウィンチェルは五一年七月の独立記念日のコラムに、ローゼンバーグのことを書きたてている。全米の新聞に掲載される人気コラムは、時に世論を動かす影響力があるが、ウィンチェルは相手が死刑執行を待つ身でも、容赦なく舌鋒をふるった。

「現在、死刑囚監獄にいるアトミック・スパイのジュリアス・ローゼンバーグは「二、三年生きのびれば、ソヴィエトの飛行士に救われるだろう」と看守に語った」

これを知ったジュリアスは、刑務所長に抗議の書簡を出したが「看守の誰も新聞記者にそのような情報を提供しておらず、私の知る限り、あなたがそんなことを述べたことはない」という返書を受け取ることしかできなかった。

五三年二月、死刑執行の四ヶ月前に、今度は（ウィンチェルと同じユダヤ系の）人気コラムニスト、レオナード・ライオンズがこう書いている。

「ジュリアスがユダヤ教導師《ラビ》を「資本主義国家の道具だ」として拒否している」

ジュリアスの父は組合運動のリーダーだった。ジュリアスが自分の会社を立ち上げたのも、組合運動で解雇されたことが大きく関わっていたから、ローゼンバーグ家は二代にわたる組合運動家の家ともいえる。ローワー・イーストサイドで石を投げれば当たると言われるほど多かったユダヤ系組合運動家の、宗教との距離のとり方は人それぞれだった。信仰と政治の双方に熱心な者、きっぱりと教会との関わりを断つ者、ご馳走をたらふく食べられる年三回の大祭だけ、アルカセルツァー（胃薬）を携えて親戚縁者の集まるテーブルにつく者。同じローワー・イーストサイド育ちのユダヤ系のライオンズが、そのへんの事情を知らないわけはない。それなのに裏を取ることもなく、ただ「神を恐れぬソヴィエトのスパイ」のイメージをふくらませて書きたてるというのは、ジャーナリストではなく、フィクション・ライターの仕事だ。正統派ユダヤ教のジュリアスの父は、信仰にも熱心なタイプだったので、ジュリアスは定期的にシンシン刑務所に訪れるラビに、父の命日のミサで一灯をあげてもらいたいと頼んでいる。

アメリカの新聞・出版界にユダヤ系の人脈が少なくないのなら、ローゼンバーグ事件ではマスコミを味方にしやすかったように思えるが、実際にはそうはならなかった。デウィット高をエイベルより七年後に卒業したユダヤ系裁判長アーヴィン・カウフマンが、ふたりに死刑判決を言い渡して以来、ユダヤ系の各団体や教会は自分たちにまで火の粉がふりかからないように、ローゼンバーグ事件から距離をおいている組織がほとんどだった。死刑執行後、ふたりの葬儀を引き受けるユダヤ教教会はローワー・イーストサイドにひとつもなく、最終的にブルックリンのチャーチ・アベニューにある教会が引き受けた。墓地の購入もふたりの名を出したら拒否されるため、ロングアイランドのウェルウッド墓地に別人名義で購入した。結局埋葬式に参加し、墓穴の横でふたつの棺が降ろされるのを見ていた親族は、倒れないように弁護士に付き添われているジュリアスの母ソフィーひとりだった。

ふたりの刑執行から半年後、もうひとり死者が出た。過労とストレスが原因か、夫妻の弁護士が心臓麻痺のため、自宅で倒れ亡くなった。ジュリアスとエセルは彼に自分たちの亡き後は遺された幼い兄弟を、世間の攻撃から守ってほしいと嘆願しながら死んでいった。夫妻が刑務所にいる頃から、兄弟への攻撃は始まっていた。ふたりがシンシンに送られた後、祖母が体調を崩して孫の世話をできなくなり、幼い兄弟はニュージャージー州に住む知人、バック家に預けられていた。兄弟がその家から地元のトムズ・リヴァー小学校に通おうとしたところ、同級生の保護者たちから反対運動が起こった。アトミック・スパイの子どもと同じ学校に通うのは、我が子を悪影響に晒すことになる、という言い分だった。子どもたちに同情をよせる人たちもいたが、世間の攻撃は子どもたちにも向けられた。夫妻を死刑から救うことのできなかった弁護士は、せめて遺児ふたりを守ろうとして死に物狂いだった。

金曜日の日没

死刑執行当日の金曜日、東海岸から西海岸まで、全米がローゼンバーグ夫妻の刑執行があるか、固唾をのんで待っていた。刑務所にはホワイトハウスとのホットラインがあり、最後の最後に大統領から執行停止命令が降りる可能性は、まだあった。弁護士はワシントンDCで、当日の執行停止命令を得るために最後の訴えをしていた。

シンシン刑務所の死刑は木曜日深夜に執行されることが多かった。それが一九日の金曜日となり、ユダヤ教の安息日が始まる金曜日の日没より前に、刑は執行されるといううわさだった。ニューヨークの日没時刻は夜八時半。東部時間帯の二〇時は、西部時間帯のカリフォルニアの一七時だった。ブラックリストに載せられたハリウッド関係者は、その日の午後、誰かのオフィスか自宅に集まり、いつ流れてくるかわからない臨時ニュースを聞き逃すまいと、ラジオをつけっぱなしにして待っていた。この時代になっても、速報を待つアメリカ国民がスイッチをひねるのはテレビではなく、ラジオだった。

息子たちの預けられていたニュージャージーのバック家では、大人はラジオのある部屋に待機していたが、子どもたちが直接ニュースを耳にしないように「しばらく外で遊んでいなさい」と外に出した。兄弟は家のガレージの前でボール遊びを始めた。

東部時刻の二〇時、ラジオが番組を中断し死刑執行の臨時ニュースを放送した時、まだ夕日に照らされて黄色く染まったコンクリートの上では、奇妙に長く伸びたふたりの子どもの影が、ボールのあとを追って走っていた。

一〇歳になっていた兄は両親がどうなったか、理解していた。しかし弟は六歳になっていたが、まだ事情がわかっていなかった。バック家の人間は兄に、子どもにはかなり酷なことを命じた。「ロビーはまだ何もわかっていないから、お父さんとお母さんが死んだという話はしちゃだめ」

兄はひとりでじっと耐えていたが、何週間か後に弟に「ねえ、今週はお父さんとお母さんに会いに行けるの」としつこく聞かれた時、とうとう爆発してしまった。

「ふたりとも死んでしまったんだよ。だから、もう会えないんだ!」

面会室のチョコレート

ローゼンバーグ事件が冤罪だったかどうかは、いまだに論議に決着がついていない。またこれからも、夫婦ともに死刑を宣告され、手紙という形で連絡をとりあった死刑囚の書簡集が出版されるかもしれない。それでも死刑囚房にいる親が、子どもに対して何ができるかに関して、『ザ・ローゼンバーグ・レターズ』を超えるものは当分現われないだろう。夫妻の書簡集を注意深く読めば、刑務所で死刑を待つ間も、親には子に対してできることがたくさんあり、その具体的な方法を学ぶことができる。

スパイ容疑で幼い子どもを残し、シンシン刑務所で死刑を待つユダヤ系夫婦。これがサイレント映画なら、ヴァイオリンが悲しい旋律をクレッシェンドで奏で、コマ送りの早いモノクロ画面では、夫妻が独房で体操でもしているように腕を突き上げながら、絶望の表情で天井を仰ぎ、次のコマで花文字の字幕が出るところだ。「神よ！」

しかし夫妻は息子たちに、サイレント映画の主人公のように悲歎にくれる両親ではなく、裁判に対し自分のするべきことをして、あとはジュリアスがもらった誕生日カードの帆船のように泰然と過ごしている姿を覚えていてほしい、と望んでいた。

書簡には明るい記述も思いのほか多い。死刑囚棟の面会室で子どもがどれほど元気に騒ぎまわれるか、ふたりが書き残さなかったら永遠にわからなかったはずだ。子どもふたりに「遊んで遊んで」とせがまれ、看守は困っていた。おじさん、今仕事中だから遊べないんだよ。ソフィーばあちゃんだって負けてはいない。面会で息子と会うと開口一番「エセルはとってもきれいだったよ。おまえによろしくって」一年以上死刑囚房にいる息子にとって、同じ死刑囚である妻が今きれいかどうかなど、どうでもいいのではないか？　どうでもよくない。それがわかるからこその言葉だ。やるね、ばあちゃん《グラニー》。

日本とちがい、基本的にアメリカの拘置所、刑務所では、子どもとの面会は隔たりのない部屋で許可される。食べ物の持ちこみもでき、ジュリアスはバナナとチョコレートをおやつに用意した。面会はいつも最初に母エセル、母が面会室を退出したあとに、父ジュリアスだった。初めての面会は会えなくなってから一年ぶりに会えた両親に、抱きついて泣きじゃくるばかりでも、二回目ともなるともう場に慣れたいたずら小僧たちは、父が入室する前に机の下に隠れ、びっくりさせてやろうと企む。

「あれえ……おかしいなあ。たしかにこの部屋で、ふたりが待っているはずなんだけど……いない。どこに行ったんだろう……あれえ……」

ジュリアスが本当に困ったような声を出すと、弟の方がついこらえきれず、くすくす笑い出してしまった。ふたりの子どもは大声で笑いながら机の下から這い出して、父に飛びついてきた。少年ふたりが体当たりをするように飛びつくと、前回には感じられなかった体の重さと勢いが感じられた。

窓の外からはハドソン川の潮の匂いがし、時折遠くからのんびりと、カモメの鳴き声や艀舟のホイッスルが聞こえてくる。面会室の窓からも空にカモメが飛んでいるのが見える瞬間があり、ジュリアスは息子ふたりを代わりばんこに持ち上げては窓の外を見せた。兄は絵を描くのが好きで、父に肩車をしてもらったり、しばらく遊んで満足すると「絵を描く」と言って船の絵を鉛筆で描いていた。ひとりに一つずつ用意したチョコレートは、ちょっと目をはなした隙に、弟がふたつとも食べてしまった。

父のひざの上で弟は上下させられ、兄が一心不乱に紙に鉛筆を走らせる音だけが聞こえる室内には、ひとときではあったが親子の平和な時間が流れていた。

夫婦はともに子どもに対して、余命短い病人が子どもに接するのと同じような態度で接している。①子どもに隠し事はしない。短いわかりやすい言葉で、事実を説明する。②質問してきた時が答えるベストタイミング。先回りして何か説明したり、答えるのをあとに延ばしたりしない。③子どもが感情的になったり、思ったことを言っても許されると思える落ち着きを親が持ち、最大限一緒の時を楽しむ。

エセルはジュリアスへの手紙で、子どもたちに聞かれたら「刑執行というのは、痛みのない電気を使う」「通りを歩いていて、いきなり車にはねられるかもしれないけれど、そんなことでずっとびくびくしている人はいないでしょ。それと同じように、死刑になるかもしれないといって、ずっと心配なんかしていない」と説明するつもりでいると書いている。実際、ジュリアスは長男に「この建物のなかに電気椅子があるの?」と訊かれ「あるよ」とあっさり答えている。「僕、大きくなったら弁護士になって、お父さんの事件でお父さんを助けるよ」と言われても「お父さんもお母さんもそんなに長く待ってはいないよ、ふたりが大きくなる間、ずっと一緒に暮らしたいからね」とやさしく安心させている。

夫婦の連携も重要だった。何といってもまだ幼稚園に行く年頃の弟は聞き分けがなく、一度母にしがみつくと「じゃあ、次はお兄ちゃんもだっこさせてちょうだい」と代わるように促されてもひざから降りなかったり、母を独り占めしたがることが多々あった。あとに面会する父は、母との面会時間で我慢させられることがよくあった兄に対し、そのねぎらいと「赤ちゃんなんかにはできない」おとな同士の会話をするように配慮した。そのうちチェスもしような。母ができるかぎりふたりの気持ちを癒して落ち着かせ、父は家にいた時と同じように三人で楽しく遊ぶ。兄が裁判について質問することがあれば、ジュリアスはできる限り丁寧に答えていった。しかし子どもの質問というのは冷や汗ものに鋭く、隠すつもりはなくても答えにつまった時は、弁護士が「それはおじさんの専門だ。帰りにゆっくり説明しようね」と言って父の面子がつぶれないように助け船を出した。

しっかり者の兄だが夜中にひとりでは怖くてトイレに行けず、祖母を起こしてついていかせるため、一度起きると寝つきの悪い祖母が困っている、という手紙の三ヶ月あとには、ふたりが夏のキャンプに行って楽しく過ごしているが「ソフィーばあちゃんが自分たちに会えなくてさびしがらないように、週に一回電話をかけて声を聞かせてやっている」と祖母を保護する配慮を見せたというニュースに変わっている。ジェイムズ、ジェイムズ、モリスン、モリスン、ウェザビー、ジョージ、デュプリー——。いつも庇護されている子どもが、少し成長していっぱしに誰かを庇護する役を担おうとすると、親は吹き出してしまう。でもそれはうれしい瞬間だ。うれしいニュースも頻繁なら、小さな心配も尽きなかった。耳鼻科や眼科の心配、身長も体重も順調に伸びているか、近所に遊び相手はいるか、ピアノを習わせることができないか。困難な状況の中でも、夫婦の気になることは、ごく一般的なことだった。兄弟が一緒にいて互いに助け合っていることは、何より心強かった。

ジュリアスは、最高裁での判決を前に、弁護士との面会に備え、相談点を整理しなければならないのに、ワールド・シリーズの試合が気になって進まない、と書いている。最高裁判決目前なのにワールド・シリーズ？　いいかげんにしろ。死刑囚房には各房まで音が届くラジオがあり、放送を聞くことができた。前年ブルックリン・ドジャーズにいたジャッキー・ロビンソンがホームランを打った時は、囚人も看守も大騒ぎだ（日本でも二〇人以上の死刑囚のいる西方方面某拘置所で、某野球チームが試合で勝った夜は、歓声やご当地の風の歌の大合唱が拘置所内にこだましているのだろうか）。これは現在ワールドカップの試合当日、全世界の死刑囚房にも見られる反応なのかもしれない。

死刑執行の恐怖がなくとも、刑務所という閉鎖空間に長期収監されているだけで、人の精神状態が悪化していくことは間違いない。実際に五二年の夏エセルの手紙はひと月近く途絶えている。夫妻の最後の夏だった。だからといって、死刑囚がいつも悲痛にくれ、うつ状態になっているというわけではない。エセルも「今度の若い女性看守はとっても楽しい人で、朝から女性房には笑い声が響いています」と書いている時もあった。

死刑囚房で耐えなければならない重大課題のひとつが「暇で暇で、いったいこの暇な時間をどうやってつぶしたらいいか」ということだ。ジュリアスは隣の房の死刑囚と駒の動きを壁ごしに知らせあい、チェスをしている。女性には編み物が人気で、エセルはニューヨークの拘置所にいた時はセーターを編んでいたが、死刑囚房では金属性のもの、鏡のように割れたり、とがって身体を傷つける危険があるものは持ちこみ禁止で、編み棒を手にすることはできなかった。死刑囚にとって「自分に残された時間はあまりない」と思うことと「何もすることがなくて暇。どうすれば夕食までの時間が早く過ぎるか」ということは矛盾しない。死刑囚房で暇つぶし《キル・タイム》は重要事項だ。

ヴェノナ文書

ローゼンバーグ裁判に関しては一九九〇年代以降、大きな動きがふたつ起きた。ひとつはアメリカで解読されたソヴィエトの「ヴェノナ文書」の登場だ。この文書の情報量は膨大で、全体としてどの程度の信憑性があるかは、今後の歴史学者の研究を待つしかない。FBI、CIAなどのアメリカ側の文書が情報公開されても、それはあくまでそれらの機関にあがってきた報告と見解を示す文書で、すべて事実とみなすことができないのと同じだ。しかしそれは翻せば自説の正しさを裏づける「おいしいところだけつまんで」引用するには、使い勝手のいい文書でもある。

ヴェノナ文書の中で、ソヴィエトとのつながりを固く否定していたジュリアスの名が、エセルの弟夫婦とともにスパイのリストに入っていた。ジュリアスのコードネームは「アンテナ」と「リベラル」だった。エセルのコードネームはない。

遺児たちにとってもっと衝撃的だったのは、同じスパイ容疑で一八年服役していたモートン・ソベルが、二〇〇八年九月、長年の証言を覆し「自分もジュリアスもソヴィエトのスパイだった」と証言したことだった。ローゼンバーグ夫妻の死刑執行から半世紀以上立ち、ジュリアスより一歳年上のソベルは、この時九一歳になっていた。この証言に対し、彼を長年知る兄は「モーティーには今更虚偽の証言をしなければならない理由はない。彼が本当にそう言ったならそれが真実だろう」と言っている。

この証言に比べると裁判後、一度も顔を合わせたことのない母の弟、デイヴィッド・グリーングラスが二〇〇一年にテレビ番組「60ミニッツⅡ」で「妻のルースをかばうため、姉のエセルが原子爆弾の情報をタイプしたと証言した。しょうがないだろう。妻は姉より大切だった。自分の子どもの母親なんだから」と虚偽を認める証言をしたことは、それほどの驚きではなかっただろう。グレネルと改名することで過去と決別していたグリーングラスは、二〇一四年七月に亡くなったが、ニューヨーク・タイムズ紙がデイヴィッドの入居していた介護施設に連絡を取る一〇月まで、息子と娘はその死をマスコミに知られないようにしていた。

集団でひとつの事件に関与していた場合、その中でどの行為、どの役割を実行したのかによって罪の重さがちがう。クラウス・フック、アラン・メイ、ハリー・ゴールド、アルフレッド・スラック、デイヴィッド・グリーングラス、モートン・ソベル。こいつら全員死刑にしろよ、と主張する人たちもいただろうが、原子爆弾設計図のソヴィエトへの情報提供に関与したとして起訴された彼らは、最高でも服役三〇年（実際には二〇年以下で出所）、終身刑になった人間すらいない。その中でジュリアスとエセルが実際に事件に関与していたのなら、どの役割をもって夫妻だけが死刑に値するかの妥当性が問われる。困ったことに夫妻の有罪を支持する側もしない側も論議の場で、ふたりの「具体的にどの行為が死刑に値する」と裁判で判断されたのかを、明確にしない。それなしには論議をスタートすることもできない。

赤狩りの時代「夫婦ともに」処分を受けるという現象が往々にして起こり、その「親族道連れ刑」の最悪例がローゼンバーグ夫妻だ。刑は個人の行為に対して処すもので、配偶者や家族まで道連れ処刑というのは、立憲国家の裁判ではない。エセルがやったとされた役割が弟の妻ルース、あるいは別のメンバーのしたこととみなされていたら、二人分の死刑判決は出ていただろうか。妻エセルでなければジュリアスに、心理的重圧を与えることができず、死刑は一人だったのではないか。

気の弱い者が先

一九五三年六月一九日、ローゼンバーグ夫妻の死刑は、三人の新聞記者も含む、一〇人以上の立会人の見守る中で執行された。別室で待機していた三八人の新聞記者の前で、死刑の様子を報告した男は、話し始めたが動揺で口がこわばり、エセルの死亡確認をした医師の「聴診器《ステトスコープ》」という単語を言うのに何度も失敗した。「パチパチじいさん《オールド・スパーキー》」がこの日ほど多くの立会人の前で仕事をしたのは、久しぶりだった。かなり大柄な体格の男も座れる大きさのオールド・スパーキーに、本当に小柄なエセルが座ったため、夫ジュリアスのように三回の電流だけで死亡しなかったのは、二〇〇〇ボルトの電流がうまく流れなかったのではないか、と書いた記事もあった。追加の二回の電流ののち、エセルの死亡が確認された。

立会人は大勢いたが、音声も画像も残ってはいない。それでも部屋にいた人間全員がすさまじい緊張で顔をこわばらせていた中、エセル・ローゼンバーグが最後まで自然にふるまい、後世に残る政治的な言葉を残そうとしなかったことはわかっている。記者たちは夫妻が政治的スローガンを叫ぶのではないか、あるいは最後の最後の瞬間に「自分はスパイだった」と告白しないか、と期待しており、執行後に出た記事には「赤《コミー》」という侮蔑の言葉とともに「ふたりとも最後まで口を割らずに死んでいった」といった文章が踊っている。アナキストのサッコの最後の言葉は「さよならお母さん」だった。

エセルがサッコの最後の言葉を知っていたら、彼をうらやましく思ったかもしれない。ジュリアスの母、ソフィーがそうだったようにユダヤ系の母《イディッシュ・マミー》であれば、我が子のためならたとえ火の中水の中、自分の命をなげうっても子どもを救おうとする。エセルの母、テッシーもそうだった。ただし救おうとしていたのは息子、デイヴィッド・グリーングラスだった。そう、息子は娘より大事だ。母の最後の面会は五ヶ月前だったが「早くスパイだったと証言しなさい」と言い、死刑目前の自分より、何年かの刑期ののち、家に帰れる弟の身を案じていた。あくまで証言を迫る母と娘の会話は平行線のまま言い合いのように終わり、いたわりの言葉もなく帰っていく母の背を見送るのは、エセルにはやはり悲しかった。自分は母の無償の愛は当てにできない。唯一の救いは自分の母はジュリアスの母ほどは、死刑が執行されても悲しまずに済むということだった。

エセルが身につけていた緑色のぶかぶかのドレスはいかにも安価で、ただ刑を執行したら検死台の上に載せられるまで身にまとう、何の尊厳もない相手に着せる服だった。黒いローブのユダヤ教のラビはこの日、執行室までの先導役を二度も務めることになった。ジュリアスとエセルは刑務所のユダヤ教のミサにいつも参加しており（ふたりが同じ部屋にいて、互いの声も聞けるチャンスだからだったかもしれないが）、信仰を持っているとラビはみなしていた。無神論者というのは信仰と同じくらい強い信念を持っている、と知っているラビは、信仰のない者のもとに無理やり押しかけたりはしない。

しかしそんな思慮遠慮はイタリア系の神父にはない。相手がイタリア系である限り、神父は「いつでもどこでも何度でも」押しかけていく権利を神から与えられている、と固く信じている。アナキストで無神論者だったサッコとヴァンゼッティは処刑当日、残された貴重な時間を弁護士と会い、家族への伝言を託すため使っていたのを、教誨師の神父の面会要請で何度も中断された。看守が来るたびに、大声で答えなければならなかった。

「また神父が来て、会いたいってがんばってるぞ」

「会わない」

「お祈りじゃなくて、さよならを言いたいだけだと。お前の知り合いらしいぞ。いいじゃねえか。ちょっと顔だけ見せてやったら」

「だめだ」

エセルは刑務所では、サッコとヴァンゼッティのように複数名の死刑執行がある場合、気の弱い人間を先にする慣習を知らなかった（冗談言うな！　アルファベット順だよ、俺がヴァンゼッティより先になったのは）。夫ジュリアスが先か、レディーファーストかもわからなかったが、実は六〇メートル離れた女子房の独房から、まっすぐオールド・スパーキーのところに連れてこられたエセルとは違い、ジュリアスは執行室からほんの十数メートル手前にある待機房で待たされていた。エセルが先に執行室に入れれば、ふたりは待機房のところですれ違うことができた。しかしエセルが執行室に入る時、横を通った待機房はすでに空で、ふたりが一瞬でも互いの姿を見ることはできなかった。

死刑執行日のパーティ

アーヴィン・コスローが一九五〇年ニューヨーク州知事から任命されたシンシン刑務所のユダヤ教教誨師の職は、それをステップとして宗教界で出世を望むのには役に立たず、報酬もそこそこだった。「毎週殺人鬼にマッツァボール・スープを差し入れてどうしようっていうんだ」と言われながらも、彼は結局約半世紀、一九九九年までこの役を務め、立ち会った一七人の電気椅子処刑の中にローゼンバーグ夫妻もいた。一七人の死刑執行はどれも忘れることはできないが、その中で唯一の女性死刑囚はエセルだった。

彼が人生最後の秒読みの時を過ごすユダヤ系死刑囚にかける言葉は決まっていた。「(最後まで)そばにいますよ」

アーヴィンは最後の最後まで、ふたりとも死なせるつもりはなかった。当時の司法長官ハーバート・ブラウネルがアーヴィンに電話で「最後の最後でも、彼らが誰かをスパイと名指して自分をスパイと認めたら、死刑執行停止は可能だ」と言っていたからだった。ふたりのどちらを先に死刑執行するかという話し合いで、アーヴィンはジュリアスの神経の方がやわそうだから先にすべきと意見を述べた。ジュリアスの死刑をぎりぎり許されるそばで見届けた彼は踵をかえし、六〇メートル先の女子房の前に来た。死の待つゴールへの直線コース。この時、イタリア系神父、バプティスト派、あるいはイスラムや他宗教の教誨師であれば、一馬身とまでいかずともハナ差で情報を引き出し、死刑執行停止をもぎ取れただろうか。アーヴィンはエセルにこう切り出した。

「ジュリアスは逝ってしまった、あなたを置いて。そしてあなたは親のない子どもふたりを置いてこの世を去ることになる。でもまだチャンスはある。あなたは自分を救うことができるんです。(司法に渡せるスパイの)名前はないですか。誰かの名前、間違っていたってかまわない、あなたの命を救える誰かの名前はないですか」

数分内に電気椅子に座ることになる死刑囚の答えは短かく、はっきりとしていた。

「ないわ。私は無実です。そしてもう準備はできています」

刑の執行を見届けてから帰宅する時はいつも、アーヴィンは車の運転に集中するため、目撃したことを頭からシャットアウトするようにしていた。しかしその夜だけは自分の息子と同じ年ごろの少年ふたりの面影を、どうしても振り払えなかった。独房でエセルが最後まで気にかけていたのは、我が身ではなく息子たちのことだった。もう彼らは父も母もいない孤児になってしまった。

自宅に着くと、思いがけないことに玄関の階段のところに、長男のニールが座って待っていた。父親の姿を見た息子は顔を輝かせ、ジャンプしながら叫んだ。

「ダディ！　今日は僕の七歳の誕生日だよ。覚えてた？　さあ、パーティだ！」

その言葉で彼は自分の中で押し殺していたすべての感情が爆発してしまった。

一度は刑を執行したとして、エセルを椅子に固定していたものを全部はずしたのに、まだ心臓が停止していないとわかり、もう一度執行前の状態に戻すのは、気が動転せずにいられない事態だった。それさえなければ「聴診器」という言葉を言い損ねる会見など起こらなかっただろう。しかし執行する側が最後までこだわっていたのは、ただひとつのことだった。命を奪ってもなお、得ようとしたものが得られなかったことに落胆していた。スパイだったという証言を得ることは、エセルの命ひとつより何千倍も重要だった。三八人の記者の前の報告で、刑執行とエセルの人生はこんな言葉で締めくくられた。

「エセル・ローゼンバーグは、多くのことについて、なすべき説明をしなかった」

エイベルの幸運

ローゼンバーグ夫妻の死刑執行があった一九五三年は、バーニー・ジョゼフソンにとって苦しい年だった。離婚の痛手からまだ回復しておらず、離婚したシルヴィアの連れ子、クローディアと同じくらいの年頃の少女が、親に連れられてブルーミングデールズ・デパートから出てくるのを見るだけでも胸が痛んだ。テレビやラジオから流れてくる音楽も、耳を素通りする。ビリー・ホリデイを含む、昔のカフェ・ソサエティの出演者が今どこで演奏しているか、目配りも以前のような鋭いものではなくなっていた。実はこの年にある出演者が、カリフォルニアのパサディナで逮捕されていたのだが、当時バーニーがその醜聞を報じる記事を読んでも、やれやれと首を振るだけで、すぐに忘れてしまっただろう。

そんな五三年にペギー・リーの新曲をラジオで耳にしたことなどバーニーは覚えているだろうか。それはエイベル・ミーロポル作詞作曲の「リンゴ、モモ、サクランボ」だった。

エイベルにとって五三年は幸運といえることがふたつもあった年だった。「リンゴ、モモ、サクランボ」は、それまでペギー・リーの歌ったジャズのスタンダード曲のような、小粋な都会の女の歌とはちがったが、ヒット曲となった。小さな村に父親と一六歳の娘が荷車で果物を売る呼び声が響く——「リンゴ、モモ、サクランボはいかが」。娘をひと時でもそばに引きとめようと青年は声をかけるが、娘は果物を手渡すと、相手の眼差しに気がつかぬまま行ってしまう。歌は時が経ち、青年が果物と子どもを鈴なりに乗せた荷車で「リンゴ、モモ、サクランボはいかが」と売りまわるハッピーエンドで締めくくられる。この歌はかなり長い間、印税を稼いでくれた。またエイベルは後日、フランスでサシャ・ディステルがヒットを飛ばした「スクドゥビドゥー」はこの自分の曲にフランス語の歌詞をつけたものと国際裁判を起こし、フランス版の印税も得ることになった。

もうひとつ大きな出来事は、養子縁組だった。五三年の暮れ、エイベルはクイーンズのW・E・B・デュボイス家のクリスマス・パーティで、のちに彼の養子となる幼いユダヤ系の兄弟と出会った。デュボイスはその三年前の一九五〇年、金婚式を迎えるまで連れ添った妻ニーナを亡くし、翌年に二八歳年下のシャーリーと再婚していた。夫妻はクイーンズに新居を構え、運動に関わる人間はよくそこに集まるようになった。孤児だったふたりの子どもは、たまたま他の客に連れられてパーティに来ていた。エイベルは、すぐにふたりを養子として迎えるべく動き始めたが、実際には親権を得るまでの半年、彼と妻は親戚の家に身を寄せている兄弟と面会しかできなかった。それでも翌五四年の秋には家族四人で朝の食卓を囲み、新学期を迎えた学校に子どもたちをグリニッチ・ヴィレッジまで送っていくようになった。

端から見ればごく普通の暮らしだったが、エイベルにはまさに人生の贈り物だった。高校で教えていた頃、ティーンエイジャーの手のつけられない言動はいくらでも見てきたが、やっと自転車に乗れるようになったと思えば「ねえ、見て見て手離し！　手離しで乗れるよ」と調子にのる小さな反逆者のいる世界は、彼が遠くから眺めているだけのものだった。

その一九五四年、養子をもらうことを、自分自身の幸せとしてだけではなく、一大プロジェクトとして考えていたひとりの女性が、大西洋の向こうにいた。彼女は大家族を作り、その幸せな姿を全世界にアピールする予定だった。

それはバーニーがカフェ・ソサエティに出演させることを望み、叶わなかった相手だった。

IV.

Baker's Dosen

第4章 ベイカーズ・ダズン――虹の部族とベイヤード・ラスティン

カフェ・ソサエティが、二一世紀になってもその名を忘れられずにいるのは、アメリカで初めて舞台でも客席でも、異なる肌の色の人間を同席させただけでなく、そこからスターダムを掴んでいったミュージシャンの顔ぶれのすごさだ。それはバーニーの才能を見抜く目利きのひとことに尽きるのかもしれないが、破格ではなくても長期にわたって契約を結ぶことで、無名なミュージシャンに安定した収入を持たせた効果も大きかった。金詰まりから無茶なスケジュールの地方巡業などに行かなくとも済むことで、そのゆとりがミュージシャンの、のちの飛躍を生む原動力になった。

ただしバーニーがもう有名になった相手には、まったく出演依頼をしなかったというわけではない。出演料などの折り合いがつくのなら呼んでみたいと思うスターはいた。自伝の中でふれている、交渉したもののだめだった一人は、ジョセフィン・ベイカーだ。

第二次世界大戦終了後、バーニーはヨーロッパ、特にフランスからタレントを呼びたいと思い、実際にフランスからアメリカに戦後第一号のタレントを呼ぶことに成功した。また戦時中ラジオでその曲が流れるたび、平和な時代のパリを思い出させ、人々をなぐさめたといわれるギター曲「ヌアージュ」の作曲者、ジャンゴ・ラインハルトが一九四六年デューク・エリントンに招かれ、アメリカ・ツアーを行なった時は、カフェ・ソサエティに三週間出演させた。

あの時は本当にすごかった。まだアメリカでは無名だったジャンゴのステージには、ステージから客席にビッグバンドが移動したのかと思うほどのジャズ・ミュージシャンが詰めかけ、ステージをぐるりと囲んで座り、彼のギターに熱心に耳を傾けていた。

パリから来たジプシーの弾くジャズ・ギター？　へえ、その人、スウィングできるのかしら。当時そんな「色もの」を聞きたいと思うジャズ・ファンはまだ多くなかった。通のファンはスウィングしない代物など相手にしない。しかしジャズをヨーロッパに輸出した、本家・本元・お家元のジャズ・ミュージシャンたちは、あのエリントンが目をつけたということもあるだろうが、ジャンゴのスタイルを見逃すほど、間が抜けてはいなかった。家元崇拝の強い日本じゃ考えられねえ、見上げた職人気質じゃねえか、アニさん《プロ》。

ふりかえってみれば、この時期はバーニーがカフェ・ソサエティの出演者として、海外から大御所を呼ぶなどということを、うかうかと夢見ていられる最後の平和な日々だった。

バーニーがジョセフィンのどの公演を実際に見て、いつか彼女を呼びたいと思っていたのかは、自伝に書かれていない。しかし見たとすれば、三回チャンスがあった。

ジョセフィン・ベイカーがブロードウェイの黒人ミュージカル「シャッフル・アロング」に出ていた一九二三年、トレントンで兄たちと靴の販売業をしていたバーニーが、ニューヨークに靴の買いつけに行くついでに、このミュージカルに足を運ぶチャンスはあった。

二回目はバーニーが一九三一年にヨーロッパ各地の小劇場やキャバレーを見てまわった時で、これはジョセフィンがバナナを腰まわりにつけただけの姿で、舞台に登場して観客をあっと言わせ、アフリカのアシャンテ族の舞踊（アメリカではチャールストンという名がつけられていた）を踊って、パリを熱狂させたあとのことで、どこかの都市で公演中の彼女の舞台に駆けつけたのかもしれない。

三回目は一九三六年、ジョセフィンが約十年ぶりにアメリカに戻り、ファニー・ブライスや若き日のボブ・ホープを共演者に迎え、凱旋公演をした時だ。公演中、彼女は滞在したニューヨークのホテル・サンモリッツで「他の宿泊客に黒人客が泊まっていると知られないよう、正面ロビーと宿泊客用エレベーターは使わず、かならず従業員用裏口と従業員エレベーターを使うように」と言われ、早々に他へ移動している。舞台に対する新聞の批評も厳しく、この滞在中に三番目の夫ペピートとも破局を迎え、最悪のツアーとなった。

バーニーはあらかじめ、ジョセフィンに出演依頼の手紙を書いた上で、パリに取材に行く『ヴォーグ』誌の編集者に、向こうでジョセフィンに会うチャンスがあったら、カフェ・ソサエティがどんな店であり、ヨーロッパからスターを呼びたいと思っているのかを、伝えてもらうように依頼した。『ヴォーグ』はいつも写真つきで、カフェ・ソサエティのステージについて好意的な記事を載せており、ファッション誌にしかできない魅惑的な写真は、どんな文章よりジョセフィンの心を掴むと踏んだのだ。

しばらくして二ページに渡る、きちんとタイプされた手紙がジョセフィンから届いた。それにはまず自分が人道主義者であり、バーニーも同じ精神の持ち主とわかった、とあった。

やった！　バーニーの手紙と『ヴォーグ』の記事によって、カフェ・ソサエティはジョセフィンの心を掴んだのだ。期待に輝くバーニーの顔は、手紙の後半まで来ると突然暗くなった。さて、と手紙は続いていた。　私が公演のために要求するのは以下のことです。

ジョセフィンは自分の信頼できるスタッフが同行せずには公演は不可能であり、彼らへの報酬も支払ってほしいと書いていた。スタッフとは衣装係、秘書、アレンジャー、バンド・リーダー（五番目の夫、ジョー・ブーリヨンのことか）、五、六名のミュージシャン。具体的に誰にいくらとは書いていなかったが、一〇人分の支払いであることはまちがいない。

そして彼女自身の出演料は週に八〇〇〇ドルだった。これはビリーがオールダソン刑務所に行く前、かなりの収入になっていたのと同じ年で、その頃のビリーの収入の二ヶ月弱分に当たる。「週八〇〇〇ドルは高すぎる」と返信したところ、以後一切返事は返ってこなかった。

ベイカーズ・ダズン

この件の対するジャン・クロード・ベイカーの意見はこうだ。

「彼女が週八〇〇〇ドルの出演料をもらったことなど、生涯一度だってない。確かにフランスは彼女に名誉を与えたよ。三つも勲章をもらったんだ。しかしフランスに限らず、当時、戦争で荒廃したヨーロッパでは、高額な出演料を出せる店などひとつもなかった。だからこそアメリカからのオファーに対しては、法外な出演料をふっかけたんだろう。彼女はそういう賭けに出るのが好きだった。悪党さ。彼女は生涯、ひとに法外な要求をふっかける賭けに出るのをためらわなかった悪党だ。でも僕はそれに拍手を送るよ。フランスに渡って以来、彼女は高価な宝石やロールス・ロイス、彼女のねだるものを渡す崇拝者に、いつも取り巻かれていた。もしバーニーが、それまで彼女の前にあらわれたお馬鹿さんと、同じようにふるまう可能性があるなら、ふっかけてみる価値はあるじゃないか」

　ベイカーの名字を名乗っているジャン・クロードだが、ジョセフィンが正式に養子とした一二人とはちがい、少年時代に彼女と出会い、ジョセフィンを晩年まで公私ともに支えた年若いスタッフの一人だった。一九九三年にはテニスンの詩「ユリシーズ」の一節からサブタイトルをつけた『ジョセフィン　飢えたる魂』という伝記を出している。幼い妹からヤンヤンと呼ばれていた田舎の少年の過去を捨て、ジョセフィンのそばに暮らすようになった彼はインタビューの中でよく、自分もジョセフィンも「同じ悪党」という言い方をした。

　養子たちは父のブーリヨンの姓を名乗っているが、現在パリに住む五番目の養子も、ジャン・クロードという同じ名前なので、他人に説明する時は「パリのジャン・クロード」「ニューヨークのジャン・クロード」という言い方になってしまう。厳密にいえば養子ではないが、周囲の人間はニューヨークのジャン・クロードをジョセフィンの一三人目の養子という名で呼びたがる。その理由のひとつは「パン屋の一ダース《ベイカーズ・ダズン》」、つまりベイカーの一ダースとはダース一二のところが、もうひとつおまけの一三にする、という言い回しがあるからなのだろう。

フランス訛りが消えない（あるいはカメラの前でだけ意識的に訛る）ジャン・クロードは、一九七五年にジョセフィンが亡くなった後、アメリカに渡り、いくつかの事業を手がけたのち、八三年「シェ・ジョセフィーヌ（ジョセフィンの家）」というレストランをブロードウェイの劇場街の西、ポートオーソリティ・バスターミナルのそばにオープンした。何年かあとにジョセフィンの三番目の養子のジャリも、ニューヨークに移住し、スタッフとして手伝い始め、オーナーの代わった現在も働いている。

シェ・ジョセフィーヌ店内

ゲイであることを公言していたジャン・クロードは、写真で見る限り、バーニーなどよりもっと世慣れた男の印象で、裏世界と太いパイプを持つ往年のマンハッタンのクラブ……一九六〇年代にとっくに閉店してしまったストーク・クラブ、オニキス、エル・モロッコなどのスピークイージーあがりの店がまだあったら、それらの経営者たちとも、互角に渡りあっていくことができそうだった。ジャン・クロードがバーニーの立場なら、もっとうまく立ち回って交渉し、カフェ・ソサエティにジョセフィンを呼ぶことができたかもしれない。

　パリのジャン・クロードとニューヨークのジャン・クロードにはひとつの共通項がある。同性と異性のちがいはあるが、パートナーを失った後、かなり長く独身生活を送っていることだ。ニューヨークのジャン・クロードが時折見せたといういらだちは、ゲイであるという事実に、自分自身が気持ちの折合いをつけられなかったのか、それとも「やもめ」暮らしに疲れたのか。

　二〇世紀生まれのゲイは、ゲイであると公言してもしていなくとも、すさまじい自己葛藤の茨をくぐりぬけなくてはならず、満身創痍の精神状態になっている確率は高い。

　リーマスじいやの昔話に出てくる、タール人形のおとりでキツネにつかまり「このまま殺されるなら本望だが、そこの茨に投げむのだけはやめてくれ」と懇願し、投げこまれると茨の中をするりとくぐりぬけ、「茨の中で育った俺さ」と笑いながら逃げていくウサギのように、陽気《ゲイ》に生きられるLGBTは、まだ多くない。今はまだ。

　二〇一五年一月、いつも週末を過ごしていたロングアイランドのイースト・ハンプトンの家で、ジャン・クロードの遺体が駐車した車の中から発見された。ついに彼のビジネスやふるまいが、裏世界の誰かの逆鱗にふれたのか⁉　そうではない。自殺だった。享年七一歳。レストランは現在も営業している。

一九〇六年にミズーリ州セントルイスに生まれ、一九二五年、フランスに渡ったジョセフィンは、ビリーより九歳年上だが、エンターテイメント界のどの黒人女性にもない生涯を送っている。彼女の母方の祖母はタバコ畑で働く奴隷で、ビリーの曾祖母がビリーにしたように、ジョセフィンに奴隷の暮らしを事細かく語った。母キャリーは周囲の「読み書き程度はまともにできるくらい学校に行って、できれば白い手袋をはめた従業員、エレベーター係くらいに出世してほしい」という期待をよそに、父親が定かではない、あきらかに肌の色の薄い長女ジョセフィンを筆頭に四人の子をもうけ、ジョセフィンを口減らしのために早く結婚させて家から出した。

彼女が一一歳の時目撃した一九一七年の東セントルイスの暴動は、アメリカで起きた暴動の中でも大きい部類に入り、多数の黒人が殺され、家が焼き討ちにあっている。戦争、内戦、暴動の死者の推定数は、それが「誰によって推定されたか」によって大きく食い違う。警察でさえ暴動の死者は一〇〇人以上（NAACPは一〇〇人から二〇〇人）と発表したが、当時、議会への報告書では「白人八名、黒人三九名」となった。行政調査の死者の数はゼロの桁がひとつちがう。そして翌年のスペイン風邪の大流行。

生涯に六回結婚したジョセフィンの最初の結婚は一三歳だが、二度目の結婚相手、鉄道のポーターだったウィリアム・ハワード・ベイカーの名字を芸名にし、生涯使った。当時「ジョージ」と呼ばれていたポーターの仕事は、黒人男性の仕事の中では比較的安定し、恵まれた職業とみなされていた。フランスに渡ってからは、ジョセフィンのアメリカへの帰国はいつも短期間だったが、一九五一年にシカゴからの移動で乗った列車に、ありえない偶然で二番目の夫が乗務していた。周囲の人間は彼と少しでも話をするように説得したが、ジョセフィンはコンパートメントに鍵をかけ、生涯使った名字の元夫と会うのを拒否したという。ジャン・クロードの伝記は、ジョセフィンと自分の実母、そしてこのウィリアムに捧げられている。

ジョセフィンはぜんまい仕掛けの人形のように爪先立ちし、コンパスのように手足で弧を描く古典バレエや、贅肉がゆさゆさ上下にシンコペーションする、女性の舞踊しか見たことのないヨーロッパの観客に、アスリートのような、筋肉質の女性美をアピールしたパイオニアだった。

現在見ても、腰まわりにバナナをスカートのようにつけただけの彼女の姿は露出度が高く、激しく動きながらステッキをふりまわすように、長い手足を思いがけない方向に投げ出す彼女のパフォーマンスを「単なる異国趣味」「いかがわしい、裸体を見せるためのダンス」とみる観客は大勢いた。しかしそれにとどまらず、「新しい芸術」として認められ、彼女自身が「黒いビーナス」と絶賛されたのは、ヨーロッパの芸術家・知識階級が、アメリカの黒人文化に基づく音楽・舞踊を、新しい息吹きとして賞賛していた時代だったからだ。

フランスのような文化中華思想の国で、第一次世界大戦後「黒人による音楽・舞踊」が賞賛されたのは意外に思える。しかし古代ギリシャ・ローマの文化を受け継ぐ「正統フランス文化」を正妻と捉えれば、異国文化はドゥミモンド、ゲイシャ、椿姫のような存在で、どんなにきらめく存在になろうと、けして正妻の座を脅かすものではないなら、双方が光輝くことに不都合はなかったのだろう。

一九二五年に刊行された『わが闘争』の中で、ヒトラーは「真の芸術精神の所有者はドイツ人のみ」と言いながらも、唯一の例外は黒色人種による即興芸術、とはっきり書いている。それはヒトラー自身の好みや芸術観というより、オーストリアとヨーロッパ全体に広がりつつある、時代の潮流に対する彼の承認だった。のちに退廃音楽であるジャズの演奏を禁止した総統、アーリア人種至上主義者ナンバーワンのヒトラーに先を越されるだけでなく、そのあとずっと何代にも渡り、アメリカの大統領が自国の黒人文化の価値を正式に評価しなかったのは、かなり恥ずかしい。

歴史学者はケツの穴《アス・ホール》、牡牛のクソ《ブル・シット》などという品位に欠ける言葉は使わないので「ロバのいななき、象のフンの如き」というような穏やかな言い方で、民主党・共和党大統領の知性の欠如を指摘するのではないか。

ミランダ城とタバコ畑

ジョセフィンの最も有名な歌詞は「私にはふたつの愛がある／祖国への愛、パリへの愛」だった。彼女が「祖国《ホームランド》」と呼ぶのはアメリカだったが、そこではただのおとぎ話か夢でしかなかったものを、フランスでジョセフィンは手にした。

シシリアの伯爵家の男性（実は自称の貴族だったが）との三度目の結婚。彼の助けによって身につけた礼儀と気品ある態度で、ジョセフィンはフランスでは一流のホテル・レストランで肌の色で断られるどころか、いつも最高級の部屋・席に通される待遇を受けた。

フランスがドイツ占領下となった時、四度目の結婚でフランス国籍となっていたジョセフィンは、密かにレジスタンス運動に加わった。「私が持つすべてのものはフランスから与えられたもの、フランスのためわが命をかけて戦います」と（のちに彼女の愛人という噂のたった）フランス軍将校にジョセフィンは誓ったといわれている。

アメリカ人、ジョセフィン・ベイカーには単なる夢物語でしかない富と人々の敬意を、フランス人、ジョゼフィーヌ・バケールは手にした。戦後フランス政府は勲章という正式な形で、彼女の戦時下のレジスタンの功績を認めている。

彼女は一九四七年、二歳年下でモンペリエの音楽家一家出身のバンド・リーダー、ジョー・ブーリヨンと五度目の結婚をする。そして「まるで眠れる森の美女のお城のよう」と彼女が評した、元は一五世紀の領主の館だった四〇〇ヘクタール（東京ドーム約八六個分）の敷地を持つフランスの城、ミランダ城を購入した。

ジョセフィンにとってミランダ城は、巡業のない時にくつろぐ場所として購入したのではなかった。彼女には城が必要だった。そこをわが家、わが王国として、「ちがう肌の色、ちがう宗教を持つ子どもが本物の兄弟となれる」ことを証明するプロジェクト、「虹の部族《レインボー・トライブ》」の国を打ち立てよう、と考えていた。

一九五四年、彼女はコペンハーゲンで「私は五大陸から五人の男の子を養子にして、すべての人種の子どもが一緒に仲良く暮らせると証明する」と宣言し、一〇年間に一二人の子を養子とする。一〇人の男の子と二人の女の子。ビリー・ホリデイの自伝にあった晩年の夢、どこかに自分が歌う気分になった時だけ、歌うことができる自前のクラブを持つか、孤児院で子どもを育てたい、というアイデアは、あきらかにジョセフィンの影響を受けている。

ジャリ・ブーリヨン氏

ジョセフィンの生涯の中でも、世界各国から養子として連れてきた一二人の子どもたちと城で暮らした二〇年間は、最も充実し、忙しい時期だった。最初の養子ふたりは、アキオとテルオという日本から連れてきた男の子だった。ジョセフィン二〇年王国で、子どもを育てるスタッフが足りないという理由もあったのだろうが、彼女は母キャリーを、妹夫婦とともにアメリカから呼び寄せ、一緒に城に住まわせている。弟のリチャードも渡仏してくると、地元のフランス人女性と結婚して城のそばでガソリン・スタンドを始めた。城の住み心地がいいかどうかは別だが、自分の親を城に住まわせてやれた孝行娘など、アメリカでもそうはいない。城の入り口のすぐそばには小さなタバコ畑が作られていたという。亡き祖母がジョセフィンを見守ってくれるのを祈るかのように。

キャリーは外国語を話すことは得意ではなく、本当に簡単なフランス語でしか子どもたちと話はできなかった。それでも現在ニューヨークにいるジャリに、ミランダ城での話としてキャリーのことを尋ねると、顔いっぱいに懐かしそうな笑顔が浮かんだ。

「妹夫婦は城のそばの家で暮らしていたけど、キャリーは城にいたよ。城の住み心地？　最初は大変だったらしい。ジョセフィンはかなりの費用をかけて、部屋の暖房と熱いお湯が出るように改築工事をしたので、子どもたちは最初から快適に暮らせた」

子どもというものは自分の置かれた環境が、他の多くの子どもたちとちがうと知るのはある程度の社会性を持ってからだ。一二人の養子にとっては城に住み、多くのスタッフが自分たちのために働いているのは、ごく当たり前の環境だった。世界的な著名人が城に訪ねてきたり、ジョセフィンとキューバを訪問し、ヒゲのおじさん（フィデル・カストロ）に「よく来たな。たくさん遊んでいってくれ」と言われることも。彼らにとっては王室の人間もただのおじさん、おばさんだ。「グレース・ケリーは、公的な場でのふるまいをステージのパフォーマンスと同じように思っていたようだ。どこで何をどんな風にするべきか、きちんと頭に入れて演じていたのさ。でも自分の家族や私たちの前に来ると全然ちがった。飾らない人《シンプル》だった。ジョセフィンも同じだ。私たちの前では飾らない女性だったよ」今は五二歳で亡くなった母の年齢を超す王妃の三人の子も、ジャリの「家族の前ではシンプル」という言葉にはうなずけるだろうか。

ストーク・クラブ事件

フランス国籍のジョゼフィーヌ・バケールとして生涯を終えた彼女だったが、心の中のホームランドがアメリカであることは生涯変わらなかっただろう。しかしジョセフィンのホームランドへの愛がどういうものであれ、第二次世界大戦後のアメリカ政府にとって、彼女の言動はこの上なく目障りだった。

莫大な予算を注ぎこんだアメリカのマーシャル・プランは、移民たちの先祖が耕していた土地、焦土となったヨーロッパで、焼畑農業のように確実に実を結んでいった。その「デモクラシーの国、友好的な人々が住む」はずのニューヨークで、六三軒のホテルから自分が肌の色ゆえに宿泊を拒否されたこと、国連本部からタクシーで一五分の距離のハーレムで、黒人が警官に射殺されている現状、無実の被告、ウィリー・マックギーに下された人種差別ゆえの死刑判決のやり直しを訴えるジョゼフィンの発言は、アメリカ政府にとって妨害以外の何物でもなかった。赤狩りが始まり、アメリカ国内で生きていく白人・黒人エンターテイナーには絶対にできない強い発言も、フランス人ジョゼフィーヌ・バケールにはできた。エンターテイナーである彼女の一番の強みは、違う主義や立場の人間の耳に彼女の呼びかけが届くことだった。

そんな中、一九五一年、ジョセフィンが、アメリカでのステージ活動に加え、アメリカ国内で「ソヴィエトから指令を受けている共産主義者が騒いでいるだけ」と言われていたウィリー・マッギーの死刑反対を訴えていた最中だった。夕食に出向いたマンハッタンのストーク・クラブで、彼女はまたもや差別に直面する。彼女が注文したステーキだけが、いつになっても出てこなかった。それもそのはずでストーク・クラブでは一度も黒人を客として受け入れたことはなかった。ジョセフィンはストーク・クラブ（加えてその夜店内にいながら彼女への仕打ちを黙認したコラムニスト、ウォルター・ウィンチェル）に対して謝罪を要求し、マスコミ、ニューヨーク市当局、NAACPをまきこんで、自分を差別したクラブに総攻撃を開始した。それまでのウィンチェルは、コラムでジョセフィンのステージを絶賛し、どちらかといえばリベラルなコラムニストなのだから、素直に謝罪するだろう、とジョセフィンは踏んでいたのかもしれない。しかし店側は差別行為などなかったとして謝罪せず、ジョセフィンから個人攻撃を受けたととったウィンチェルは、この事件以後、ことあるごとに彼女をけなす不倶戴天《ふぐたいてん》の仲となった。

この「ストーク・クラブ事件」の時、ジョセフィンが店の外に出たのを見て後を追い、自分も店の態度はあまりにもひどいと思うと、話しかけた新人女優がいた。彼女こそがこの事件から一八年後、ジョセフィンが破産して一二人の子とともに城を追われ、住む場所もなくなった時、経済的に全面支援したグレース・ケリー、「家族や子どもたちの前では飾らない」モナコ公国王妃だった。

ワシントンでの演説

城の退去など思いもよらなかった頃、ジョセフィンはひとりの黒人男性とすれちがう。黒人誌『エボニー』に載ったふたりの写真は印象的だ。ワシントンDCでフランス空軍士官の軍服に身を包み（台上に何本も並ぶマイクの陰に隠れ、彼女の胸に勲章が下げられているのは見えない）演説するジョゼフィンを右後ろから見守るダーク・スーツの男は、少し不安げな表情で前方を見つめている。彼の視線の先は彼女の後姿ではなく、彼女の向こうの大群衆だ。有名人を狙って銃を発砲しそうな不審な動きをする人間が潜んでいないかを気にしているのか。それは一九六三年八月二八日、ワシントン大行進の大会の演壇だった。

眼鏡をかけ軍服姿のその日のジョセフィンに、エンターテイナーらしさは見当たらない。それは後ろのスーツ姿の男も同じで、ジョセフィンは他の黒人男性エンターテイナーが、腕にパンチを入れたり、軽くはたいてあいさつしているその男に紹介された時、相手が昔歌手として活動していたとは教えられない限りわからなかっただろう。面長なふたりは、その時かけていた眼鏡のシェープが似ているせいか、どこか似通った雰囲気がある。

その日そこに集まったのは、どこかに火を放とうと、怒りに目を血走らせた暴徒ではなかった。マルコムXが皮肉ったように「帰りの切符をしっかりポケットに収めている」平和な市民たちであることは男もわかっていた。実は大会は当初計画されていたものより、参加者が膨れ上がるにつれ、内容は穏やかなものに変更されており、主催スタッフ内部からも「何だよ、この生ぬるいプログラム。これは抗議集会じゃなかったのか」という失望の声が上がっていた。責任者である男は悠然と答えた。

「まあ、見ていろよ」

この時の彼の態度こそが、その後四半世紀、彼の活動を貫き通し、賞賛と批判の対象となるものだった。ワシントン大行進は、政治的見解も黒人コミュニティでの役割（政治家、組合、教会、小商店主、教師）もちがう三〇万人の黒人・白人が共に集まるものとなり、リンカーンの奴隷解放宣言から一〇〇年目の首都ワシントンDCで「黒人（男性）の雇用と差別撤廃」をもとめて行進した。大会は大成功だった。

ジョセフィンよりかなり後の順番で、マーティン・ルーサ・キング・ジュニアが「私には夢がある」という演説で大会を歴史の中でさらに輝くものにした時も、男はほとんど同じ位置に立っている。ニュース映画ではキングの真後ろに並ぶのは、白い丸帽の男たちだが、よく見ると男が腕組みするスーツの左ひじだけが画面左端にずっと写っている。演説の最後にキングが右手を大きく上げ「ついに自由だ！」と言った次の瞬間、カメラが少し引いてほんの数秒男の姿を捉える。演説に拍手をしている男の表情から、演説の出来に満足しているのが見てとれる。

男は一九五五年、モンゴメリーでバス・ボイコット運動を指揮しようとしていたキングにガンジーの非暴力主義の手法を教えた張本人だ。四八年に彼がインドまで教えを乞いに行った時、ガンジー本人が生きていたら本当によかったのに。『ライフ』誌は白いリンカーン像の下に大会主催者A・フィリップ・ランドルフと男が立つ写真をカバー写真に選んだ。ちなみにジョセフィンと男は、第二次世界大戦中、西海岸の日系人を収容所に収監させたことに抗議した数少ない活動家だ。

「あら、あなたレコードを出したこともあるの。いったいニューヨークのどんな店で歌っていたのかしら」と貴婦人モード丸出しのジョセフィンに聞かれたら、男は答えただろう。

「四〇年代にグリニッチ・ヴィレッジのカフェ・ソサエティで歌っていました。ジョシュ・ホワイトがオーナーのバーニー・ジョセフソンに引き合わせてくれたんです」

集会でマヘリア・ジャクソンがスピリチュアル・ソングを歌う時、すぐ後ろに並ぶ人々の中で、時折一緒に歌を口ずさんで、嬉しそうに笑っている背の高い男、それが彼、ベイヤード・ラスティンだ。彼は後日こう言っている。

「抗議行動に妥協の余地はない。しかし政治は妥協の産物だ」

ベイヤード・ラスティン（出典：Library of Congress）

ベイヤード・ラスティンという男

ベイヤード・ラスティン。彼の著作、活動などについて新聞で見かけることはあっても、生前、彼の功績はほとんど公的に認められることはなかった。二〇一三年、死後二六年経って（生きていれば一〇一歳だ）オバマ大統領が彼に自由勲章を贈ると決めた時、本人の代わりに勲章を受け取ったのは、ジョセフィンの養子たちより少し年上の、ウォルター・ネーゲルという六〇代の白人男性で、彼はベイヤードの養子だった。一九八二年、ウォルターが正式に養子として認められた時、ベイヤードは七〇歳で、白髪のアフロヘアの彼は、誰が見ても父になるより、祖父になるのがふさわしい容貌と年齢だった。

初の黒人大統領から自由勲章を渡されたウォルターは、ジョセフィン・ベイカーの養子とはまったく別の種類の養子であり、彼の存在こそがベイヤードの政治活動が公に認められなかった理由だった。

通常、婚姻が法的に成立すれば、財産分与、医療機関での親族同意書へのサイン、法的拘束状態での面会権、葬儀で棺の真横に立って弔問を受ける権利、などの身分保証が自動的に認められる。それが何らかの理由で「あなたは配偶者と認められません」と却下された時、次に取れる法的手段は養子縁組だ。日本でも相続税対策や、弁護士が刑務所受刑者と接見しやすくする目的で、養子縁組という手段が使われている。

成人していても、アメリカでは親権の譲渡には、養父母の住居にソーシャルワーカーが訪問して「子どもを育てるのに適切で、危険な環境ではないか」の確認と、実の親の承認サインが必要だ。

高価な美術品が所狭しと置かれている、ベイヤードのチェルシー地区のアパートは、危険とはいえなくとも、乳幼児を育てるのには不適切と思われただろう。しかしソーシャルワーカーは養子となるのが赤ん坊ではなく、三三歳の成人男性とわかっていた。それより少し前、ウォルターは故郷ニュージャージーの小さな街に戻り、母親にベイヤードのことをこんな風に話したという。

「聞いてよ、ママ。ついに僕にもお相手ができたんだ。ゲイで黒人。ついでにママより年上の人だ」

自由勲章にふさわしい勇気を持つ者は、ベイヤードよりこの時息子の首を素手で絞めあげ、殺すことを思いとどまったミセス・ネーゲルではないか。

ベイヤード・ラスティンは一九一二年（ビリーより三歳年上）に、ペンシルヴェニア州ウェストチェスターで生まれている。彼より五年後に高名な都市学者、ウィリアム・ホリー・ホワイトもこの町で生まれ、一九七〇年代、八〇年代にニューヨーク市の都市計画、住民運動に関わっていた人間なら、この町出身のふたりを必ずどこかの会合で見ているはずだ。現在地元にはベイヤード・ラスティン高校という、彼の名をつけた学校がある。

地元で仕出しのビジネスをしていた母方の祖父母によって育てられた彼は、自分を祖父母の九番目の子と思っていたが、大きくなってから、年の離れた一番上の姉のフローレンスこそが自分の母と知った。実父、アーチー・ホプキンズは長年地元のレストランのヘッド・ウェイターをした男だが、若い頃はラスティン家の人間から見ると「飲んだくれたり、ギャンブルしたり、若い女を追いかけまわしたり」つまりは普通の若者だった。フローレンスが一九歳で妊娠しても「あんな男と結婚したところでろくなことはない」とラスティン家は長女を結婚させずにいた。フローレンスはその後地元の別の男性と結婚し、妹たちのように教師や経理士といった両親の期待した職ではないが、ダウンタウンで史跡指定ビルとなったファーマーズ&メカニックス・ビルのエレベーター係として働いた。ベイヤードと親子として交流することはなかったアーチーとフローレンスだが、近所で買い物をするとパーキングスペースで、互いの車が駐車しているのが目に入るくらい、狭い地元の地域で生涯を終えた。

祖母ジュリアは祖父の通うアフリカン・メソジスト監督教会（AME）に通っていたものの、「質素・平等・平和主義」を主張する教会、フレンズ（クエーカー）の集会とNAACPの活動にも深く関わっていた。クエーカー教徒の平和運動と、のちに短期間インドに行って学ぶガンジーの非暴力主義は、A・フィリップ・ランドルフの唱える社会主義とともに、ベイヤードの生涯を貫くものとなる。彼の生涯を描いたドキュメンタリー映画『ブラザー・アウトサイダー』では、黒人のA・フィリップ・ランドルフではなく、ベイヤードが専従として働いた平和運動団体「和解のための連盟」（FOR）代表、オランダ出身の平和主義運動家、エイブラハム・ヨハネス・マスティが、若き日のベイヤードの父のような存在だったと見ている。しかし後年のラスティンは組合運動を支持し、AFL・CIO傘下のA・フィリップ・ランドルフ機関の議長となった。運動の後継者としてみれば、ラスティンは平和主義より組合運動組織の指導者となっている。

祖母ジュリアの家

ベイヤードの育った大きな家は「いや、もうあの集会所の暑いことといったら」と汗をふきながら玄関の網戸を開けて入ってきては、ジュリアの特製パイに「ペンシルヴェニアに来て、これを食わずに帰るわけにはいかないな」と目を輝かせている、頭のてっぺんのうすい小柄な男性はW・E・B・デュボイスだった。「君、皆声あげて歌え《リフト・エブリイ・ヴォイス・アンド・シング》って歌知ってる?」と、やはり家に訪れたどこかの学校教師に聞かれ、知らないと正直に答えると「そりゃまずい」と言っているのは、その歌を作詞したジェームズ・ウェルドン・ジョンソンだった。祖母の家は黒人運動で高名な人物が、集会のあとに立ち寄ってはネクタイをゆるめ、列車が出るまでの数時間、ちょっと涼んだり、一休みしていくような場所だった。

子どもの頃から知っていて「もう私より背が高くなったな」と言われたデュボイスが亡くなった翌日、ワシントン大行進の三〇万人の参加者と、広場で彼の死に黙祷を捧げたことはベイヤードの大きな思い出だ。あの時はジョシュ・ホワイトも来て歌った。

スポーツ好きな背の高いティーンエイジャーとなったベイヤードが、テニス・ラケットを肩に通りを歩いていくと、通りに面した窓からこっそり眺めて、心ときめかす近所の女子高生が大勢いたという。ベイヤードは異性の目も同性の目も引く好青年だった。

彼はジュリアに自分がゲイであるとはっきり告げなかったが、一度だけ「高校のパーティなんかに行っても、男子といる方が楽だ」と話した。その時彼女が彼の真意を理解したか、言葉以上のことに思い至らなかったかは、定かではなかったが「おまえはそうするのがいいんだろう」とうなずいた。この祖母の言葉が彼の一生を支える。ありのままの自分が肯定されていると知る者は、大胆な生き方をする。

ジュリアは一九五七年に亡くなるまで地元で尊敬されていた女性で、第二次世界大戦中、全米が愛国主義一色に染まる頃、ベイヤードが他のクエーカー教徒とともに徴兵拒否で連邦刑務所に送られても「あの子は自分の良心に従って行動したまでです」として、平然と面会に行った。孫に対する絶大な信頼は彼女が亡くなる四年前、ベイヤードが事件を起こした時も揺るがなかっただろう。

ベイヤードにとって大学進学が、進路としてすんなり考えられたとしたら、当時のアメリカ黒人社会ではかなり「裕福」な環境だ。陸上選手として、ペンシルヴェニア州で開催される国際陸上競技大会「ペン・リレー」(メインは高校生以上)にも出場しているが、ベイヤードが大学進学時、奨学金を獲得したのは陸上ではなく、お得意のテナー・ヴォイスによる音楽の才能に対してだった。アフリカン・メソジスト監督教会の運営するウィルバーフォース大学を最初に、ペンシルヴェニア州立大チェイニー校、そして一九三七年にニューヨークに移ってからはニューヨーク市立シティ・カレッジに在籍した。シティ・カレッジを出身とする活動家は数えきれない。

ベイヤードの活動の中で最大のハイライトとされる、一九六三年のワシントン大行進の最高責任者、A・フィリップ・ランドルフも一時期シティ・カレッジに在籍していた。ランドルフは六四年に自由勲章を受け、八九年には彼が組織した初の黒人労働組合「寝台車乗務員組合」を象徴する、列車と三人のポーターの絵の上に彼の肖像が描かれた切手が発行された。マーティン・ルーサ・キングはノーベル平和賞受賞の一三年後の七七年に自由勲章で、七九年に切手。初の黒人ノーベル平和賞受賞者のラルフ・バンチもノーベル賞の一三年後の六三年に自由勲章で八二年に切手。するとノーベル賞受賞大統領のバラク・オバマは自由勲章を二〇二二年に貰えることになり、切手発行は……先のとおりアメリカの人物切手は、死後何年か出さない決まりがあるので、存命の人物の切手発行はいつになるかわからない。

ベイヤードを切手にという要望は何度も出ているが今のところ実現していない。なればカフェ・ソサエティの出演者として七人目になる。ミュージシャンとしてではないが。

ジョン・F・ケネディの時代に始められた自由勲章は、民間人の最高名誉ではあるが、大統領の人選権限が強いものなので、次期大統領がどんな人物を選ぶか、すでにもらってしまった人間はびくびくものだ。一九八四年にレーガン大統領がウィッティカー・チェンバーズ（赤狩り時代、アルジャー・ヒスに依頼された政府機密重要文書のコピーを、自分の畑のカボチャの中に隠したと証言した元スパイ）に授与した時は、何人かの受勲者から怒りの叫びがあがった。ベイヤードの三年前にゲイ運動の先駆者、サンフランシスコ市議だったハーヴェイ・ミルクの受勲が決まった時も、不平不満の声が上がった。

「私とハーヴェイ・ミルクは同じ勲章を授与されたというのか！」

彼が二〇一四年に切手になった時は保守・愛国団体から「郵便局でハーヴェイ・ミルクの切手を出されても購入せず、代わりに星条旗の切手を寄こせと主張しろ」「彼の切手が貼られた郵便物はすべて差出人に返送しろ」と切手不買・ボイコット運動が起こった。そんな怒号をよそに、ハーヴェイ・ミルク財団の出したコメントは、切手になった偉人の多くが墓の中で深くうなずくものだった。「とてもうれしいことです。だって市議選の時、ハーヴェイは切手を買うお金にも困っていたんですから」そうそう、私も長い間、切手代にも事欠いたもんだよ。でも紙幣に自分の肖像が印刷されたらもっとうれしいだろうな。二〇二〇年にアメリカ紙幣のデザインが刷新される計画があり、五ドル札のリンカーンの肖像の裏にマーティン・ルーサ・キング、二〇ドル札にはハリエット・タブマンの予定だ。実際の刷新は二〇二〇年より遅くなりそうだが、五ドルの支払いにも困っていた他の運動家たちも、これは大いにうらやましがるだろう。

一組のブックエンド

ベイヤードは生涯にふたり「パートナー」と呼べる相手があった。最初の相手、活動の場で一九四〇年代に知り合った一〇歳年下のデイヴィッド・プラットは、ベイヤードが初めて公的な場に自分のパートナーとして同伴した男性だった。ベイヤードが一九四三年二月、ニューヨークの平和主義者集会の檀上で徴兵カードを燃やし、兵役拒否で三年間ペンシルヴェニア州の連邦刑務所に服役した際、彼がずっと獄中から手紙を出し続けた相手はデイヴィッドだった。デイヴィッドは女性名で返事を返したり、二人だけにしかわからない暗号の言葉で気持ちを伝え、獄中のベイヤードにルネサンス・リュートを送った。楽器はベイヤードの元に届き、独学で弾き方を覚えた彼は刑務所で自由時間、リュートを弾いた。刑務所に響く愛のリュートねえ……ルイスバーグ連邦刑務所の中庭からかすかに聞こえるリュートや、日本なら例えば宮城刑務所でどこからともなく琵琶の音が響いてきたら、一服の涼といった風流ではなく、亡霊が奏でていると震えあがった囚人が多かったのではないか。

出所後ふたりは一緒に暮らし始める。アパートの家主は黒人のベイヤードと白人のデイヴィッドが夫婦ではなく、単に家賃を折半しないと暮らせないふたりと見たのだろうか。

活動の中で生まれたカップルの別離は、かならずしも政治的見解の相違からとは限らない。一般的なカップルと同じように、不貞、経済破綻、暴力、あるいはひとつの要因ではなく、多忙を極める生活の中で、気持ちが離れていったカップルも多いのだろう。ベイヤードは気の多い男で、他の男とも付き合った。別離は訪れたが、ベイヤードが亡くなるまで、デイヴィッドは彼に対する愛情を保ち続けていたと言っている。

ベイヤードはいつもデイヴィッドをあからさまに「パートナー」と紹介したわけではないだろうが、周囲はあらゆる種類の拒絶反応をふたりに返した。後日二人目のパートナーのウォルターは

「僕がベイヤードと一緒に現われても驚かれなかったのは、デイヴィッドがさんざん周囲を驚かせたあとだったからだ」と言っている。ウォルターがベイヤードと出会ったのは一九七七年、タイムズ・スクエアで信号待ちをしている時。ウォルターはふたりの視線が合った時、相手が有名な活動家であることに気づいていた。

ベイヤードのパートナーはふたりとも、背の高いベイヤードと漫才のデコボコ・コンビを組むかのように小柄で、かなり年下であるだけでなく、どこか弄びたくなる小動物（いぢめる？）のような印象のある男性だった。あら、そんな相手ではご不満？　実はベイヤードの同性パートナーが二人とも白人だったことも、黒人社会からは好意的に受け取られていなかった。それに対してデイヴィッドははっきり答えている。

「私がベイヤードのパートナーであることが問題であるなら、それは私の問題ではなく、そう思っている人間の問題だ。問題を解決するのは私ではなく、その人間にまかせよう」

ウォルターはベイヤードとデイヴィッド、そして自分の関係を「デイヴィッドと僕はベイヤードの人生に立つ一組のブックエンドみたいな存在だ」と言っている。ま、ベイヤードのお眼鏡にかなうには脳まで筋肉並ではなく、このくらいさらりと言える相手でないと。

著名な政治家となったベイヤードに比べ、ベイヤードとの離別のあとのデイヴィッドの活動についての情報は多くない。それでも彼の方が生涯ＬＢＧＴ運動のため、教会の地下ホールを借りては折り畳み椅子を並べた小規模集会を催し、通行人にビラを手渡す草の根運動家のスタンスを崩さなかったように見える。それがけちな人生と見るか、王道を歩いた人生と見るかは、それぞれの見解による。信仰や政治が、権力や名誉・名声、富を目的でするものなら、寺ひとつ任されない僧や無名の路上活動家というのは、単なる敗残者だ。少なくともベイヤードは、路上活動家のスタイルにとどまることはなかった。

パサディナでの逮捕

ベイヤードはルイスバーグ連邦刑務所に三年収監されるのを皮切りに、留置・服役歴を重ねていく。一九四七年には州間バスの人種分離座席反対運動で、ノースカロライナで一日一〇時間、足を鎖に繋がれた状態で、野外での過酷な肉体労働をする野外労働刑《チェーン・ギャング》を二二日。この時代の活動家でも主に南部で行われていたチェーン・ギャングの実体験を語れる人間はそれほど多くない。キングとも、この話題では大いに盛り上がったことだろう。カフェ・ソサエティの歌手はだんだんに活動家として、マイクの前に立つようになっていく。

ところが、そんな彼が世間で注目を集めたのは、歌手活動とも政治活動とも無関係な西海岸で逮捕されたある事件だった。その時、ベイヤードはある女子大から平和運動についての講演を頼まれてカリフォルニアへ行き、ニューヨークに戻るところだった。

A・J・マスティを含む、ベイヤードがゲイであることを、うすうす感じていた仲間の活動家は

「ゲイにまちがわれるようなふるまいをするな」と彼に再三注意し、少しでもゲイらしい言動をすれば強い拒絶反応を示していた。まちがいではなくて本当にゲイなんだが。ベイヤードも周囲に拒絶反応を起こさせない範囲で「行儀よくするよう」気をつけていた。

しかし、一九五三年一月二一日、カリフォルニア州パサディナの路上に駐車中の車の後部座席で、ふたりの二〇代の白人男性と「不適切な行為中」に、現行犯逮捕されたことが新聞記事になると、ベイヤードがゲイである事実は隠しようもなくなった。事件で六〇日間拘留され、解放された彼と二度と口をきかなくなった活動家仲間はひとりふたりではなかった。自分ひとりにではなく、運動にも泥を塗った奴。マスティは専従だった彼を解雇したが、落ちこんでいるベイヤードを見捨てはせず、よく知る精神分析医の元に送った。分析医は「いいかい、ゲイであることには何の問題もない。しかしゲイを問題とし、どう関わっていいかわからない人々の鼻先に、その事実を突きつければ、まずいことになることは理解しなくては」と話した。

後年この事件のことを持ち出されると、ベイヤードは若気の至りを思い出したように大笑いしながら「もちろんその頃カリフォルニアの路上じゃ、後部座席で同じことをいたしていたやつらは大勢いたさ。でもそれが男女なら、警官は窓を警棒でつついて他に行けと言うだけだよ」と屈託なく語っていたという。カップルではなくスリーサムも大勢いたのか。おめえ、ばあちゃんに言いつけるぞ。

ある意味でこのパサディナ事件が彼の政治活動の分岐点となる。この時ベイヤードが活動していたすべてのグループから「もう二度と自分たちの前に現れるな」と言われ、一度政治活動の場から姿を消したとしてもおかしくなかった。しかしA・フィリップ・ランドルフを含めた、このあと彼を重要なポストに選んだ組織のリーダーたちは、ゲイであることが明白となった彼を「ベイヤードは信頼に値する人物で、自分たちには彼の手腕が必要」と認めて起用した。ゲイをカミングアウトした後、指導的立場についたのはアメリカ政治史でベイヤードが最初の人物だった。失ったものがどんなに大きかったとしても、この事件でベイヤードは大きな自由を獲得する。ゲイであることをもう隠す必要はないのだ。

その後何年にも渡り、彼がゲイであることを弾劾したのはサウスカロライナ州知事、ストロム・サーモンドのような白人政治家だけではなかった。彼が強力なライバルになるのを恐れた黒人政治家、たとえばアダム・クレイトン・パウウェルからも、ベイヤードは活動から身を引かないとキングと関係を持っていると噂をたてると脅された。キングはベイヤードとずっと共闘していたとは言えない。ベイヤードの路線が変わっていったように、キングの運動も変わっていった。

同じ六〇年代の活動家の中で、マルコムXは過激派、キングは穏健派と見られていた。それがベトナム戦争に強く抗議する演説を（ちょうど翌年暗殺されるのと同じ四月四日に）し、メンフィスの清掃員の組合ストライキに駆けつけた晩年のキングのスタンスは、もう穏健派の範疇を越えていた。しかし一九六〇年代のアメリカは暗殺が続いた。六三年メドガー・エバーズ、J・F・ケネディ、六五年マルコムX、六八年マーティン・ルーサ・キング、ロバート・ケネディ。これらの五人が生きていたら、続く七〇年代に、どんなに活躍しただろう、と多くの人が悼む。では彼らは生き延びていたら、どんな政治路線を取っただろう。もっと過激になった？　あるいは妥協路線を取り始めた？　その答えは誰にもわからない。わかるのは生き延びた者の次の時代の足跡だけだ。

ベイヤードは七〇年代に「黒人コミュニティは運動の方向を政治から経済に切り替えるべきだ」と主張した。白人だけでなく黒人も集結する組合を。A・フィリップ・ランドルフ機関の議長就任、一九七二年に社会民主党と名を変えた前社会党の名誉議長。その後の彼の活動や親イスラエルの姿勢などは、昔の仲間から「保守化した」「金にころんだ」「ネオコン」と批判されている。二一世紀になってからベイヤードに名誉が与えられるようになってきたのは、LGBT運動の影響で、七〇年代以降の彼の活動が高く評価されてとは言えない。

二〇年王国の終焉

ところで話をジョセフィンの最後の活動、「虹の部族《レインボー・トライブ》」あるいはジョセフィン二〇年王国に戻せば「そして女王様は子どもたちとタバコ畑のあるお城で、末永く幸せに暮らしましたとさ。めでたし、めでたし」というおとぎ話のような終わりは訪れなかった。なぜかって？　金が尽きたからだ。

政治活動に、大家族の生活を維持する資金稼ぎのステージに、ジョセフィンが城を不在にすることが多かった中、王国では夫ジョー・ブーリヨンは自分のバンドでタクトをふることをあきらめ、子どもたちがきちんとした生活を送れるよう、城の使用人に采配をふるった。子どもたちを愛してはいたが、感情の起伏が激しいジョセフィンは、時には感情を抑えられず、子どもに対しても理不尽な怒りを爆発させることもままあった。そんな時父であるジョーは子と母ジョセフィンの間に割って入り、親がそんな態度をとるべきではないと警告しなければならなかった。ジョーは自分たちの住んでいる城のような、また自分が育てられた家庭のような「堅固な家庭環境」で、子どもたちを養育したいと思っていた。

夫婦は同じ思いで、同じ城に住んでいたが、多分見えていたものは違っていたのだろう。ジョセフィンにとって、城の入り口を入ってすぐの場所にある大広間は「訪れた者に城の広さを印象づけるもの」だったり、二階に上がる時計まわりの螺旋階段は、単に「ロマンチック」に見えたかもしれないが、ジョーにはそれが領主のもとに年貢を納めに来た村人が、スムーズに作物を置いて立ち去るのに必要なスペースであり、螺旋階段は敵が侵入してきた時、下から昇る相手が剣を不利な左手でふるうことになるように、設計されていることがわかっていた。嵐から自分たちの命を守る城や船に必要なものは、ジュヌセクワ（言葉にできない魅力）ではなくて、機能性なんだよ、ジョセフィン。

城の維持費はかさみ、最初五人までという約束の養子が一一人になった時、ジョーは城を去る決意を固めた。ただしすべての子が成人するまでは、離婚は認めない。最終的な養子の人数は一二人だった。

しばらくフランス国内にいた後、ジョーは一九六〇年代末にアルゼンチンに移住し、ブエノスアイレスで音楽の仕事ではなく、レストランを始めた。アルゼンチンの経済状況の先行きに不安がなかったわけではないのだろうが、その後七六年から八三年の七年間、軍事政権となって、三万人もの人々が治安部隊に連行・殺害され、行方不明と登録されるという事態になるとは思ってもみなかったのだろう。

その頃ミュージシャンにとっても、ブエノスアイレスは安全な場所ではなくなった。バンドネオン奏者、アストル・ピアソラは「私にとっての唯一の政治は私の音楽だ」と、自分を政治から距離をおく発言をその頃にしている。「踊れないタンゴ《アンダンサブル》」、新しいタンゴ音楽を生んだことで、ブエノスアイレスの路上で「このタンゴ殺し」という罵声とともに何度も殴られ、「以来怒りっぽくなってしまった」という怒れるミュージシャン、ピアソラでもアルゼンチンでは身の安全のため、口を慎むということを覚えたのだろう。彼は七四年三月からヨーロッパに活動拠点を移して以来（七八年の三月からの半年をのぞいて）、公演が終わるとすぐに機上の人となり、ブエノスアイレスを離れている。ブエノスアイレスで演奏することを何よりも愛した男でも、そこに長く滞在するのは危険だった。七六年にはワールドカップ優勝という快挙があったが、アルゼンチンは景気も治安もこの七年間に悪化の一途をたどった。

それでもブエノスアイレスは、のちに五人の子どもたちの駆けこみ、逃亡、あるいは追放先となった。最初にアルゼンチンに渡ったのは三番目の子ジャリだった。六九年三月に負債を支払えずに城を退去することとなり、モナコのグレース妃がジョセフィンたちのため用意した、モンテカルロの住居、ヴィラ・マリヴォンヌに落ちつくまで、一二人の子は半年に渡る長い休みをパリ市内、スペイン、モナコで過ごしていた。この休みの間にジャリは少年と一緒にバスルームにいるところをジョセフィンに見つかり、兄弟全員が集められた前で「この子はホモだから、兄弟に悪い影響を及ぼさないように、家を出て父のところに行ってもらう」と言い渡された。七四年には自立するにつれ、ジョセフィンとぶつかるようになった一番年上の子アキオ。そして七五年ジョセフィンが亡くなった後、未成年だった一番下の三人を、ジョーはブエノスアイレスに連れて帰った。

ジョセフィンの死後、養子たちのうち四人は、正式に養子となる法手続きが完了していなかったことがわかり、ジョーは一二人全員を正式に自分の養子とした。どんな算段をしたのか、ジョーはジョセフィンが残した多額の債務を、すべて清算している。父と三人の子がブエノスアイレスに旅立った日こそ、ジョセフィンの夢の王国に幕が下りた日だった。

虹の部族のその後

後年のジョセフィンはこんな歌を歌っている「私の村には一一人の孤児がいる。彼らにはふたつの愛がある。村への愛、祖国への愛」。ベイカーの一ダースはいつの間にか一一になってしまった。ゲイであるジャリはもう自分の子とは認められない。ジョセフィンの王国の継承者たちの「祖国」

とはどこか。物心ついた時から住んでいた、城のあるフランスしか知らない子どもたちにとっては、フランス以外の国は、たとえ自分の生まれた国でも、言葉の通じない外国でしかない。言葉の壁は大きい。またジョセフィンから、自分の民族の多くが信じる宗教を受け継ぐように、と言われて育ったが、その宗教に依りどころを見出している者はいない。割りふられたり、押しつけられた宗教は、親が強制できない環境になれば消えてしまう。養子になった順に並べた一二人の近況はこうだ。

1　アキオ　日本生まれ（神道）　在パリ　銀行勤務から定年退職　独身
2　テルオ（ジャノ）　日本生まれ（仏教）在モンテカルロ　造園業　独身
3　ジャリ　フィンランド生まれ（プロテスタント）在ニューヨーク　レストラン勤務　独身
4　ルイス　コロンビア生まれ（カトリック）在モンテカルロ　保険会社勤務　既婚
5　ジャン・クロード　フランス生まれ（カトリック）在パリ　自営業　離婚後独身
6　ブライアン　アルジェリア生まれ（イスラム教）在パリ　ジャーナリスト　独身
7　マリアンヌ　アルジェリア生まれ（カトリック）　在パリ　既婚
8　モイズ　フランス生まれ（ユダヤ教）　ガンで死去
9　マーラ　象牙海岸生まれ（アフリカ伝統宗教）在プロヴァンス　公務員　既婚
10　コーフィ　ヴェネズエラ生まれ（カトリック）在ブエノスアイレス　レストラン経営　既婚
11　ノエル　フランス生まれ（カトリック）在パリ　精神障害者支援を受け自立　既婚

12　ステリーナ　モロッコ生まれ（カトリック）　在ヴェネチア　既婚

一二人のうちで現在フランス・モナコを遠く離れているのは、ニューヨークのジャリとブエノスアイレスのコーフィのふたりだ。マリアンヌとステリーナ、女子ふたりは異性のパートナーと子どもという家族構成だが、一〇人の男子は、独身、既婚、離婚、異性・同性の恋人、子どもあり・なし、とさまざまな形の私生活を送っている。もしかしたら今の日本の法事の会食で聞く、いとこの近況もこれとさほど変わりなくなっているかもしれない。

ジョセフィンの計画では子どもたちはフランスで教育を受けたのちに、帰国して自分のホームランドに貢献することになっていた。アキオは外交官、ジャリはホテル経営者、他に医者、ジャーナリストなど。アキオとともに日本からフランスに連れて来られた二番目の養子、テルオは小さい頃の病気がもとで少し知能が遅れたが、庭師を目指す職業学校に行かせた。親が子に望みをかけて何が悪い。血のつながった親もわが子に社会的成功、財産・職業・宗教の継承、老後のサポート、墓参り（でも墓前での「天国への階段」のギター・イントロ弾きは禁止）、と山ほど望んでいる。望むのは自由。しかし親の望み通りにはならない。何とか元気にやっているのなら、それで充分ではないか。

悲しいのは一一番目の子ノエルが、精神を不調にした原因だ。ジョセフィンの死を取り上げた記事の中に、自分が養子にされる前「ゴミ箱に捨てられていたのを発見された」と書かれていたのを目にした。ティーンエイジャーになって初めてその事実を知った彼は、それ以来精神的に不安定になってしまった。長年統合失調症の治療を続けていたが、現在サポートを受けながら自立し、パートナーとの間に娘もひとりいる。フランスには精神障害者でも、できる限り施設を出て暮らす支援プランがあるという。

血のつながった兄弟でも、成人したあとどのくらい頻繁に連絡を取り合うかはさまざまだ。家庭内で不和があれば「次に顔を合わせるのは親の葬式」という実兄弟はめずらしくない。しかしジョセフィンの子らは、今も互いに連絡を取りあい、まぎれもない兄弟同士の絆がある。「ぼくたちはファミリーであって、プロジェクトなんかじゃない」という「長男」アキオの言葉が、城は失っても虹の部族は健在という何よりの証明だ。

そしてその中のひとり、「三男」のジャリがジョセフィンのホームランド、アメリカに住んでいる。彼はフィンランドからコンタクトをとってきた実の親ともニューヨークで会い、以来「虹の部族」と血のつながった兄弟の双方に連絡を取っている。

「何年かに一度は、誰かしらがニューヨークに会いに来ているよ。ジョセフィンがかんしゃく持ちだったかって？　一二人も子どもがいたらどんなに大変かわかるだろ。そりゃ、たまには、かんしゃくも起こすさ」

ジャリはブエノスアイレスのジョー・ブーリヨンのもとに行った頃から、自分がゲイであることをごく自然なこととして、周囲の人間にもそう話していたという。

「高校生くらいの年頃はゲイであるなしに関係なく、誰にとっても難しい時期で、自分にまだ自信が持てない分、グループで固まって部外者にひどい言葉を投げつけたりしがちです。あなたの高校時代はどうでしたか」と尋ねると「確かにその頃自分がゲイであることを友人に話してはいた。しかし誰にでも言っていたわけではないよ。誰になら大丈夫かを考えての上での話だ」と言う。

ジャリ・ブーリヨンには、自分のアイデンティティに自信を持つ者だけが見せる落ち着きがあった。

「ビリー・ホリデイの歌にまつわる話を私は取材しているのですが、ビリー・ホリデイも、あなたのお母さまもバイセクシュアルだったという人たちがいます。あなたの目から見るといかがでしょう」と尋ねると「ふたりともそうだと思う。いや、別に何かを目撃したとかいう訳じゃないよ」と言う。黙って続く言葉を待つと「ふたりとも……楽しいことは、やってみたいという気質の女性だったからね」

今の彼の暮らしはちょっと人を驚かす。彼は長年付きあった同性の恋人と破局を迎えたあと、女性と結婚をした元恋人と同じアパートの部屋に同居している。それぞれ別の個室を持ち、お互いの暮らしには干渉せず、の上でだよ。たまには元恋人の子のベビーシッターをすることもあり、子どももともいい関係だという。

現在六〇代の彼は、レストランのスタッフをまだまだ続けていく健康も意欲もある。フィンランドにいる兄弟の中にはひとり自殺をした者がいる、と話した時だけ表情が曇った。

「別れたパートナーとその家族と一緒に、暮らしていく、というのは、とてもむずかしいことではありませんか」と聞くと「普通の人には理解するのは難しいかもしれないけれど、やっているよ」フィンランド出身のゲイの男性は、あっさりと、こう言葉を続けた。

「僕はいい人生《グッド・ライフ》を送っていると思っている」

虹の部族から追放されたはずの三男が、実は唯一、母のホームランドに「虹の部族として帰国」したということなのか。

一方、自殺したヤンヤンは伝記の中でこんなエピソードを書いていた。一九八二年、ジョセフィンの弟リチャードの具合が悪くなり、見舞いに行った時のことだ。その頃のリチャードは安い公営住宅に住み、昔ジョセフィンから贈られた旧式のグレイのフォード車は保険もメンテナンス費も払うことができず、ただガレージに置かれていた。その夜、ヤンヤンは初めてリチャードの一歳半の孫娘に会う。母親が寝かしつけようとすると、手足をばたつかせ、のけぞって大暴れしている赤ん坊はジョセフィンそっくりだ。一三番目の養子はこう思う。ジョセフィンはどこかに行ってしまったのではない。ここにいる。

長男、アキオが母親であるジョセフィンについて、ジャーナリストから聞かれると繰り返す言葉は、多くの母が息子に望む寛大なものだ。

「彼女はまちがった行動もとったけれど、完璧な人間なんていませんよ」


リトル・レッド・スクール・ハウスとバーミツヴァー

インタビューはもう二時間以上になっていた。トイレにも行かず、飲み物も口にせず、一秒たりとも無駄にせずに話を聞いていたのに、時間はあっという間に過ぎた。土砂降りの中でも先に撮影をし、その後インタビューに集中したロバートの判断が、正しかったことは認めざるをえなかった。それでも時間がなくなりつつある中、質問もだんだん早口になってきていた。

――エイベルさんとアンさんは教師だったわけですが、両親とも教師というと、家で誰かが冗談を言ったりする雰囲気ではなく、子どもの学業面での成功を非常に重んじる家庭を想像します。実際にはどんな家庭でしたか。

エイベルはおかしな替え歌や作り話を、家の中でいつも披露していた。テープレコーダーとマイクで家の中をスタジオに見立て、家族四人で架空の家族ラジオ番組を作って遊んだりした。コマーシャルも入り、架空のニュース、アンのギターで歌のメドレー。それでは皆さん、またお目にかかりましょう！というところまで。アンはエイベルが変な声で歌うふざけた歌やほら話に、兄や私と一緒に笑い転げていたが、時には「エイベル、あなた、子どもたちを興奮させすぎているわ」とたしなめていた。

しかし、それはエイベルの一面で、気晴らしより自分の部屋に籠り、できる限り長くタイプライターに向かうことを望んでいた。彼は怒りを自分の中に抱えこむところがあってアンの心臓病での突然の死後、それがうつ状態とアルツハイマーの引き金となったんだろう。

「レオポルドおじさんのところに行ってくるよ」というのが、どういう意味なのか子どもの私はわからなかったが、エイベルの五つ年上の兄は若い頃精神病で入院し、二〇年以上たったその頃もロングアイランドの病院にいた。七つ年上の姉アデルと交代でエイベルは兄を見舞っていたんだ。同行したことはなく、くわしいことは聞かされなかったが、エイベルは自分もいつかメンタルで問題を抱える可能性があると思っていたかもしれない。

エイベルとアンからいい成績を取れという表立った圧力はなかったが、それは言うまでもないことだった。私はそこそこよりは上の成績を取っていたが「あなたはもっといい成績取れるはずよ」とよく言われたな。兄は飛び級をして、四歳しか年は変わらなかったのに学年では五年上だったから、ふたりはそのくらいを「普通」と思っていたのかもしれない。

――四人で暮らすようになって六年後に、ニューヨーク郊外のハドソン・ハッチソンの一軒家に引っ越されたのは、サシャ・デステルが「リンゴ・モモ・サクランボ」を歌詞だけ変えてフランスで歌っていたのを訴えた、国際裁判に勝訴してまとまったお金が入ったことと関係ありますか。

マンハッタンのアパートから三階建ての家に引っ越したのは六一年で、裁判に勝ったのは翌年だ。たしか裁判の後でエイベルは新車を買ったな。私たちは大学進学で家を離れ、そのあとエイベルとアンはサウス・マイアミに引っ越す七二年までその家に住んでいた。

私たちの生みの両親の弁護士のエマニュエル・H・ブロック（バーニー・ジョセフソンの三番目の妻

グロリアの上司）が、私たち兄弟のための教育基金というのを作っておいてくれたために、エイベルは進学のためのお金については心配する必要はなかったんだ。ただ教育ということでいうと、エイベルは私たちを公立の小学校ではなく、グリニッチ・ヴィレッジのリトル・レッド・スクール・ハウスという革新的なカリキュラムの学校に入れた。私が高校に行く頃、その学校では少々生徒の自由が目に余るということがあって、エイベルは環境を変えた方がいい、と考えたようだ。

——あなたが民主社会学生同盟（SDS）の運動に加わったというのは、その頃ですか。

私は一六歳の時、SDSに登録し同盟員証を財布の中に持ち歩いていたが、大した活動はしていなかった。本格的にSDSの活動を始めたのは、一九六七年にインディアナ州のアーラム大学からミシガン大学に移ってからだ。

——エイベルさんは、革新的な私立学校をおふたりのために選ばれたわけですが、ユダヤ人としての教育、たとえばバーミツヴァー（ユダヤ教の堅信式）はおふたりともなさいましたか。

エイベルとアンは私たち兄弟の親権を、法廷で正式に勝ち取らなければならなかった。ふたりが私たちにきちんとした教育を与えられるか、というのがひとつの関門で、ユダヤ人としての教育を受けさせ、バーミツヴァーもきちんとやる、ということが条件として決められていた。

——あれ、ものすごく長いお祈りをみんなの前で唱えるんですよね。

もう永遠に続くんじゃないかと思うほど長いものだよ。でも子どもの頭は暗記するのは楽だし、すぐ後ろに忘れたら助け船を出す人間が控えているから。家の中で宗教的なタブーはほとんどなかった。豚肉もＯＫ、ただどうしてここまで焼き過ぎにっていうくらいしっかり、火を通して食べていた。細心の注意を払って取り扱う食材っていう認識だったんだろうね。

二階の本棚

――それではそろそろおふたりの生みの親であるローゼンバーグ夫妻について質問させてください。ミーロポル夫妻の養子になって名字が変わって以来、マスコミが押しかけることはなかったのでしょうか。またご自身がローゼンバーグ夫妻の遺児である、ということを周囲の人にはどんな風に話したり、裁判のことを学んだりしていったのでしょう。

これを話すと皆驚くが、名字が変わって以来、私たち兄弟のことを記事にしようと追いかけてきたマスコミが何社いたと思う？　ゼロだ。一社も追いかけてこなかった。もちろんそれは自然にそうなったわけはなく、ちゃんとした根拠のある説明ではないが、ひとつ話を聞いたことがある。

エイベルが私たち兄弟の親権を得る裁判の中で、彼が親となるのにふさわしい人物だと証言台に立った友人たちが何人かいて、そのひとりがどこかの大学で学部長《ディーン》をしていた男性だった。私たちはディーン・ジョンソンと呼んでいた。彼はアイゼンハワー大統領をよく知っており、アイゼンハワーに名字の変わった私たちのことを話した可能性がある。それでアイゼンハワーがローゼンバーグの遺児たちにこれ以上心痛をかけることは望ましくない、今後は取材しないように、とマスコミにおふれを出したんじゃないか。これは裏づけのある話じゃないよ。ただ誰かがマスコミに圧力をかけず、自然にそうなることはなかっただろう。

私自身はエイベルの許に引き取られて学校に通い、すべてが静かな生活になってからは、裁判や実の親のことを一切口にしなくなった。消音モードにしたというか。ただしエイベルの友人たちは裁判のことを知っていたから、周りの誰ひとりとして私たち兄弟が誰であるか知らない環境になったということではない。

私はいつも裁判のことや実の親のことで、わからないことがあると兄に訊いていた。しかし兄は大学に行くために家を出て、私もそのうち大学に行くために家を出ることになっていた。そうなった時誰かに実の親のことを訊かれて「知らない」と答えるわけにはいかない。そこで初めて自分でローゼンバーグ裁判のことを学ぼうと思ったんだ。その時気づいたのはハドソン・ハッチソンの三階建ての家の二階にある本棚のことだ。そこは客の目に触れたりすることもない部屋で、その部屋の本棚にローゼンバーグ裁判の本が何冊も置いてあることは前から知っていた。エイベルもアンも私たち兄弟に、何歳になったから裁判のことを学ぶべきだ、などと言ったことは一度もないし、子どもの目から何か情報を隠そうともしなかった。しかし自分で知ろうと思った時には見られるように本棚に書籍を並べていた。

大学に入り、反戦運動に関わる中で妻となる女性と知り合った頃も、ローゼンバーグの子であるということは公にしていなかった。彼女とはずっと親しくしていたわけではなく、一時期連絡を頻繁に取っていないこともあった。でもミシガン大学にいる時「今度の週末あなたのアパートに泊まりに行ってもいい？」と電話がかかってきて「これからずっとぼくと暮らすという条件なら泊めてもいいよ」とプロポーズしたんだ。

とはいえ、ローゼンバーグの息子ということを黙ったまま、結婚するわけにはいかない。彼女がアパートに来てから「エレン、結婚するならその前に知っておいてほしいことがある。ぼくの実の親はローゼンバーグなんだ」と言ったら「知ってたわよ、とっくに」と言われた。彼女は私がそのことをどう明かすかを見ていたんだな。一種のテストだ。

――あなたのお兄さまも結婚する前に、ローゼンバーグの子ということを奥様に話されたでしょうか。

話したはずだ。そんな重要なことを隠したまま結婚はできない。

私と兄は積極的にローゼンバーグの遺児であるということを、オープンにしないまま成人になっていた。ところが一九七二年二月に刊行されたルイス・ナイザーという有名な法廷弁護士の『爆縮《インプロージョン》の陰謀』という書籍の中で、両親の手紙を無断使用していたと知らされた。もし著者と版元のダブルデイを訴えるとしたら、実名で法廷に書類を出さなければならない。手紙の著作権継承者が訴えを起こしたら、それは息子ふたり以外考えられず、そこに書いてある名前で今の自分たちの実名を公表することになる。最初のうちは匿名で訴訟を起こすことができないかと考えていた。私たちは裁判を起こす必要性と、それによって自分たちの今の生活をマスコミに暴露してしまうことのどちらを取るか天秤にかけることになった。兄とも随分話をしたし、弁護士とも話をした。私も兄ももう家庭を持つ身で、家族も一緒に巻きこむことになるのだから。それでも最終的に訴訟をすると決め、どの程度マスコミの注目を引くことになるかはわからないまま、七三年の六月一九日、弁護士のマーシャル・ペーリンに訴状を作成してマンハッタンの裁判所に出してもらった。

そしたら訴状を提出した翌日、本当にもう翌日だよ。じゃーん！　ローゼンバーグの息子たち、ルイス・ナイザーを訴える！　新聞にでかでかと書かれた。マイケル二九歳、ロバート二五歳、現在は養子となったミーロポルの名字を名乗り、マサチューセッツ在住。そこまで書かれたら、もう隠れてはいられない。

その後ウォーターゲイト事件などの影響で、政府文書情報公開がされるようになり、それまで目にすることのできなかった裁判の資料を要求できるようになった。そういう流れがあって両親の裁判のやり直しを求める運動を始めた。最初から自分たちの姿を表に出して抗議することに積極的だったというより、時代の波に影響されたところが大きい。

ところで結婚後子どもができてから、ローゼンバーグのことをどう伝えるかに関しては、エレンとも随分話し合った。それでどうしたと思う？　君は自分の名前をいつ誰からどんな風に教わったか、記憶しているかい？　覚えているはずがない。生まれた時から自分の名前をしょっちゅう聞いていたのだから。私たちのやり方はローゼンバーグについて、いつも家庭で話をして、自分の名前と同じように、いつ誰からどんな風に聞いたかなど覚えていないくらい、身近に話して聞かせることだった。ところがこの戦略のおかげで、サンフランシスコに二年間いた時、ふたりの娘が通っていた小学校で思わぬ騒動が起きた。

学校で「今日はこの国の政府のことを勉強します。みなさん、ガバメントという言葉を聞いたことがありますか。ガバメントとは何でしょう」と教師に言われたとたん、下の娘は手を挙げて「はいっ、ガバメントとは私のおじいちゃんとおばあちゃんを殺した人たちのことです」と答えたんだ。教師はびっくり仰天。エレンは学校から呼び出しをくらった。

――すごい家庭教育の実りですね。それが今ブルックリンに住んで、弁護士をなさっているレイチェルさんですか。

そうだ。私たち夫婦は何か月かに一回、レイチェルのところには泊りがけで孫の世話に行っている。彼女は共稼ぎで忙しいからね。これから夏休みにも向こうに行く予定だ。

ローゼンバーグ児童基金

――そして一九九〇年から政治犯の子どもをサポートする、ローゼンバーグ児童基金を立ち上げられたわけですが、この「伝えていこう《キャリー・イット・フォオワード》、広めよう《パス・イット・オン》」というスローガンのNPOは、どんなプログラムによって刑務所に親が入った子どもをサポートするのでしょう。

サポート・プログラムの三本柱はカウンセリング、文化プログラム、サマーキャンプ。ひとりの児童に大体二、三千ドルのサポートをしている。具体的な金の使い道？　今すぐ必要な歯の治療や学習用のPCの購入、音楽やスポーツをする費用……本当は住宅や生活までサポートできたら理想的だが、まだそこまでになっていない。サポートは一八歳になるまで継続的にする。親が刑務所に入ることで引き離され、逆境に放りこまれた子どもにとってカウンセリングはとても重要だ。キャンプや会の集まりで、私たちが目指すのは子どもが安全で楽しい環境でリラックスした時を過ごし「ただの子ども」に返れる状態だ。行きたくても人里離れ、なかなか行くのが困難な刑務所への面会をサポートすることもある。同じような境遇の子どもと一緒になり、自分の体験を話す機会を持つのは本当に大きなケアになる。

最後のピアノ演奏

――もう時間がなくなってきたので、最後の質問です。エイベルさんが亡くなる前、残した言葉はありますか。

エイベルがアルツハイマーの老人専門のユダヤ系介護ホームにいた四年間のうち、亡くなる前の四ヶ月はまったく誰とも口をきかない状態で、私たちが会いに行っても反応することは一切なかった。だから彼の最後の言葉というのもないんだ。亡くなったと連絡が職員からあった時、私はボストンにいて、兄にも連絡があったが、ふたりとも亡くなった瞬間、そばにいたわけではない。ただそれより前、レコードをいろいろ聞かせると反応した時期もあった。何か思い出したように見えた時、ピアノの前に連れて行ったら何コードか弾いたが、それは確かに「奇妙な果実」だった。そんな状態でも指はコードを覚えているんだね。あの曲だけはレコードで聞かせるとはっとしていた。それが亡くなる四か月前だ。さ、今晩泊まるモーテルまで送ってくよ。

帰りの車内、ロバートはまっすぐ前方を見て運転しながら、ふいを突くように言った。

「君はこのインタビューのために、私の午後を使わせたことをすまなく思っているだろ」

これはインタビュアーが絶対相手に与えてはならない印象だった。しかし急にそう言われて、思わずぎくりとしてしまい、もう取り繕ったところで無駄なので答えた。

「思ってます」

「遠いところからきた人間からインタビューを受ける。それはそんなに悪いもんじゃないよ……悪いもんじゃない」

しばらく黙ってから彼は、インタビューの中で最も重要な一言を口にした。

「いい人生《グッド・ライフ》だと思うよ、今の私は」

思わず緊張する中、エセル・ローゼンバーグがどこかでその言葉を聞いて、あっさりとうなずいたような気がした。いい人生。六十数年前、『ザ・ローゼンバーグ・レターズ』を購入し、その代金のいくばくかが、ふたりの遺児の養育基金に行くというのを祈るような気持ちで信じた、世界中の何百万かの読者は、六〇年後のロバートから、どれほどその言葉を聞きたいと願っていただろう。

「お兄様も同じことをおっしゃるでしょうか。いい人生だと」

「その質問をするのに、今は最悪の時期だと思うね……ひと月前に妻を亡くしたから」

いきなり車内の温度がぐっと下がり、テルミンは完全に霧散した。「しばらくお待ちください」のアナウンスが入る放送事故級の沈黙。何でもいい。とにかく話をつながなければ。

「それは突然……つまりアンさんの心臓の時のようなお別れだったのですか」

「ここ何年か闘病していた。それはそれでやはり苦しいものだ」

あとちょっとでモーテルに着くというところで、話はそれまでとは比較にならないほど重い空気になった。アメリカの七〇代の夫婦の、どちらかが病院での治療にもかかわらず、（ガンで）亡くなる。同時に亡くなるのでない限り、高齢になった夫婦のどちらかが相手に先立たれるのは、避けられない。それなのに、このただならない空気は何だろう。それをさらりと受け流せなかった私の手際のなさか。「奇妙な果実」の楽譜を前に、私がフリーズした時と同じように、時間切れという感じでロバートはまた話し始めた。

「マイケルは悲しみに沈んでいる。しかし深い愛情を築いた相手を亡くしたからこそ、それだけ悲しいんだ。私たちは早くに親を亡くしたことに人生を影響されている。若くして自分の家庭を持ち、兄弟ともにその相手と四〇年以上（マイケルと妻のアンは金婚式を迎えていた）別れもせず連れ添ってきた。今のアメリカではその記録は悪くないもんだよ」

「明日はローゼンバーグ夫妻の命日です。日没の頃、何をなさいますか」

「これが乱暴《ルード》だと思われないといいんだが、マイケルと私はそろそろ六月一九日を普通に過ごしてみようと話し合っている。もちろんそうしたところで両親のことが頭のわきでちらちら浮かび上がるのは止められないよ。マスコミに実名が出て以来、両親が亡くなって五年、一〇年の区切りの年には四社か五社はメディアが来てインタビューされていた。最近だと二〇一三年の六〇年目だ。七五年目まではあと九年ある。その時までマイケルも私も元気でいられるかどうか。七五年は大きいイベントになるだろうな」

雨はやんだとはいえ、まだ雲が空を覆い、この日の日没は見られそうもなかった。介護ホームの外で撮影をしていた時より、あたりは格段に明るくなっていたが、それでもそれは夕暮れの明るさだった。マイケルとロバートは八〇になろうが一〇〇歳を越そうが、車椅子で壇上への移動が可能で、声がちゃんとマイクに入るように誰かに調節してもらえる限り、聴衆の前で死刑になった両親のことを話すつもりのようだった。あとを継いで政治犯の子どもへのサポートを「伝えていこう、広めよう」とする娘は、まだオフィスで働いている。

(誰の息子だと思っているの。私の息子よ)

スバルの小さい車内にそんなスペースはありえないのに、さっきよりもっと遠く、助手席から凧を揚げたようにずっと後ろ、頭上五メートルから、イディッシュ・マミーに話しかけられたような気がした。前方にモーテルが見えてきた。

メリーゴーランドを降りる時

人間が地球という、銀河の青いメリーゴーラウンドに乗っていられるのは、せいぜい一〇〇年くらいのものだ。あなたが剥げたペンキに、タテガミが少し欠けた木馬から下りても楽しい音楽は止まらない。立ち去る前に振り返ると、地球はまるで何もなかったようにまわっている。ひとつの疑問が湧き上がる。自分はこの地球に何かを遺したのか？

多くの人にとって、自分のＤＮＡを受け継ぐ子孫や自分のやった仕事が、亡くなった後もしばらく地球に遺っていたら、満足してこの世を去っていけるだろう。しかしそんなものだけでは、とても満足できないという人もいる。もっと自分の名を残したい。たとえ死後でもいい、勲章をくれ、銅像を建てろ、記念日の設定、栄光の殿堂入り、偉人伝の出版、自分を讃えるフォークソング、伝記映画、ＴＶドラマ、舞台、もっと、もっと、もっと……。

星に願いを

ハリウッドの栄光の舗道《ウォーク・オブ・フェイム》は、そんな果てしない虚栄心を満たすのに、うってつけの仕掛けだ。むろんそれは、スターの虚栄心を満たす目的で、ハリウッド通りの舗道に、彼らの名の星を埋めこんでいるのではない。ハリウッド商工会議所の目的はひとつ、キャッシュだ。全米全世界からひとりでも多くの観光客が訪れ、少しでも多くのお金をハリウッドに落としていくことを願って、商工会議所はこのプロジェクトに今日も勤しんでいる。

この本を読んでいるあなたも、いつかハリウッド商工会議所から「おめでとう！　あなたはウォーク・オブ・フェイムの星の候補者に選ばれました」と連絡をもらえるかもしれない。必要な手続きの手順を覚えておいて損はないだろう。

まず自分が候補に入っているとわかったら、ただちに本人か代理人が委員会に申請書を出して、自分がぜひ星を獲得したいと思っている意志を伝えよう。これによって星の受け取り拒否を言い出す、ハリウッドのエンターテイメント産業から結構な桁のお金をもらっているくせに、ハリウッドを馬鹿にしている演劇・音楽・マスコミ界の人間を排除できる。ウォーク・オブ・フェイム委員会のお偉いさんにインタビューしたら、大体こんな説明が返ってくるのではないか。

安ぴか《ティンゼル》タウンとも呼ばれるハリウッドは、褒められるようなことばかりしているとは言えないが、それでもこの街を見下したり、鼻であしらうような奴はお断りだ。特に東海岸の……実名を挙げろって？　そうさな、ウディー・アレンにだけは絶対やらんぞ。それに、いくら自分がブロードウェイとハリウッドの双方で活躍していますと言い張っても、活動の軸がニューヨークにあり、仕事が終わり次第、すぐに飛行機で東海岸にとんぼ返りするような「ハリウッドに対する愛情の足りない」人間はダメだ。ドジャーズを見てみろ。「来年こそは（優勝するぞ）」が合言葉だったブルックリン・ドジャーズ時代、ワールド・シリーズでの優勝はやっとの一回だったチームが、ロスアンゼルスに移って我々の仲間になったら、どうだ！　五回も優勝を果たしているじゃないか。だからこそロスアンゼルス・ドジャーズ五〇周年の二〇〇八年に、ウォーク・オブ・フェイム委員会は彼らの五〇周年記念に対して、星を贈ったんだ（これにひっぱられるような形で二年後の二〇一〇年に、ディズニーランド本体に対しても、五〇周年記念の星が贈られたのか）。愛、愛だよ、重要なのは。ハリウッドに対する愛。

ニューヨーク組は結構いい仕事をしていても星の獲得が難しいとなると、ブロンクスのデウィット・クリントン高校の卒業生、リチャード・ロジャーズの星はあるかが気になってくる。残念ながらジンジャー・ロジャーズを含めて八個もロジャーズの星はあるが、リチャード・ロジャーズの星はない。デウィット高校卒業生で星を得たのは、コメディアンのトレーシー・モーガンと「エクセルシオール」なスタン・リーだけだ。スタン・リーは一九八一年から西海岸に移住していたが、東海岸に貼りついているトレーシー・モーガンは、よくもらえたものだ。それでは「奇妙な果実」だけでなく、愛国的な「わたしの住む家」も作ったエイベルの星はあるか……初めからリストに名前を探す気にもならない。

世界で一番長い墓碑

ハリウッド商工会議所に申請書を出す時点で、ふたつの義務を果たすことに同意していなければならない。星の設置費・メンテナンス費となる寄附金を納めることと、セレモニーへの参加。つい最近まで三万ドルと言われていた寄附金は、いまや四万ドルまではね上がっている。どこまで相場が上がるかと気をもんでいても仕方ないので、実際にもらえると決まった時点で、金額と分割払いも可能か確認した方がいい。代理人がそのふたつを代行するのであれば、リンチンチンのような動物(星を得たのは三匹そろって犬)、ミッキーマウスやバックス・バニー、白雪姫、ティンカー・ベルのようなアニメのキャラクター、ゴジラやカエルのカーミットのような、背中にファスナーがついていたり、テーブルの下に人間がいたりする存在でも、かまわない。

亡くなった人も星はもらえる。映画の誕生から、映画テクノロジーの発展に貢献した人物はトマス・エジソンやジョージ・イーストマン(コダック社創立者)同様、星をもらっている。すべてのスターが所属映画会社に寄附金を払ってもらえるとは限らず、三、四万ドルなど端金と思えるスターばかりでもない。ファン・クラブがお金を集めることもある。

随分高飛車な条件ではあるが、これによって守られるものもある。ハリウッドとスターの双方の面子だ。ここに星がない理由は、ハリウッド側が星を贈呈するほど、そのスターが「いい仕事をしたわけでも、人気があったわけでもない」と思ったからなのか、「そんな大金をハリウッドに寄附したり、横で犬がオシッコしている路上でのセレモニーなんか参加したくない」と、スターの方から突っぱねたのか。「それについてはコメントできません」と不明にしておくことで、どちら側の面子も立つ。「俺はハリウッドなんか嫌いだ」と本人が言っていても、亡くなった後、遺族に話をしたらすぐにまとまるケースもあるだろう。

一度埋めこまれた星は、その後その人物が何をしようと撤去されることはない。星は成し遂げた業績に対して贈られるものであり、人物に対してではないからだ。一九九六年、「ハリウッドはユダヤ人の所有物になっている」と反ユダヤ的発言をしたマーロン・ブランドに対し、彼の星を撤去しろという抗議が起こった。その時ウォーク・オブ・フェイム委員会会長であり、ハリウッド名誉市長のジョニー・グラントは不滅の金言を残した。

「いや、星の撤去はなし。もし馬鹿な発言をした奴の星は撤去なんてことをしたら、舗道に残っている星はひとつもなくなってしまう」

今もなお毎年二〇個前後、増え続ける舗道の星は二六〇〇を超えたが、そのうち一五〇〇は設置の始まった年から翌年にかけて設置されたものだ。初期の星は、ほとんどが故人の星となり、いまやウォーク・オブ・フェイムは、なかば世界で一番長い墓碑を歩きながら見ているようになっている。実際に星を得たスターが亡くなると、ウォーク・オブ・フェイムに花を手向けに来るファンが大勢いる。できればキャンドルはやめてほしい。舗道の蝋をこそげ落とすのは結構手間だから。

次々生まれる新しいスターの誰に、星を与えるべきかで委員会は手一杯で、過去に取りこぼしがなかったか考えている暇もない。サイレント映画のスターから一九五〇年代までに活躍した人物が、六一年までに星を獲得していなければ、それはお気の毒。その時点で星に値しないと委員会が一度判断したということだった。しかし時代が変わり、思わぬ人物が星を獲得することもある。

チャップリンの星

星をもらって当然と思われていても、実際にもらうまで一〇年以上の年月を要したのがチャーリー・チャップリンだった。ウォーク・オブ・フェイムの構想が生まれた当初から、ハリウッド映画への貢献度を考えるなら、チャップリンは真っ先に星を得て当然な人物だったが、赤狩りの時代がそれを許さなかった。七二年にチャップリンへ、アカデミー特別賞を渡すことが決まったと聞いてから、ハリウッド商工会議所はばたばたと動き始めたのだろう。アカデミー賞授賞式はいつも、ロスアンゼルスのダウンタウンにあるミュージックセンターで夜に行われる。それなら同じ日の日中に星の授与のセレモニーをしよう。

オスカー像をもらうため、チャップリンはスイスから四日間だけハリウッドに戻ってきた。前年フランスからレジオン・ドヌール勲章をもらっており、この三年後にイギリスのナイト爵位の授与もされた。それに比べればハリウッドの栄誉はそれほど重みはないだろう。しかしこれは彼にとって一緒に仕事をした、元の古巣、元の同僚、自分の仲間から贈られる賞賛なのだ。全米に放映されたアカデミー賞授賞式で、彼は批判的な言葉は一切口にせず、ただ感謝のみを短く語った。それでもハリウッド商工会議所は、四日間ずっと冷や汗をかいていた。チャップリンを殺すという脅迫電話が何件もあり、星の授与反対の投書も山ほど届いた。本人の生命の危険のみならず、チャップリンの星まで「せめて彼がスイスに戻る飛行機が離陸するまでは」破壊されないように、ガードマンを雇わなければならなかった。チャップリン自身はセレモニーに出席せず、一二歳の孫娘スーザン・チャップリンが代理に出席した。セレモニーが行われる前から、すぐそばの舗道で白髪の女性が「チャップリンの罪」について書いたビラを観光客に配っていた。それでもお日柄も良く、セレモニー自体はつつがなく行われた。愛らしい孫娘は山高帽にステッキを持った昔の祖父そっくりさん、駆けつけたキーストン警官《コップス》のエディ・レベクとキーストン警官そっくりさんたちと一緒に写真に納まった。「人生はクローズアップで見れば悲劇。ロング・ショットで見れば喜劇」というチャップリンの有名な言葉はこの頃のものだ。

ジャズの星々

それではジャズ・ミュージシャンはどのくらい星を獲得しているだろう? ジャズ界で一九六一年までの初期星に名を連ねるのは一七名、アルファベット順で、レイ・アンソニー、ルイ・アームストロング、ジミー・ドーシーとトミー・ドーシーの兄弟でひとつずつ、ビリー・エクスタイン、デューク・エリントン、エラ・フィッツジェラルド、エロール・ガーナー、ベニー・グッドマン、エディー・ヘイウッド、ピー・ウィー・ハント、スタン・ケントン、クライド・マッコイ、グレン・ミラー、サラ・ヴォーン、テッド・ウィームズ、ポール・ホワイトマン。

ナット・キング・コールのようなジャズ・ピアニストからポップ歌手に転身したスターや、レナ・ホーン、ペギー・リー、ジュリー・ロンドン、ナンシー・ウィルソン、フランク・シナトラなど、「ジャズも」歌った歌手も入れたら、ずるい水増しだろうか。ミルズ・ブラザーズはどうだろう。ビッグ・バンド全盛期のバンド・リーダーで、無理やりジャズの星に数えられるミュージシャンが、ひとりでもいたらそれも数えよう。それだけやっても、ジャズとカントリー・ミュージックを比べたら、どちらの星が多いだろうか。カントリーの中には、ハリウッドの無敵王者、歌うカウボーイと言われたジーン・オートリイも入っている。彼はウォーク・オブ・フェイムで、ただひとり五部門すべての星を獲得している（ボブ・ホープは四つ星だが、音楽の星だけは持っていない）。メキシコ系のミュージシャンが健闘しているのも注目に値する。

ジャズの星の数をクラシックと比べてしまってはお話にならない。レオナルド・バーンスタイン、マリア・カラス、エンリコ・カルーソー、ウラジミール・ホロヴィッツなどを筆頭に、クラシック界では五〇人以上が初期星だ。

六一年以降一〇年以上、ジャズ界で星をもらったミュージシャンはいない。代わりにどんどんロックスターの星が増えてくる。それでも七六年にデイブ・ブルーベック、七七年、ハーブ・アルパート、八一年、メル・トーメ、八二年、カウント・ベイシー、ライオネル・ハンプトン、八三年、ジョー・ウィリアムズ、八五年にもう一度サラ・ヴォーン、八九年、セロニアス・モンク、九一年、テックス・ベニケ、九四年、ハービー・ハンコック、九五年にディジー・ガレスピー、九八年にマイルス・デイヴィスが星を獲得した。二一世紀になってからは二〇〇九年のデイブ・コズと、生誕一〇〇周年の二〇一〇年にやっと星をもらったルイ・プリマ以外に、ジャズ・ミュージシャンはいない。マルサリス兄弟もロイ・ハーグローブもジョシュア・レッドマンもない。

ルイの星々

ルイ・アームストロングより約一〇年遅くニューオリンズで生まれ、同じファーストネームのイタリア系トランペッター、ルイ・プリマ。彼が、アームストロングより五〇年遅れ、世紀をまたいで、ジャズの星をひとつ増やしたのは快挙だが、生誕一〇〇周年とはいえ、彼がいきなり星を獲得したのには、いったいどういう経緯があったのだろう。歌手で彼の四番目の妻、キーリー・スミス（ジャズの星に数えるべきかもしれない）も彼より一二年早い一九九八年に星をもらっているが、それとてあまりに遅く、首をかしげるタイミングだ。

トランペットより、しゃがれ声でポップスを歌っていた印象が残るプリマは、ポップス歌手として星をもらった可能性はあるが、アメリカ人なら同じ時代のこの歌手がもらっていないのになぜプリマが、と思う歌手はいくらでもいる。彼の受賞がスフィンクス級の謎なのに変わりはない。しかし目くじら立てるほどのことではない。一〇セント《ダイム》（服役一〇年）以外のヒカリもんは、しめこのウサギとゴチになるのが職人よ。

ジャズ・ファンにとってはウォーク・オブ・フェイムの人選は話にならない。ジャズ界にジャイアント・ステップスを残したミュージシャンは何人も無視されている。

ルイ・プリマのヒット曲の中にはいくつかのカバー曲も含まれていたが、そのひとつ、一九五六年のヒット「ジャスト・ア・ジゴロ」が彼の特別のお気に入りだったようで、ニューオリンズの彼の墓碑に歌詞が刻んである。商売やめたら言われるだろう。あいつはケチなジゴロだったと。この歌は三〇年代にルイ・アームストロングも歌っていて、どちらのルイの歌がいいかは好みによる。夏のビーチでの昼寝時、ポータブル・ラジオから聞こえてきたら最高な、ゆったりとしたサッチモ版か、もっとアップテンポで、安っぽく、客から金を巻き上げることばかり考えているジゴロにぴったりなプリマ版か。ルイ・アームストロングはニューヨークで亡くなり、今はクイーンズの墓地で眠るが、ルイ・プリマは体調をくずしてからニューオリンズに戻り、故郷で眠っている。

この歌はもともとプリマが歌う約三〇年前、一九二九年に発表されたドイツの「ジゴロ」という歌で、オーストリアの軽騎兵《ユサール》だった男が、軍をやめてから行き場がなく、ダンスホールの女性客と踊るダンサー、つまりジゴロとなりながら、軍服に身を包んだ昔の栄光の日々を思い出すというほろ苦い歌だった。しかし他国でいくつか別のバージョンが作られていき、プリマが歌う頃、元曲に「相手がいない」「やさしいママさん、俺に賭けてみないか。そんな悪くないぜ」というアームストロング版にはないサビがつけ足された。軍での栄光の日々という要素は消え、アメリカ版でジゴロが気にしているのは、色事師《スケコマシ》の商売道具、「若さと美貌」の衰えだ。マリリン・モンローが同じ頃、映画『紳士は金髪がお好き』の中で歌った「ダイヤモンドは女の最良の友《ダイアモンズ・アー・ア・ガールズ・ベストフレンド》」の歌詞「若さのキレは衰えるけど、ダイヤのカットは変わらない」と同じような人生観だ。異性を自分の美貌の虜にして、金を巻き上げられるのは若いうちだけ。

お目当ての女性あるいは男性ダンサーと一曲踊るために、チケットを買うタクシー・ダンスホールは、ルイ・プリマが歌った五〇年代にはすでにすたれていた。しかし、ひとり悲しくさびしいという言葉も、同情を引く口説き文句でしかない女たらしの歌は、その後もさまざまな歌手に歌われていった。プリマよりさらに三〇年後、デヴィッド・リー・ロスがこれを歌った頃は、多くの楽曲にはプロモーション・ヴィデオ（PV）が作られており、ハリウッドのテレビ番組のスタジオ撮影現場をロスが跳ねまわるPVは、その奇天烈《ビザー》ぶりに、ユサールの馬の歯も抜け落ちそうなものだった。

ジゴロが歌う若さの終わりが、墓碑では人生の終わりを歌うように読める。それでも、俺が去っても皆生きていく、という歌のエンディングに悲しさはない。ま、結構いい目も見たよな。この先プリマのひ孫、やしゃ孫が墓碑を読んで、パパ・ルイはジゴロだったのか、と勘違いしないか心配だが、曲を聞かせれば、天使ガブリエルがトランペットを吹く像が目印の、墓のまわりで踊り出すだろう。

ビリーの星

ビリー・ホリデイのウォーク・オブ・フェイムの星は、亡くなって二七年後、生きていれば七一歳の誕生日を迎えていた一九八六年四月七日に贈呈された。セレモニーではいつものように、でっぷり太った体を白いスーツ姿に包んだジョニー・グラントが場を仕切り、ノーマン・グランツやカーメン・マックレイがビリーを讃えるスピーチをした。彼女の伝記映画が作られて一四年後、ビリー役を演じたダイアナ・ロスが星をもらってから二年後のことだった。勘弁してくれ《スペア・ミー》。なぜこのタイミングだったのだろう？

八一年にビリーの遺産を相続したルイ・マッケイが亡くなったので、委員会もビリーの星のことを考えてみる気になったのかもしれない。亡くなった時は七五セントしか銀行口座にお金が入っていなかったというビリーは、死後レコード・ＣＤの売り上げでかなりの印税を稼ぎ出した。とはいえ、現在人気絶頂なミュージシャンの新作宣伝やＰＶに、少しでも金をつぎこみたいレコード会社が、ビリーのために金を出すのに積極的だったとは思えない。伝記映画が製作された七二年までの累積印税をつぎこめば、ウォーク・オブ・フェイム委員会に支払う寄附金には充分だし、タイミングとしてもベストだったろう。

しかしすべてを自分で仕切ることを主張する、ビリーの四人目の夫、ルイ・マッケイが印税から寄附金を払うのも、誰か（ファン・友人）が代わりに寄附金を支払うのも拒否した可能性は充分にある。八六年の星に実際に金を支払ったのはいったい誰だったのだろう。

マッケイの仕切りたがるくせは、以前もごたごたを起こしている。ブロンクスのセント・レイモンド墓地では、ビリーの墓に知人やジャズ・ファンが花を手向けに訪れたところ、いつまでたっても墓石がないのを見て、ビリーの墓石のための募金を集めようと動きだした。しかしマッケイが「墓石を建てるは俺だ」と言い張り、それ以上は誰も手出しができなくなった。最終的に「愛されし妻ビリー」つまりこれは夫が建てたのだ、とわかる言葉の刻まれた墓石が建てられるまで、ビリーの墓は死後何年も墓石のないままだった。ビリーの伝記映画の中では、ビリーが一九四六年に麻薬依存を断つために病院に入った時の費用は、ルイが出したことになっている。その頃ビリーとルイは交際しておらず、そういう事実はない。マッケイの前の三人の夫の存在もまったく出てこない。ハリウッドの伝記映画は事実を忠実に描いたものが多いとは誰も思わないが、ビリーの映画はその中でもひ

セント・レイモンド墓地のビリー・ホリデイの墓には小石がたくさん置かれている

どい。こんな作品が何部門か、アカデミー賞の候補にだけでもなったのが信じられない。

それではビリーの銅像はどこかにあるか？　銅像に関しては、さすがのマッケイも口を挟めなかっただろうが、ウォーク・オブ・フェイムの前年、一九八五年にビリーが幼少期を送ったボルティモアに、歌っているポーズのビリーの銅像が建てられた。場所はロイヤル劇場やクラブ・チュニジアといった、彼女が出演したクラブが昔あったペンシルヴァニア通りの一四〇〇番地。市内の観光バスは、観光客がバスの窓から銅像を撮れるように通りの前で停車する。クチナシの花をつけているものの、どこがビリーの特徴を掴んでいるかわからない。特徴を掴んでいない肖像画と銅像ほど低俗なものはない。

そして低俗の極みといえば、何といっても蝋人形だろう。ウォーク・オブ・フェイムのハリウッド通りにも蝋人形館はあるが、そこにビリーはいない。ニューヨーク、タイムズ・スクエアに二〇〇〇年にオープンした、マダム・タッソー蝋人形館にビリーの蝋人形が陳列されている。ビリーの蝋人形は本人にまあ……似ている。少なくとも隣にいるアレサ・フランクリンの蝋人形よりは。本人と似ていようが似ていまいが、死後自分が蝋人形として陳列され、喜ぶ人間などあまり多くないだろう。蝋人形はメンテナンスのため、しょっちゅう入れ替えられる。歯列矯正ブレースをはめた地方の高校生がイナゴの大群のように押しよせては、蝋人形に抱きついてインスタ画像を撮り、はしゃぎまわる空間では、こまめなメンテナンスが不可欠なのだろう。

グッドバイ、ポークパイ・ハット

ミュージシャンは亡くなった自分の家族、仲間の思い出に曲を作る。ビリーの死の四ヶ月前に死んだレスター・ヤングに捧げ、チャールズ・ミンガスは「グッドバイ、ポークパイ・ハット」という美しい曲を作った。アート・ブレイキーも「レスターは街を出た」という曲を作っている。

晩年のレスターはビリー同様、長年のアルコール依存で肝臓を傷めていた。ひどい健康状態をおしてヨーロッパ・ツアーに出かけ、パリから飛行機でニューヨークに戻って日付が変わった一九五九年三月一五日深夜、ウィー・スモール・アワーズと呼ばれる時間帯に亡くなっている。ニューヨークに戻って一日も命が持たなかった。それでもどうせ死ぬなら、どうしてもニューヨークに戻って死にたかったのだろうか。

チャールズ・ミンガスと一九六四年にヨーロッパ・ツアーに行き「俺はこっちでジャズをやっていく」と言ってニューヨークに戻らなかった、エリック・ドルフィーには生きて戻れるだけの運がなかった。半年後、糖尿病で昏睡状態になったのを、運びこまれた救急病院で麻薬によるものと誤診され、死に至ったと言われている。「さよなら《ソーロング》エリック」という曲をミンガスが捧げたエリック・ドルフィーはベルリンで客死し、墓は生まれ育ったロスアンゼルスにある。

ミンガスはエリック・ドルフィーと同じくロスアンゼルス出身で、ALSの代替療法を求めて行ったメキシコのクエルナバカで亡くなった。彼の遺灰は遺言通り、ロスアンゼルスでもニューヨークでもなく、ガンジス川に流された。ガンジス川に遺灰を流したジャズマンはおそらく彼のみだ。経費がかかることと、現地の条例さえ許せば（現在のアメリカでは見て見ぬふりで、遺灰まきを正式に許可しているわけではない）遠い異国で遺灰をまくことは可能だ。ただ実際にそれを実行に移すのは、ほんの一握りのエキセントリックな富裕層だけ。ジャズ関係者ならプロデューサーのジョン・ハモンドや、ジャズ男爵夫人《バロネス》、ニッカことパノニカ・ケニグスウォーター・ロスチャイルドなどに似つかわしい。

しかし、実際にジョン・ハモンドはそんな奇矯なことはしなかった。鉄道王ヴァンダービルトの一族である彼は、一九八七年七月一〇日にビリー・ホリデイの曲を聴きながら亡くなったといわれている。前年のウォーク・オブ・フェイムでのビリーへの星の贈呈式にも、健康が許せば出席したかっただろう。一度脳卒中の発作に襲われても、気丈にしていたハモンドだったが、八六年五月、二度目の妻エズメを亡くしてからめっきり落ちこみ、何度目かの発作で亡くなった。現在彼はニューヨーク・スタッテン区のモラヴィアン墓地に隣接する、ヴァンダービルト廟の裏にあるスローン廟に葬られている。ウッドローン墓地で一番大きな霊廟と比べて、どちらが大きいかはわからないが、かなりの大きさだろう。

ラウンド・ミッドナイト

ロスチャイルド家の相続人であるパノニカが八八年一一月に亡くなる前、誰かの曲を聴いていたかはわかっていない。ジャズ男爵夫人と呼ばれ、多くのミュージシャンのパトロンだった彼女は、一九七三年から八二年まで、精神に異常をきたし音楽活動ができなくなったセロニアス・モンク二世《ジュニア》（と付き添う妻、ネリー）に、ずっとニュージャージー州、ウィーホーケンの家の二階の一室を提供していた。

マスコミがパノニカのことを書きたてたのはモンクについてではなかった。一九五五年三月、彼女が滞在していたスタンホープ・ホテルの部屋で（一緒にドーシー・ブラザーズのバラエティ番組「ステージ・ショー」を見ていた）チャーリー・パーカーが亡くなったことだった。「ビバップの王、ロスチャイルド相続人の部屋《フラット》で死去！」とタブロイド紙に大見出しが踊り、ウィンチェルはふたりが男女の関係だったにちがいないと書きたてた。

このことがあってパノニカはついにホテル暮らしから、自分の家を購入して住む決意をしたのだろう。訪れたジャズ・ミュージシャンたちがピンポンをし、猫が一時は三〇六匹いた（俺はちゃんと数えたとセロニアス・モンク三世が証言しているが、ジャズマンが証言する、ちゃんと数えた酒の空のボトルとか走り回る猫の数というのは、他の証言がない限り信用しない方が安全だ）猫好き男爵夫人のキングス・ウッドロード六三番地の家は、二階の窓からマンハッタンの摩天楼の素晴らしい景色が一望できたが、彼女が幼少期を過ごした邸宅の画像と比べると、召使の居住棟にしか見えない。

心臓のバイパス手術中に亡くなったパノニカはそれより前「私が死んだら遺体は火葬して、遺灰を家のすぐそばのハドソン川にまいて。ラウンド・ミッドナイトに」と、子に頼んでいる。モンクの作った曲の中でも「ラウンド・ミッドナイト」が彼女の一番好きな曲だったのだろう。ハドソン川はスタッテン島の横を通り、大西洋に流れこむので、遺灰もそのルートを通って流れていくことになる。

「ジョン！　ジョン！　私よ。これから旅に出るの。みんなによろしくね」

パノニカの遺灰が真夜中の暗い水の上で声をあげたら、ハモンドも霊廟から飛び出して、川岸まで走ってくるだろう。

「ロンドンに帰るのかい、ニッカ」

「わからない。のんびり漂流するつもりだけど、どこかに着いたら連絡する」

「海に出るまでは気をつけろ、この辺りは捨てられたペットのワニがうようよいるんだ。君の家にいた猫より、たくさんいるぞ」

「わかった。じゃあ行くわ」

「よい旅を」

ロスチャイルド一族は、ヨーロッパ各地に大邸宅と霊廟を建て、本来ならニッカはどこかの霊廟に眠るはずだった。一族の霊廟は格式の高さを強調する分、陰気だった。

ニッカの父は末っ子の彼女が一〇歳の時、うつで自殺。ロスチャイルドの富を以てしても、親族二人はアウシュヴィッツに送られている。第二次世界大戦後、離婚してから、彼女はやっと自分の人生を歩めるようになった。しかし、博物学者になった長姉に比べると、ニッカは正式にビジネスに携わったことはなく、とびきり気前のいい「パトロン」以上の評価は聞こえてこない。

ジョン・ハモンドは自分の終《つい》の棲家、スローン廟の外観をまったく気にせず、今も工具を取りにガレージに入っていくように、ふらっと白い霊廟に戻っていった。生涯にわたってジョンのビジネスを「遺産相続人の道楽」とみなして、鼻であしらおうとする人間がいた。そんな中、彼は働かなくても食べていける、ヴァンダービルト家の遺産相続人である事実を隠すことなく、一九三一年にイエール大学を中退すると、ビクターのライバル、コロンビアを皮切りに、マジェスティック、マーキュリー、バンガード等のレコード会社を渡り歩いていった。五五年にコロムビアに戻り、通算四〇年以上名盤を世に送り出した。成人して以来五〇年以上、ずっと同じクルー・カットで、軍隊などの短期間を除けば、生まれてから死ぬまでニューヨークを離れなかった。

ハモンドとは対照的に、ロスアンゼルス生まれの怒れるプロデューサー、ノーマン・グランツは五〇年代末にヨーロッパに活動拠点を移し、七〇年代にはアメリカにめったに戻らず、もう引退生活かと言われていた。二〇〇一年にスイスで死去。「永遠に愛してる　G・G（妻グレタ・グランツか）」と刻まれた墓は、三番目の妻、グレタの故郷、デンマークにある。

グランツはビリーより三歳年下（一九一八年生まれ）だが、彼とウィリアム・ダフティー（一九一六年生まれ、二〇〇二年に死去）くらいか。ビリーを直接知る人物で二一世紀まで生きながらえたのは。

一族の大きな霊廟に入るのも、遺灰を河に流すのも、本人の希望にそっているのであれば、それはそれでいい。ただ遺族はどう思っているのか。狭いアパートの一室に住む没落した子孫が、自分の住家の何十倍もの広さがある、一族郎党の白い大理石の霊廟をどう思っているかは興味深い。とはいえ日本では霊廟を建てることへの情熱より、本人の遺言通りに散骨して、骨を海や大地に戻した後、墓という拠りどころのないことに、遺族が寂しくならないかに関心がある人間の方が多いだろう。ロバート・ミーロポルからは、かなり率直な意見を聞ける手ごたえを感じたので「訪れる墓がないということで、寂しく思うことはないですか」と尋ねてみた。

「私は墓所にとりたてて、繋がりというものを感じたことはない。エイベルも同じ気持ちだったと思う。だから、私は墓石がないという理由で寂しい思いになることはないね」

閉店の貼り紙

バーニー・ジョセフソンは一九八八年九月末に亡くなったが、八四年五月四日に閉店したヴィレッジのクッカリーで最後まで、ライブ・ミュージックのステージの采配をふるっていた。一九三八年の一二月二八日にカフェ・ソサエティをオープンしてから、赤狩り時代の空白があっても、バーニーは四〇年以上、クラブ経営を続けてきた。

何が彼を世界で一番競争の激しいマンハッタンでの、クラブの生存競争に打ち勝たせたのか。多くの店舗経営者がその秘訣を知りたいと思うだろう。そう、知りたい？　それならバーニーの自伝

『カフェ・ソサエティ』を買って読んでください。アマゾンで入手可能です。

残念ながら実際に彼の自伝を読んでも「こうすればあなたもマンハッタンでの店舗経営に成功する」などという秘訣は書かれていない。また二〇世紀のマンハッタンと現在の空前絶後の店舗家賃となったマンハッタンでは、ビジネスもちがってきている。一つ言えることは、伝説となった店の経営者でも、バーニーはそれほど羽振りが良かった訳でも、気楽な人生を送った訳でもない。成功者でさえ、自分の心血を注いだ店をなるべく長くやっていくこと以上の見返りはないのだ。バーニーの故郷、トレントンで靴販売業を続けていた方が、おじいちゃん《ザイデ》として孫と過ごす時間も渡す遺産も多かった可能性は高い。マンハッタンの店舗経営者は店の継続以上のものを望んでも無駄だ。

それでも懲りるという文字を辞書に持たない店主たちは、ついに店のドアに「閉店のお知らせ」の紙を貼ってひっそりと去っていく時も、頭の中では借金を清算したら、次の店舗をどこで出すかを考えている。自分の命とヴィレッジの店とどちらが先に尽きるか、という老店主も、安楽な隠居生活を目指してレジの後ろに陣取っているわけではない。

臨終《ラスト・ライト》の祈り

一九五九年五月三一日、亡くなる前に救急車で搬送され最後の入院となった時、ビリーはどのくらい、死を現実のものと感じていただろう。運びこまれた病院の待合室でずっと待たされ（これはニューヨークの救急病院ではどんな人種の患者にも起こる)、そのままあまり日を待たずに亡くなった印象を、一般に持たれているかもしれない。

心臓発作で亡くなるまでの一三日間、マンハッタン一八五丁目のウォズワース病院にいたビリーの母に比べると、ビリーは亡くなる七月一七日までの四八日間という長い期間入院している。ずっと意識不明の危篤状態でいたわけではなく、ベッドの上でこれまでの自分の人生についてしらふで考える時間もあったはずだ。

また六月二日にメトロポリタン病院のベッドの上で、麻薬所持(誰かが病室に麻薬を持ちこんでいた)で起訴され、生涯の最後のひと月を、またもや「麻薬依存症患者は、医療機関と警察のどちらが身柄に決定権を持つか」の争いに巻きこまれた。

ビリーの臨終までの一週間に関しては、伝記によって情報が錯綜している。ルイ・マッケイが西海岸から飛んできて、連日見舞っていたというもの。亡くなる六日前、酸素吸入装置を使っていたのに手にいれたタバコに火をつけようとして、もう少しで火だるまの惨事を起こす寸前に見つかり、看護師から大目玉をくらったというもの。亡くなった夜、夜勤看護師と自分だけがいたとルイ・マッケイとウィリアム・ダフティーの双方が主張している。当直看護師の証言が確認できない限り、どちらの言い分も信じられない。

それでは亡くなる二日前、ビリーは神父が枕元に来て行なう「病者の塗油」を受けたという情報は信用できるか。病者の塗油は死が近づいた信者の額と手に聖油(オイルと言っても小さな容器にすこしか入っていない）を塗って祈るカトリックの儀式だ。キリスト教では死後、天国の門という入国審査を受ける場所があり、そこを支障なく通過するのに、おろそかにできない儀式とカトリックではされている。近年ローマ教皇庁はこれを、病人にどんな困難な時もイエスはあなたのそばにいる、と力づけるためのもので、死への準備ではないと積極的にアピールしている。怖がらずに神父を呼ぼう。

いつもはパパさま（ローマ教皇）が言うことに従順なカトリック信者たちだが、現在もその意見にうなずける者はそれほど多くない。生きる望みがあるうちは、誰も神父を呼びにいかない。病魔と闘っている患者に対して、周囲がもうすぐ死ぬと見切りをつけて始めるこの儀式はとても酷い。反面、この儀式なしには天国の門の審査でトラブルが起きる、と本気で信じている者にとっては「本当にもうだめなら、息のあるうちに塗油を受けたい」というのも正直なところだ。

病室が天からスポットライトの当たるステージなら、マイクの位置を調節するスタッフのように、神父が場を整え終えたら、死神が堂々と登場してしまう。

「みなさん、長らくお待たせしました。グリム・リーパーさんの登場です。どうぞ！」

そう信じる者の多かった時代、ビリーがカトリック教徒のダフティーに神父を呼ぶよう頼んだのだろうか。あるいはおせっかいなアイルランド系の医師が、足がむくみ、心不全《デコンペル》が起きていそうな、自分の患者がカトリックと知って、病院近くの教会に連絡し、「あんたラッキーだよ。受けたいって思ってても、受ける暇もなく死んじまう信者も多いってのに。とりあえず今日やっとけば、むだになったってさ。この先、神父が渋滞に巻きこまれて間に合わないんじゃないかなんて、心配しなくて済むんだから、ね！　さあてと！　今日はいいお日柄だよ。聖ボナベントゥーラ、ラッキー・キッドの祝日だ。こういうことはおめでたい日にやっとくと、かえって長生きできるってもんだ。ほら、あのレノックス通りのジャマイカ料理のレストランのばあさん。ハハハ、ハゲをカツラで……」などと香具師のように口八丁、サイコロ博打なら教区の誰より手八丁な神父が突然病室に踏みこんできて、ビリーが得意の右フックを喰らわすのもかわし、右手をガードして塗油してしまったのか（正式には塗油は額が先だが、暴れる相手にはどちらが先でもかまわない）。ビリーは回復して八七丁目の家に戻り、こう言うつもりだったのではないか。

「あの時は本当にもうだめかと思ったわ。神父まで呼んだのよ。ところで、このしおれちゃったお見舞いの花を片づけたら、煙草買ってきてくれない。私テレビ見ているから」

母との再会

ビリーの母セイディは、生前もしもの時はこの病者の塗油を受けてから天に召されたい、と言っていたはずで、ビリーが儀式の意味を読み違えることはない。ビリーは特に信仰を持っていたわけではないが、死は天国での母との再会を意味し、いくらかでも早く天国の門を通過する助けとなるなら、とまじない代わりでも塗油を希望したのではないか。

カフェ・ソサエティが開店した一九三八年、ハーレムにあるビリー・ホリデイの自宅を訪ねたジャズ評論家、レナード・フェザーは、玄関ドアを開けた女性がビリーの母親だと一目でわかったという。容貌だけでなく、気質にも似たところが多い母と娘だったのだろう。ビリーと母の別れのエピソードは、自伝の中でも不思議に明るい分、一番切ない。

一九四五年八月、ビリーはついに念願の自分のバンドを結成し、二番目の夫、ジョー・ガイとともに、白い車体に「ビリー・ホリデイとそのバンド」とペンキで大きく書いたバスでツアーに出かけようとしていた。セイディはそのことを聞くと、ニューヨークを離れる前に、バスを見せてほしいと頼んだ。当日朝、一行が九九丁目のセイディのレストランの前にバスで到着すると、彼女はみんなにサンドイッチと飲み物をふるまい、メンバー一六人全員がバスを降りているうちに、娘が大出世したこの日のために作っておいた日よけカーテンを、バスの後部窓に取りつけた。そのうち近くの飲み屋にしけこんでしまう者もいて、ビリーが全員の点呼を取るとひとり足りない。必死の思いで見つけバスにひき戻すと、今度はまた別のふたりが行方不明だった。やっとのことで全員が揃い、三時間遅れで白いバスが出発するのを、セイディはずっと明るく手を振って見送った。彼女が亡くなったのは、そのツアー中の一〇月六日だった。

ニューヨーク・タイムズの死亡記事

一九五九年七月一七日、金曜日の深夜に亡くなったビリーの死亡記事は、翌土曜のニューヨーク・タイムズに載った。死亡時刻を「三時二〇分」と明記しているが、火曜日、七月二一日の聖パウロ教会の葬儀については、まだ決まっていなかったのか触れていない。

「彼女が敬っていたルイ・アームストロングとベッシー・スミスを除けば、ビリー・ホリデイはもっとも影響のあるジャズ・シンガーだった」という記事のこの文章はビリーも喜んだはずだ。しかし死者への大盤振る舞いはこれきりで、麻薬事件の長い記述、「五〇年代には声の伸びが失われた」と書かれ、全体的にはけして賞賛を送る記事とはいえない。ああ、あの麻薬事件を起こしていた歌手が死んだのか、そんな感想しか持たない読者は少なくなかっただろう。すぐに忘れられてしまうことだろう。

しかし、そうはならなかった。

二〇一五年はビリー生誕一〇〇周年で、グリニッチ・ヴィレッジのジャズ・クラブでも、いくつか記念ライブがあった。では没後一〇〇周年の二〇五九年のヴィレッジでも、同じように記念ライブがあるだろうか。大体その頃ヴィレッジにジャズ・クラブが一軒でも残っているのか。もっと言えばクラブというライブ会場の形が、いつまで存続するのだろう?

最盛期には全米に一万五千軒もあったヴォードヴィル劇場は、ラジオとトーキー映画の登場によって退場させられてしまった。一九三二年秋、ヴォードヴィル劇場の最高峰、四七丁目のパレス劇場が映画上映館に切り替えられる時、ソフィー・タッカーは劇場のさよなら公演で「過去を嘆いて何になる、私たちには明日がある。さあ、陽気にやるわよ」と叫び、ヴォードヴィル劇場の掉尾を飾った。彼女の代表曲「サム・オブ・デイーズ・デイズ（きっといつの日か）」は観客も一緒に歌ったことだろう。

一九六〇年代に五二丁目《ザ・ストリート》から、あれほど軒を連ねていたジャズ・クラブも消えていった。ザ・ストリートの帝王だったフランク・シナトラは、それから、かなりたった一九七四年、マジソン・スクエア・ガーデンのコンサートで、ひとつの手本を見せた。「私はサルーン・シンガーの最後の生き残りで、あとまだ生きているのはせいぜいトニー・ベネットと酔いどれデイーン（・マーティン）くらい」と前振りをしてから「エンジェル・アイズ」、バーで自分のもとを去っていった「天使の瞳」を持つ恋人のことを嘆く歌を歌った。歌の物語はあきらめたはずの相手への思いを断ち切れず、街へ探しに出ていくところで終わる。強いスポットライトの下、歌の最後に「それでは、ちょっとはずすよ」と後ろを向くシナトラは、本当に小さな酒場《サルーン》からよろめき出ていく酔った男のようだ。

グリニッチ・ヴィレッジからジャズを演奏する場所が消えたら、それからずっとたったマンハッタンのどこかで「私はグリニッチ・ヴィレッジのジャズ・シンガーの最後の生き残りで」と語り出し「エンジェル・アイズ」を歌ってくれる歌手はいないか。そうすることで、ヴィレッジのジャズの歴史の締めくくってくれたら、天国でまた派手に店を開店しているクラブの元オーナーたちも喜ぶだろう。

生誕一〇〇年は歌にもある。ビリーがレコードを吹き込んで一〇〇年目の二〇三九年四月二〇日に、誰かがビリーの「奇妙な果実」の音源をかけるだろうか。

歌には命日というものはない。最後に聴かれた時が命日にもなるが、また誰かが聴いた時甦るからだ。未来のことは誰にもわからない。亡くなった時、そう思われたように、二〇三九年、五九年にはもう誰もビリーのことも「奇妙な果実」も思い出さないこともありうる。ただ、そうはならないのではないか、多分。

そして誰かがビリーの「奇妙な果実」を聴く時、彼女の魂は甦るのだ。

おわりに　ハッピー・ブルース

亡くなる二年前、テレビ番組「サウンド・オブ・ジャズ」に出演した時、ビリー・ホリデイは「私にとってブルースとは何かって？　……ブルースには二種類ある。明《ハッピー》るいブルースと悲《サッド》しいブルース……私が歌うものはみんな私の人生の一部分」と語っている。

ハッピー・ブルース？　ブルースにハッピーなものなどあっただろうか。アップテンポで盛り上げると、客席から「その通り《ザッツ・ライト》」と声がかかり、エンディングのあとの大拍手と指笛が収まると、客は喉が渇いていることに気づき、一斉にドリンクのお代わりをオーダーするようなブルース。あるいは歌の中であけすけに語られる現実が、あまりにも身につまされ、思わず笑ってしまうようなブルース。

テレビ出演の翌年、モンタレー・ジャズ・フェスティバルが終わったあとのことだ。サンカルロス・ホテルのロビーでビリーは座ったまま、横を素通りするジャズマンたちに声をかけた。

「あんたたち、どこに行くの」

誰も返事をしなかったので、ビリーは自分でその問いに答えた。

「あたしはこれから（ラス）ヴェガスの初日なの」（このエピソードはいくつかの伝記に載っているが、ドナルド・クラークの伝記にだけ「そりゃないよね」とフェスティバル主催者のジミー・ライアンズがあいづちを打ったと書かれている。心優しいライアンズに神のご加護を）。

これはベッシー・スミスが歌った悲しいブルースだ。落ち目になったら皆知らんぷり《ノーバディ・ノウズ・ユー・フェン・ユー・アー・ダウン・アンド・アウト》。

ビリーの人生はブルースそのもののような時が少なくなかった。それでもその中には、ハッピー・ブルースと呼べるような時も含まれていたのだろうか。ジーン・アモンズがアート・ファーマーと共演した曲や、エラ・フィッツジェラルドが歌った曲にもハッピー・ブルースというのがあった。ビリーはどんな曲を指してハッピー・ブルースと思っていたのだろう。ただし、そんな議論が沸騰しそうなトピックに、首をつっこむつもりはない。身の安全第一だ。

もっとも「うちの店はブルースっていうのが何かわかってない奴には、ビールは出さないんだ。アイス・ティーはどうだ？　ビールがほしけりゃ、三つ数えるうちにハッピー・ブルースの歌をひとつ言ってみな」とグリニッチ・ヴィレッジのブルース・クラブで言われたら「ダウンホーム・シェイクダウン」とクイズ回答者のように素早く言ってみる。一杯の冷えたビールの前には、安全もへったくれもない。えっ「ダウンホーム」は歌じゃない？　じゃ「ゴット・マイ・モジョ」

ゆったりとくつろげるソファの上で、ブルースのような人生や破滅型芸術家の評伝やネット配信映画に浸るのは、いい息抜きだ。彼らが繰り広げる派手な悲劇を見ていると、ちまちました自分のやっかいごとを、ひととき忘れられる。

ビリー・ホリデイが「ホーンのように歌う」と言われていたのと対照的に「声でなくサックスで歌いあげる」レスター・ヤングも同時代の破滅型ミュージシャンだった。ビリーより四か月前に四九歳で亡くなったが（ドラマーからプロデューサーに転身した弟、リー・ヤングは、九四歳まで長生きした）、ただでさえタフな精神の持ち主とはいえない彼は、黒人に過酷な軍隊生活、白人女性と結婚したことから起こるトラブル、自分の音楽が正当に評価されないことへの失望で、精神的に痛めつけられ、最後にはアルコールで健康を害して死んだ。

一九六〇年代後半からは、若くして亡くなる破滅型のジャズマンの代わりに、破滅型ロック・ミュージシャンのドラッグによる死がマスコミを騒がせるようになる。ラッパーの死？　ドラッグもあるが、弾丸《イート・リード》をくらうという死因も無視できない。この問題について、マイク・ウォレスのラジオ番組で「どうしてこんなに若死にするジャズマンが多いと思う？」と聞かれて、ビリーは自分の考えを披露している。

「一日で百日分生きようとするからよ。人を喜ばせ、あの音をベンドさせようか、この曲は別の歌い方でやろうか。すべての感覚を味わいたい、いいものを食べ、旅に出かけ……そんなこと不可能だわ」

若死にでも長生きでもミュージシャンの伝記を読んで、そこに若い世代が手本とするような生き方を見つけようとするのは、まず無理だ。彼らの人生はあっという間に手にする大金や、派手《フラッシー》なライフスタイル、ファンに囲まれ、ちやほやされること、マスメディアに自分の姿を見ること、どんな時も自分のしたいようにふるまう特権などに、魂を奪われている。いや、俺が気にかけているのは自分の音楽だけだ、そんな目くらましに惑わされない、と言うミュージシャンがいたら、多分それは自分の正直な気持ちに気づいていない。えっ、それではビリーもそんな馬鹿のひとりと言いたいのかって？　いやいやいやいや。

ビリーは自伝で、自分のように「飢え」と「愛」という言葉を歌える人間がいないと言われるのは、そこに自分が生きてきたすべてがあるからだ、と言っている。今でこそキャデラックとミンクの毛皮を所有できる身分だが、世界中のキャデラックとミンクの毛皮を積まれても、自分に忘れさせることのできないのは、食べるものがあり、小さな愛がある人生。自分のすべてはそこに尽きる。そのふたつのものなしで「ご立派な生き方」などできるわけがない……ビリーの言う「飢え《ハンガー》」とは精神的なものではなく、空腹をふさぐ食べもののことだった。空腹を満たす食料も、小さな愛も見つからなかった時期のことを、彼女は死ぬまで忘れなかった。

つらい人生でも、微笑みを忘れないことが大切です、と宗教家や教育者は立派な説教壇から説く。しかし本当にどん底まで落ちた時、もう一度立ち上がる気力を出すためのカンフル剤としては、微笑みより笑いの方が強力な効き目がある。ビリーが自分のつらい境遇を笑い飛ばそうとし、笑うことが好きなのを知っているレッド・フォックス、スラッピー・ホワイト、ウィリー・ルイスなどのコメディアンは、時々彼女の楽屋を見舞っては笑わせた。マルコムXと名乗るようになってからは会うことがなかった、マリファナ売りのデトロイト・レッドも、留置所の笑い話、ハーレム暴動の笑い話などをいろいろ知っていた。そんな彼が晩年のビリーを見舞って笑わせてくれたら、どんなによかったか。

戦争や暴動、悲惨な記憶のある土地で、悲劇を歌った曲が流れる時、作者はその土地の当事者とは限らない。「奇妙な果実」を書いたのが、ポグロムを逃れてニューヨークに移住したユダヤ系移民の子だったように、ほかの土地の人間のこともある（日本では広島の原爆の詩「死んだ女の子」をトルコの詩人ナジム・ヒクメットが書き、さとうきび畑の歌は、沖縄戦から二十年近くたって島を訪れた寺島尚彦が書いている）。心に響く歌は強い魔法だ。記念碑や博物館、シンポジウム、鐘を鳴らす慰霊祭より、歌は記憶を風化させない魔法を、その土地にかける。そんな力のある歌を作るミュージシャンは、魔術師と呼んでもいいはずだ。

しかし、そこにはひとつ特別な魔法がある。悲劇を吹き飛ばすような笑い話や笑える歌があったら、それはその土地の当事者、土地の魔術師が作ったものだ。ほかの土地の魔術師は、悲劇を笑って吹き飛ばす魔法は使えない。地元の人間も不思議に思うだろう。なぜ笑える？　こんなに死ななくともいい命を落とした人が大勢いるのに。生きていればやれたこと、やりたいことがいっぱいあったのに。ここは悲しみが溢れる土地なんじゃないのか。

土地の魔術師はこう答えるだろう。いつかその悲しみの何倍も笑って生きる日が来る。それを信じられるから、悲しみを笑い飛ばす。笑え。

ハーレムのマリファナ売りなら、地元ハーレムの教会に集まる敬虔なクリスチャンたちが顔をしかめる暴動の笑い話を平気でするが、ノーベル平和賞受賞者の偉い牧師様はそんなものを笑ったりしない。しかしそんな彼でさえ、暗殺される前日に言っている。たとえその日まで生きていられなくとも、同胞が約束の地に辿りつく時、自分もその集団の一部として、ともにその地を踏む。マーティン・ルーサ・キング・ジュニアも牧師らしい品位を保った言い方で、いつか自分も笑い飛ばせる日が来ると宣言したのではないか。

ビリー・ホリデイが自分の人生を振り返って、それを「サッド・ブルース」のようだったと思うか「ハッピー・ブルース」だったと思うかは、本人に尋ねてみない限りわからない。それでも最後まで自分の音楽に全力を尽くし、一日で百日分生きようとした女性の歌う歌は、私にとって、すべて「ハッピー・ブルース」なのだ。

あとがき　ダムダム弾とBlack Lives Matterのことども

二〇一九年六月二八日の午後、私はアップタウン（ハーレム）、一二五丁目の目抜き通りを歩いていた。夕方地下鉄でグリニッチ・ヴィレッジに移動し、一八時からのストーンウォール蜂起記念集会の撮影をしたら、翌日のフライトで東京に戻る予定で、ハーレムを歩くのもこの日の午後が最後になりそうだった。

こういう日は歩きながら肩を落とさないように、気をつけなければならない。まだ満足できるだけ取材できていないのに、もう帰国してまとめる作業に入らなければ、という帰国前日。他の取材者たちがどう落ちこむ気持ちを押さえているのか、聞いたことはない。

その時、突然私は今自分がいるのは、四〇年前サイデンハム病院のあった場所の近くではないか、と気がついた。日にちは少し先ではあるが、二週間後はビリー・ホリデイがイースト・ハーレムのメトロポリタン病院で亡くなってから六〇年目だった。クリストファー・ストリートのストーンウォール蜂起から五〇年目。そして四〇年目の一九七九年の六月二八日というと、サイデンハム病院の廃院を何とか食いとめようと、病院職員や近隣住民が陳情や集会に走りまわっていた頃だった。

当時のニューヨーク市長、エド・コッチが、市の赤字財政を立て直すために行なった予算カットリストには、市の医療機関……ハーレムではメトロポリタン、サイデンハムの名があり、サイデンハム病院は廃院対象になっていた。

サイデンハム病院はニューヨーク市立病院の中で、一九四〇年代に初めて黒人の医師・看護師を受け入れた特別な歴史を持つ病院だった。救急車の到着の遅いハーレムでは、地元病院がひとつ閉鎖することは、住民にとって助かるはずの命を落とす可能性が高くなることを意味した。結局翌年一一月、病院は閉鎖されてしまうが、その少し前、職員が病院に立て籠っている時に、私はデモに行っていた。警官が特別手荒い行動に出る黒人コミュニティのデモに、学生の私が行ったのは、その一回だけだ。

一九八〇年九月二一日。病院の中には立ち籠る職員たち、建物のすぐ外を警官が包囲し、かなり距離を取って地域住民とデモ隊が警官とにらみあっていた。なぜこんな遠くに？　前日警官とデモ隊は衝突しており（その写真がデイリー・ニュース紙の一面を飾った）、その結果の距離の取り方だった。逮捕されたら弁護士のエブリン・A・ウィリアムズか、エリザベス・フィンクのオフィスに電話することになっており、電話番号は控えていた。

命中した時に弾頭が変形して殺傷力を高めるダムダム弾（拡張弾頭弾丸）は、アメリカの州警察や市の警察で使用されている。自分の住む地域や州の警察が、この弾丸を使用しているかどうかは、新聞記者でさえ正式な手順で警察から聞き出せているか、わからない。大型獣の狩猟には使用されるが、一八九九年のハーグ平和条約で戦争使用を禁止されたダムダム弾が、サファリのようにサイデンハム病院前のデモ隊目がけて飛んでくる……かどうか、わからないまま、その日のデモは解散した。

一九八〇年というはるか昔の話を、今ここでしているのは、米国の警官が殺傷力の強い銃器を路上で発砲すること、殺されても裁判で警察を告訴し、警官の有罪判決を勝ち取るのは非常に困難なこと、人種によって警官から受ける暴力の頻度や度合が何倍もちがうという状況は、現在もまったく変わらず続いているということを、今更ながら思い知らされているからだ。

ワシントン・ポスト紙は、ＦＢＩが発表する全米で警官に射殺された人の数は、現実を反映していないとして、二〇一五年一月一日から自社調査によるデータを作成している。警官による武力行使全般ではなく、銃器による死者のみで年間に約一〇〇〇人。現実はこれよりずっと多いのではないかという疑問は残るが、過去五年の五〇〇〇人の死者のうち黒人の死者は、人口比に当てはめると白人の二倍以上出ている。路上で警官に射殺される一〇〇〇人は、裁判を受けることもなく命を奪われている。法と警察の在り方を変えなければならない。

この書籍の出版を、最初にやりましょうと言ってくれたのは、御茶ノ水駅から聖橋を渡ったところにある小さな出版社で、そのあたりは小さい出版社がいくつもあり「本郷村」と呼ばれているという話だった。聖橋で川下を向くと本郷村は左岸、神田神保町は右岸だが、パリの「金をつかう人たちがセーヌ川右岸に集い、頭を使う人たちが左岸に集う」というのと、東京の両河岸事情はちょっとちがっているように思えた。「奇妙な果実の作者のご子息がメールでも取材を受けると言ってくれた」と言うと、担当編集者はちょっと間をおいてから「そうだねえ、でも行って話が聞けたら、その方がいいよね」と言った。

取材旅行をするということは、原稿の完成、書籍の刊行が先に延びることを意味する。出版社にとって賢い選択かどうかあやしいが、著者にとってみれば、自費でアメリカに行けばこの企画は赤字になるというもっと厳しい選択だった。それでも初対面の編集者にそう言われると、俄然その方がいい気がしてきた。その場では「それは行けたら楽しいでしょうけれど」とあいまいな返事をしたが、次に本郷村に行く時には、行くことを決めていた。

六月のハーレムを歩いている時、私はまったく想像もしていなかった。帰国してまとめた原稿を渡して数週間後に、左岸の編集者が急逝し、会社もなくなること。その原稿を今度は右岸の出版社に持っていくこと。そして翌年コロナという病気が、二万人以上のニューヨーカーの命を奪うこと。コロナは有効なワクチン接種が始まらない限り、自然に収まるものではない。これからもまだマスク着用が義務づけられる生活が、全世界で続くだろう。

ひとりの人間にまつわる情報が、取材者によって食い違い、どれが信用できるか見極める難しさを今回ほど痛感させられたことはなかった。墓を探そう《ファインド・ア・グレーブ》コムというサイトは、墓所を知るのに大変役に立ったが、ビリー・ホリデイの父、クラレンス・ホリデイの墓はサイト情報のように、ブルックリンのサイプレスヒル国立墓地にはなかった。墓地の正しい場所をご存じの方はご教示願いたい。またどのような情報源の記述を参照したとしても、それを正しいと判断してこの書籍に入れた責任は著者にある。資料閲覧ではボストン大学のハワード・ゴットリーブ・アーカイブ（Howard Gotlieb Archival Research Center）とハーレムのショーンバーグ図書館（The Schomburg Center for Research in Black Culture）のお世話になった。

子どもの頃、ロビーと呼ばれていて、七〇代になった現在もそう呼ばれているらしい「奇妙な果実」の作詞・作曲者エイベル・ミーロポルの次男、ロバート・ミーロポル（Robert Meeropol）氏とジョセフィン・ベイカーの三男、ジャリ・ブーリヨン（Jari Bouillon）氏にインタビューを受けて下さったことを、インディア・ブランハム（India Branham）氏にはデウィット・クリントン高校校内を案内し、重い卒業アルバムを何冊も倉庫から運んで下さったことを深く感謝する。また「アメリカまで行ってきた方がいい」と著者に勧めた七つ森書館代表、中里英章氏（と中里氏の紹介で俳句の添削をして下さった書肆アルスの山口亜希子氏）、装丁をして下さった今垣知沙子氏、そして何よりもこの書籍の担当編集者、加藤峻氏に心より御礼申し上げたい。

ハーレムとのお別れに、アフリカらしい色使いの生地のポーチを露店で買った。「日本人？　サンキューって日本語で何て言うの」と露店商のおニイさんが訊く。「アリガートって言うの、オブリガートみたいに。アリガート、オブリガート、アリガート」

窓の障子を開けるように両手を横にすべらし「ガート」にアクセントをつけながら、こちらが懸命にアリガートとオブリガートを繰り返しても、相手は窓ガラスの向こうの猫のように顎を一緒に横に振るだけだった。手を止めてちょっと顔を見ると、相手もあわてて顎を振りながら「アリガート、オブリガート」と声を合わせて復唱する。別に外国語の練習に両手も顎も動かす必要はまったくないのだが。

地下鉄がクリストファー・ストリート駅に到着する直前、商売熱心な露天商が知りたかったのは「ありがとう」ではなく「まいどあり」ではなかったのか、と気がついた。

「お客さんへのサンキューは、おつりを渡す時こう言うの、俺の金《マイ・ドー》だ、アリ。覚えやすい？ マイ・ドー、アリ」

誰かあの頑丈そうな顎を振る一二五丁目通りの露天商に、当分ニューヨークに行けない私の代わりに「俺の金《マイ・ドー》だ、アリ」を教えてあげてくれないか。

生野象子

二〇二〇年九月

参考資料

書籍

Eleanora Fagan（ビリー・ホリデイの本名）with William F. Dufty *Lady Sings the Blues* Doubleday 1956.（油井正一・大橋巨泉訳『奇妙な果実　ビリー・ホリデイ自伝』晶文社、一九七一年）

Barney Josephson with Terry Trilling Josephson *Cafe Society: The Wrong Place for the Right People,* University of Illinois Press 2009.（未邦訳）

Alex Haley and Malcom X *The Autobiography of Malcom X* Grove Press 1965.（浜本武雄訳『マルコムX自伝』河出書房新社、一九九三年）

Jean-Claude Baker and Chris Chase *Josephine: The Hungry Heart* Random House 1993.（未邦訳）

Edited by Michael Meeropol *The Rosenberg Letters: A Complete Edition of the Prison Correspondence of Julius and Ethel Rosenberg* Garland Publishing 1994.（別編者によるローゼンバーグ死刑囚房書簡に以下がある。エセル・ローゼンバーグ、ジュリアス・ローゼンバーグ共著、山田晃訳『愛は死をこえて　ローゼンバーグの手紙』光文社、一九五四年）

Gerard J.Pelisson and James A.Garvey III *The Castle on the Parkway* The Hutch Press 2009.（未邦訳、デウィット・クリントン高校元教師による同校の歴史）

Allon Schoener *Harlem on My Mind Cultural Capital of Black America 1900-1968* Randam House 1968.（未邦訳）

Shielah Graham *My Hollywood: A Celebration and a Lament* Michael Joseph 1984.（未邦訳）

John Chilton *Billie's Blues* Stein & Day 1975.（新納武正訳『ビリー・ホリデイ物語』音楽之友社、一九八一年）

Burnett James *Billie Holiday* Hippocrene Books 1984.（塩川由美訳『ビリー・ホリデイ』音楽之友社、一九八六年）

Donald Clark *Wishing on the Moon: The Life and Times of Billie Holiday* Viking 1994.（諸岡敏行訳『月に願いを　ビリー・ホリデイの生涯とその時代』青土社、一九九八年）

Stuart Nicholson *Billie Holiday* Northeastern University Press 1997.（鈴木玲子訳・大和明監修『ビリー・ホリデイ　音楽と生涯』

日本テレビ放送網、一九九七年）
David Margolick *Strange Fruit: Billie Holiday,Café Society,and An Early Cry for Civil Rights* Running Press 2000.（小村公次訳『ビリー・ホリデイと《奇妙な果実》〝20世紀最高の歌〟の物語』大月書店、二〇〇三年）
John Hammond *John Hammond on Record　An Autobiography* Ridge Press 1977.（森沢麻里訳『ジャズ・プロデューサーの半生記　ジョン・ハモンド自伝』スイングジャーナル社、一九八三年）
Hannah Rothschild *The Baroness The Search for Nica,the Rebellious Rothschild* Virago Press 2012.（小田中裕次訳『パノニカ　ジャズ男爵夫人の謎を追う』月曜社、二〇一九年）
Jennifer Warner *Blacklisted. A Biography of Dalton Trumbo* BookCaps Study Guides 2014.（梓澤登訳『ダルトン・トランボ　ハリウッドのブラックリストに挙げられた男』七つ森書館、二〇一六年）
Victor S.Navasky *Naming Names* Viking 1980.（三宅義子訳『ハリウッドの密告者　1950年代アメリカの異端審問』論創社、二〇〇八年）

映像作品

Arthur Lubin *New Orleans* 1947.（『ニューオーリンズ』）
Nancy Kates, Bennet Singer *Brother Outsider: The Life of Bayard Bustin* 2002.（国内未発売）
Ivy Meeropol *Heir to an Execution: A Granddaughter's Story* 2004.（国内未発売）
Raoul Peck *I Am Not Your Negro* 2016.（『私はあなたのニグロではない』）

ウェブサイト

Find a Grave（https://www.findagrave.com/）

［著者］ 生野象子（いくの・しょうこ）
東京生まれ。ニューヨーク市立大学卒。現在は日本在住。著書に『ニューヨーク A to Z』（講談社文庫）、訳書に『トレーニング・ユア・キャット』（レイ・バーウィック著、新潮社）がある。

ビリー・ホリデイとカフェ・ソサエティの人びと
「奇妙な果実」の時代をたずねて

2020年10月 8 日　第1刷印刷
2020年10月19日　第1刷発行

著者――生野象子

発行者――清水一人
発行所――青土社

〒101-0051　東京都千代田区神田神保町1-29　市瀬ビル
［電話］03-3291-9831（編集）　03-3294-7829（営業）
［振替］00190-7-192955

組版――フレックスアート
印刷・製本――シナノ印刷

装幀・目次・章扉デザイン――今垣知沙子

ISBN978-4-7917-7314-5　C0073